D1698238

Hans-Jørgen Nielsen
Jeder Engel ist schrecklich
Aufzeichnungen für meinen Sohn

Rasch und Röhring Verlag
Hamburg-Zürich

Aus dem Dänischen von Ursula Schmalbruch

CIP-Kurztitelaufnahme der Deutschen Bibliothek

Nielsen, Hans-Jørgen:
Jeder Engel ist schrecklich: Aufzeichnungen
für meinen Sohn Roman / Hans-Jørgen Nielsen.
[Aus d. Dän. von Ursula Schmalbruch]. — Hamburg;
Zürich: Rasch und Röhring, 1986.
    Einheitssacht.: Fodboldenglen ‹dt.›
    ISBN 3-89136-086-X

Copyright © 1986 by Rasch und Röhring Verlag, Hamburg
Lektorat: Doris Brohn
Einbandgestaltung: Studio Reisenberger
Satzherstellung: alphabeta Gerds & Kohn GmbH, Hamburg
Gesetzt aus der Leamington Antiqua
Druck- und Bindearbeiten: Clausen & Bosse, Leck
Printed in Germany

»Jeder Engel ist schrecklich. Und dennoch, weh mir,
ansing ich euch, fast tödliche Vögel der Seele,
wissen um euch.«

Rilke

Peter J. Oehlke

Nein, die Flugzeuge, die ganze Zeit, es ist halb zehn, schon. Ich bin heute früh aufgestanden, zum erstenmal seit langem, das erste Kapitel durchgelesen, das langt fürs erste, das Wörterbuch liegt griffbereit neben mir, die allerersten Wörter sind nachgeschlagen, Papier eingespannt, mehrmals. Dazu noch seinen Namen zuoberst, Bogen für Bogen, aber dieser Scheißlärm stört mich. Zwischendurch, gestehe ich, wurde ein einzelnes Frühstücksbier aus dem Kühlschrank draußen geholt, nur eins: Heute wird angefangen. Dieser Titel! *Leitfaden Italien*. Ist der Klassenkampf in Italien ein Leitfaden für uns andere, oder ist das Buch für uns andere der Leitfaden für den Klassenkampf in Italien oder ein bißchen von beidem? Das Nächstliegende natürlich, *Leitfaden für Italien,* aber das hört sich idiotisch an in meiner Sprache, Genosse Oehlke. Außerdem ist mein Kopf ein langer Zementgang, und mittendrin der Sportflughafen.

Start oder Landung mit ganz kurzen Abständen, über das Dach des Hofes hier hinweg, wenn der Wind, wie heute, in eine bestimmte Richtung weht. Gleich draußen das Stoppelfeld, gelb, wenn auch grau werdend. Der Pächter muß schon vor Wochen geerntet haben, aber das Schwein hat noch nicht das Stroh entfernt, geschweige denn gepflügt, überall liegen darum verrottende Strohballen herum (noch einer, der ret-

7

tungslos zu spät dran ist). Hinter dem Feld: die große Ringstraße, deren Autos im Kopf zwischen den Flugzeugen herfahren. Auf der anderen Seite des Feldes: die Vorortsiedlung, aus einem Guß geplant und gebaut, große, zementgraue Hochhäuser, Einkaufszentrum zur Ringstraße hin, kleine Gestalten bewegen sich über den Fußgängerübergang, vor dem Supermarkt oder heraus oder hinein. Der Anblick der Gestalten dort läßt . . .

Peter Joachim Oehlke

— *die Arbeiterklasse in Italien*
vom Antifaschismus zum historischen Kompromiß

Der Anblick der Gestalten da drüben, so klein gegen den breiten blauen Himmel, die Klötze, die geradewegs in ihn hineinkratzen, haben mehrere Male im Lauf der Woche ein bestimmtes Gefühl wachgerufen, ein ganz frühes: mit Vater und Mutter auf Amager in der Straßenbahn durch die Stadt, den Taumel bei all den Unsichtbaren, Unbekannten hinter all den Fenstern, in all den Häusern, in all den fremden Vierteln, der Kopf will nach einer Ordnung greifen, die all das in einen Zusammenhang bringt, kann es nicht fassen, bei jedem Versuch zerreißt etwas im Kopf, der Rest, schwindliges Unbehagen zwischen flatternden Einzelbildern. Später, viel später, glaube ich, mit meinem Kopf in groben Zügen erfaßt zu haben, wie die Dinge zusammenhängen. Damals bei der Zeitung: politische Artikel und Analysen, Teilnahme an Podiumsdiskussionen und Einleitungsvorträge für Seminare, die vorgebrachten Meinungen sind mir durchweg vertraut. In den letzten Jahren hingegen plötzliche Anfälle von Fremdheit, eine auswendig gelernte Lektion auf der Zunge, jederzeit die Möglichkeit, verkehrte Wörter zu sagen. So gut, wie ich das eine vor mich hin plappere, kann ich auch das Gegenteil plappern. Sitze hier so, sehe auf die Hochhäuser, die Gestalten da drüben, und schon rutscht es unter mir weg: nicht zu begreifen, wie sich diese fernen Figuren bewegen, jede in ihrer Geschichte aufgehoben. Alles, wie es sich gehört, aber die Endlosigkeit dagegen, die Geschichten auf dem Grund der Geschichte: Jeder Zusammenhang löst sich vor meinen Augen auf, der Überblick zerspringt in labyrinthisches Gewimmel.

Labyrinthisch, ja, der Leitfaden wird schon nicht vergessen, Genosse Oehlke, das Papier ist noch einmal eingespannt, der Name geschrieben, Platz für den Titel freigelassen worden und der Untertitel schon auf seinem Platz; daraufhin habe ich hier gesessen und konzentriert auf den leeren Platz am anderen Ende des Bogens gestiert, ohne daß in meinem Kopf, diesem Zementkopf, anderes passiert ist, als daß er mit einer entsprechenden Leere reagiert hat. Von idiotischen Einfällen unterbrochen (Oehlkes Leitfaden währt am längsten) zeigen sich nur Schatten von allem möglichen anderen, wie sehr ich auch versuche, mich zusammenzunehmen. Schon heute morgen, während ich mit dem ersten Kapitel kämpfe, man muß nach jedem zweiten Satz die Lektüre unterbrechen, damit der Daumen von vorne nach hinten wippen kann, eine Wüstenei von loc. cit. und op. cit. und ibid., untermischt mit öden Bergen von Buchtiteln (akademische Genossen setzen ungern ein Wort in die Welt, ohne es mit einem Panzer von Fußnoten zu bewaffnen, jemand sollte mal das Arbeitsgericht auf euch hetzen bei den Handkrämpfen, die ihr verursacht), schon während ich hier sitze und alles bereitmache zur Danisierung des Leitfadens für das allerneueste Ziel der Linken, für ihre in die Ferne schweifenden Sehnsüchte, Portugal ist auch nicht mehr, was es mal war, hat sich ein Satz in meinem wirren Kopf festgesetzt: Wer, wenn ich schriee, hörte mich denn aus der Engel Ordnungen?

Einfach schwachsinnig, dieser Satz, ich bin nicht zu haben

für Engel oder ihre Schar oder entsprechende metaphysische Scheiße, überhaupt nicht, aber von überall her kommen zur Zeit abgerissene Zeilen, aus Jukeboxen und Büchern, auf mich zu und dringen in mich ein. Drehen sich wie ein Mantra und saugen sich mit dem voll, was dort ist, ohne notwendigerweise auch nur das Geringste damit zu tun zu haben, lauter zufällige Kombinationen. Irgendwas ist dran an dem Satz, in mir ein großer Schrei, ich muß mich gewaltig zusammennehmen, um ihn nicht entschlüpfen zu lassen, kennst du das, Peter Joachim? Letzten Sommer saß ich zu Hause bei meinen Eltern, vierzehn Tage lang nichts anderes als ein anhaltender, allmählich völlig monotoner Schrei, oder richtiger: ein Gebrüll, am Ende brachte ich es nicht einmal mehr, den Ton anzuschließen. Kann mich nicht nur schlecht ertragen, sondern kann noch schlechter ertragen, wenn ich mich nicht ertragen kann, bin nicht nur weinerlich und pathetisch, sondern hasse mich obendrein deswegen, natürlich mit weinerlichem Pathos.

Ich fand den Satz gestern abend in den Regalen auf der Suche nach irgendeiner Lektüre zum Einschlafen, es war nicht mehr genug Spiritus da, in einer kleinen, dünnen Gedichtsammlung zwischen John Reed »Ten Days That Shook The World« und Alfred Rosmer »Moscou sous Lenine«. Was Rilke und seine Gedichte, abgesehen von dem rein Alphabetischen, eingeklemmt zwischen dem strahlenden Beginn der sowjetischen Revolution vor (in einigen Wochen) sechzig Jahren und ihrem ebenso stinkenden wie rapiden Verfall zu tun haben, weiß ich nicht, hier in der Wohngemeinschaft paßt die ganze Belletristik auf einige Regale im Flur und auf die Ablage mit den Krimis im Klo. Einige hier könnten sich das Buch Mitte der 60er Jahre angeschafft haben, als blutjunge Literaturstudenten. Ich kann mir nur schwer vorstellen, wer sich jetzt Rilke herausgenommen haben könnte, um ihn später, alphabetisch korrekt, hierhin auf das total verkehrte Regal zu stellen; aber die Gedichte halfen, mit einem passenden Quantum Bier kam gestern der Schlaf. Von Pillen lasse ich die Finger.

Im Haus ist es ganz still, von den anderen seit heute morgen nichts gehört und gesehen, sie sind jetzt sicher in der Stadt, in der Uni oder arbeiten, kannte sie alle sechs schon vorher, und von der Zeitung wohnt nicht nur Morten hier, sondern auch Majken aus der Versandabteilung. Keine Ahnung, was Morten ihnen erzählt hat. Daß ich Ruhe für eine Übersetzung brauche und darum für ein paar Monate hier wohnen möchte, daß ich mich von Katrin scheiden lassen werde und darum zur Zeit keine Wohnung habe, daß ich — wie einige von ihnen sicher schon wußten — durchgedreht bin und eine Zeitlang im Krankenhaus war, daß ein Jugendfreund von mir letztes Frühjahr hier gestorben ist, ein Vorfall, den die Zeitungen als Sensation auf den Titelseiten brachten und der mich hart mitgenommen hat, daß ich an dieser Übersetzung nichts getan habe, die Morten mir im Sommer verschaffte, wenn ich auch wiederholt versichert habe, daß sie in einer Woche garantiert fertig wäre, bis ich vor vierzehn Tagen ein Bekenntnis abgelegt habe und er mir angeboten hat, hierhin zu ziehen und sie fertigzumachen, vielleicht sogar alles. Soviel weiß er, und nur Katrin weiß etwas mehr. Ganz egal, ich habe auf jeden Fall nichts mehr gesagt, auch nicht zu denen im Krankenhaus oder den Eltern, und Katrin weiß auch nicht alles, ganz und gar nicht.

Das Gefühl, ein Sozialfall zu sein, gestern während der Wartezeit im Fürsorgeamt; aber die feindlich unpersönliche Atmosphäre erleichtert es in Wirklichkeit, wären sie freundlicher gewesen, wäre es mir schwerer gefallen. Es ist nicht leicht, sie dazu zu bewegen, ein paar Flöhe lockerzumachen, dafür jetzt hinterher das Gefühl, sie fast selbst verdient zu haben, ich bin umgezogen, ich habe mein eigenes Geld, und

11

morgen kommt Alexander mit mir nach Hause und wird hier zum erstenmal schlafen (aber zuerst müssen sich seine Eltern nachmittags eben mal scheiden lassen). Mit dem Geld in der Hand geht mir auf, daß ich seit Neujahr kein Geld verdient habe. Als ich mir in der Zeitungsredaktion frei geben ließ und über meiner Examensarbeit saß, lebten wir von Katrins Gehalt, natürlich, wir hatten ja auch von meinem gelebt, als sie zur Schule ging. Später, bei Vater und Mutter, war ich zu sehr ausgeflippt, um mich noch für irgendwas zu interessieren, und natürlich konnten sie in der Zeitung die Stellung nicht wochenlang unbesetzt lassen, nachdem ich eigentlich schon längst hätte zurück sein müssen. Es war mir auch egal, nahm einfach die Übersetzung an, die sie mir durch Morten für ihren Verlag anbieten ließen, obwohl ich mich immer noch nicht habe soweit zusammenreißen können, sie auch nur anzufassen (ja, ja, Peter Joachim, wird schon, wird schon): Als ich hier hinziehen sollte, brachte ich es einfach nicht mehr über mich, weiteres Geld von meinen Eltern anzunehmen, fühle mich wie ein kleiner Junge, der ein bißchen Taschengeld bekommen soll, und verletze sie mit einem abrupten Abweisen der Scheine, die mein Vater, nachdem meine Mutter ihn vielsagend angeblickt hat, aus der Tasche zieht, so daß er jetzt dasteht und hilflos mit ihnen wedelt. Dann lieber das Taschengeld des Staates, das hat keinen persönlichen Geruch. Wieder auf der Straße, der Gedanke, daß die Frau oben in dem Amtszimmer hinter mir hätte Katrin sein können, kann sie mir nicht richtig in einer entsprechenden Situation in einem entsprechenden Amtszimmer vorstellen. Auch so etwas, was ich nicht von ihr weiß.

Immer noch Flugzeuge, Starts und Landungen, genau über dem Haus; es ist an sich schon mehrere Stunden her, seit sie mich zuletzt gestört haben, um die Wahrheit zu sagen: auch etliche Flaschen Bier. Das Geräusch sollte mir nicht so fremd sein, auch wenn es hier ganz in der Nähe ist, fast wie Amager, die Flugzeuge, die flache Landschaft, die Mischung von Land und Vorstadt, ohne richtige Abgrenzungen. Und der Hof hier, eingeklemmt von dem Wachstum der Stadt, mit einem Streifen Feld, einer zusammengefallenen Scheune, einem Stallgebäude, dessen Rückmauer eingestürzt ist, alles zum Abbruch bestimmt, wenn die Spekulanten, die sie besitzen und die währenddessen einen Teil des Vortrupps der Revolution den Hof bewohnen lassen, die Zeit dafür reif halten. In genau solchen Höfen habe ich mit Franke als Kind gespielt, aber das Hochhausviertel hier gegenüber hat keine Ähnlichkeit mit dem, was wir kannten, hier gibt es keine Höfe, wie die, die sich um uns schlossen, wenn wir herumtobten oder mit den Familien überall um uns herum in dem geschlossenen Raum Fußball spielten, nur windige und zementierte Lücken, zwischen hochkantgestellten Klötzen. Weiter draußen, auf das Feld zu, an dem Hof hier vorbei, liegt noch ein baufälliger Hof, von der Stadtverwaltung einigen Rockern und deren Gefolge von Minirockern überlassen; Franke und ich, wenn wir hier in diesem Viertel aufgewachsen wären? Schwachsinnige Frage, wir wurden, wie wir wurden, die Geschichte hält einen fest, und sie dreht sich weiter.

Eines der letzten Male, die ich Franke sehe, ist der erste Mai im vergangenen Jahr, der Tag, an dem die Nationalmannschaft aus der Weltmeisterschaft ausscheidet, ein Nachmittag mit plötzlichen, sehr heftigen Regenschauern. Habe seitdem nicht mehr daran gedacht, aber gerade eben, als ich noch ein Bier holen ging, meldete er sich ganz klar. Allmählich, während der Kampf unten auf dem Spielfeld weiter fortschreitet, werden alle immer nasser, mutloser, das ist das übliche, die Zeitungen peitschen die Spieler, die in ihren ausländischen Klubs die reinen Wasserträger sind, zu Weltstars hoch, jedesmal glauben wir daran, auch diesmal, und auch diesmal verlieren wir. Polen gewinnt trotz aller zurückgerufenen Profis. Und vor den Toren des Stadions, bei dem Angebot an Demonstrationen, das eine gespaltene Linke an diesem ersten Mai vorweisen kann, geht es auch nicht allzu hoch her, auch hier nasse Mutlosigkeit, während die Leute herumflanieren und den Markt von Meinungen und Parolen der verschiedenen Demonstrationen besehen, alles in allem ein klammer und zwiespältiger Tag. Schon die unmögliche Wahl: Länderspiel oder erster Mai mit den politischen Genossen und selbstverständlich Katrin und Alexander. Die endgültige Wahl wird bis zuletzt hinausgezögert. Schon Wochen vorher hat Katrin klar zu erkennen gegeben, daß sie und der Kleine auf jeden Fall nicht zu dem Länderspiel gehen werden, sie wollen zur Demonstration, sie hat sich gerade wieder in der Partei angemeldet. Seit einigen Tagen geht es eigentlich ganz gut zwischen uns, und ich stelle mich darauf ein, mit ihr und dem Kind zu gehen, sage auf jeden Fall nein zu Franke, als er vorschlägt, daß wir zusammen hingehen sollen. Trotzdem kaufe ich ein paar Tage vorher eine Eintrittskarte. Kann sie ja immer noch weiterverkaufen.

Am Abend vorher erzähle ich Katrin, daß ich trotzdem eine Eintrittskarte habe, ganz vorsichtig und indem ich ausdrücklich betone, daß man sie ja immer noch verkaufen kann. Merkwürdigerweise wird sie nicht sofort sauer. Später am Abend trotz dem Gezänk wegen des Länderspiels. Die Partei hat zusammen mit anderen linken Organisationen in einem offenen Brief an die *Dänische Fußballunion* um Respekt für die Traditionen der Arbeiterklasse an diesem Datum gebeten, verlegt den Kampf auf den Abend, bitten sie, und darüber versuche ich, Witze zu machen: Es ist wohl nicht der brennende Wunsch, auch das Länderspiel sehen zu können, der dahintersteht, sage ich herausfordernd, eher eine gewisse Dünnhäutigkeit in bezug auf die Traditionen, als deren rechtmäßige Bewahrer man sich, wenn auch ohne besonderes Glück, sieht. Lächerlich, beharre ich weiter, glaubt ihr wirklich, daß besonders viele der Kopenhagener Arbeiter, die die

14

Tribünen des Stadions füllen, ohne diese schamlose Konkurrenz unter euren Parolen im Volkspark gestanden hätten, oder meint ihr etwa, sie hätten dort stehen müssen? Ich spreche zu ihr, als ob sie die gesammelte Linke sei und ich irgend etwas ganz anderes. Vielleicht zanken wir uns auch eigentlich gar nicht, vielleicht bin ich es nur, aggressiv über die Situation, in die ich geraten bin, während Katrin in Wirklichkeit überhaupt nichts sagt, vielleicht mich höchstens mit einem Blick ansieht, der bedeutet, daß sie ganz oder gar nicht einverstanden ist, oder vielleicht nur, wie sooft in diesen Monaten, antwortet, indem sie mich Opportunist nennt.

Handle auf jeden Fall am Tag danach wie ein lausiger Opportunist, gehe im Demonstrationszug zusammen mit Katrin und Alexander zum Volkspark, verkaufe aber nicht die Eintrittskarte an alle die, die dort stehen und gerne kaufen wollen, sie bleibt in der Tasche liegen, zuletzt halb aufgelöst von meinen nassen und steifen Fingern, die sie die ganze Zeit dort unten berühren. Die Entscheidung wird schwebend gehalten bis zuletzt, im Volkspark überlasse ich Katrin den Klappwagen mit Alexander und gehe weiter zum Länderspiel, die Vorfreude ist schon verdunstet. Hinter der großen Tribüne erwische ich einen Schimmer von Rita auf dem Weg hinein, hinterher entdecke ich Franke ein Stück vor mir, mit einem Typ vom Sundby-Stadion. Soweit ich aus dieser Entfernung sehen kann, hat er sich zu Hause schon ganz nett aufgewärmt, gestikuliert heftig, spricht, nach allem zu urteilen, schon zu laut und rülpsig, vielleicht ist Rita aus diesem Grund zurückgeblieben. Dann verschwinden sie in Richtung Tribüne. Tue nichts, um sie anzusprechen, das ist das vorletzte Mal, daß ich sie überhaupt sehe.

Finde nach dem Spiel Katrin im Volkspark in der Ecke der Frauenbewegung, richtig sauer, nachdem sie im Regen rumgelaufen ist und mit dem immer nasser werdenden Alexander auf mich gewartet hat. Auch ich bin sauer, das Wetter ist beschissen, Dänemark hat wieder verloren, und ich habe Schuldgefühle in Hülle und Fülle. Während wir beobachten, wie es zu kleinen Zusammenstößen zwischen herausströmenden frustrierten Fußballzuschauern und dem demonstrierenden Vortrupp der wahren Interessen der Arbeiterklasse kommt, fangen wir an zu streiten, hier bin ich sicher: Der Streit dauert den Rest des Tages, gegen Abend ziehe ich ihr eins über. Am nächsten Tag würdigt sie mich keines Wortes, vierzehn Tage später sind Franke und Rita tot, und ich ziehe nach sieben Jahren Ehe endgültig von Katrin weg. Wie die Zeit seitdem vergangen ist, weiß ich kaum, Monate später sitze ich hier und kann mich nicht einmal so weit zusammennehmen, um die Übersetzung zu machen. Die Zeit ist vertan, Genosse Oehlke, es ist gleich drei und kein Leitfaden da. Für heute höre ich auf, draußen in der Küche ist jetzt jemand, wenn Morten fragt, wie es geht, werde ich sagen: ausgezeichnet.

Als ich aufstand, war drüben am Fußgängerübergang vor den Hochhäusern und dem Einkaufszentrum etwas passiert, Auflauf und Polizeistreife sowie Krankenwagen mit blinkendem Blaulicht, mitten auf dem Fußgängerübergang ein Auto, quer auf der Fahrbahn. Hoffentlich nichts Ernstes. Leitfäden und Engelsordnungen: Leckt mich am Arsch. Es kommt alles auf einmal in einem einzigen Durcheinander.

22. 9. 77

Er schläft, endlich, schnarcht mit einem kleinen Geräusch hinten auf der Matratze. Trau' mich nicht zu den anderen rein, bevor ich mir sicher bin, daß er fest schläft, habe statt dessen das Licht angemacht und sitze hier mit dem Block. Bloß um das, was sich am nächsten in mir und meiner Umgebung befindet, hinzuschreiben. Daß ich das Licht angemacht habe und hier sitze, hat jetzt wie auch gestern eine kühlende, konzentrierende Wirkung: Es stiert von den Buchstaben ruhiger auf mich zurück, wenn auch nicht gerade wie ein Leitfaden, dann doch wie eine Art Geländer, woran ich mich halte. Er schläft also, seit wir hier sind, haben die anderen getan, was sie konnten. Den ganzen Nachmittag hindurch Versuche, einige der Spiele zu spielen, mit denen wir uns sonst beschäftigt haben, aber es ist schon zu lange her, ein Nachmittag im Zoo, ein anderer im Kindertheater, das hat nicht genügt. Er ist uninteressiert: Wenn man zwei Jahre alt ist, ist ein halbes Jahr fast das ganze bewußte Leben, wir sind beide in andere Richtungen gewachsen, mein Sohn, schon können wir uns nur mehr schwach erkennen und fremdeln, heute ist also nichts mit dir anzufangen, es bleibt nichts außer dem umherflatternden Gefühl, dein Vater zu sein. Und du weißt nichts mit dir selber anzufangen hier bei mir, läufst hin und her, kippst alles um, reißt die Seiten aus den Bücher der anderen, unzugänglich für organisiertes Zusammensein, brüllst jedesmal, wenn ich (hin- und hergerissen zwischen der Angst vor deiner Ablehnung und dem Gefühl der väterlichen Pflicht

17

einzugreifen) versuche, dich von deinen Streichen abzubringen. Dummer, dummer Papa, schreist du immer bloß, egal, was ich mache.

Es wurde immer schrecklicher heute abend, das Fiasko vor den Augen der anderen war total, am Ende wünschte ich dich zum Teufel oder zumindest nach Hause zu deiner Mutter. Natürlich nicht so ganz, ich möchte, glaub mir, gleichzeitig auch so gerne deine Liebe. Alle deine Zurückweisungen, meine ganzen Schuldgefühle darüber, daß ich so ein gefühlskalter Vater bin, weil ich plötzlich meinen eigenen Sohn am liebsten los wäre, wenn ich ihn endlich bei mir habe, machen mich bloß verzweifelt, wo doch mein Herz nach so langer Trennung hätte schwellen müssen vor väterlicher Zärtlichkeit. Der letzte Ausweg ist schließlich, dich hierhinein zu schleppen, um dich ins Bett zu legen, damit der Schlaf dich stumm macht, obwohl du eigentlich nicht besonders müde bist. Während ich dich ausziehe, weinst du wieder, hemmungslos, deine Augen sehen herzzerreißend traurig aus, während du wie heute nachmittag nach deiner Mutter rufst. Du willst nicht hier schlafen. Nur mit äußerster Anstrengung gelingt es deinem Vater, dir keine runterzuhauen, damit du blöder Bengel endlich meine Vaterliebe zu spüren bekommst.

Jetzt schläfst du, völlig offen und schutzlos, endlich. Im Dunkeln hinterher können wir uns nebeneinander auf der Matratze ohne Worte entspannen, Körper an Körper dort einander ruhig finden, die letzte halbe Stunde, ehe ich das Licht anmachte, habe ich im Dunkeln gelegen, auf deinen Atem gehört und den Tag sich durch mich hindurcharbeiten lassen. Auch dein Tag ist schwer gewesen, mein Sohn, unsere Geschichten sind dabei, sich voneinander zu entfernen, es ist schwer, wird aber schon noch besser mit uns werden, wenn wir uns wieder häufiger sehen, aber erst müssen wir einen

18

Abschied vollziehen: Wir werden nicht mehr so aufeinander-hängen, ohne das tägliche Einanderausgeliefertsein verlieren die großen Gefühle ihre praktische Grundlage, wenn sie frei herumplätschern wie heute meine, sicher auch deine, ohne dieses Zusammenkleben mit mir ist deine Zukunft eine andere, vielleicht statt dessen von der Geschichte Pers oder der eines anderen Mannes geprägt. Wer bin ich, daß ich davon auszugehen wage, daß es besser für dich wäre mit meinen inneren Bildern und Knoten, es kann eine Chance sein, daß du von mir und dieser Klebrigkeit schon in deinem dritten Jahr frei kommst, auch wenn dieser Gedanke mich immer noch verstimmt, wenn du so ruhig hinter mir liegst. Ja, der Bruch, die unmittelbare Abwesenheit deines Vaters wird dich zeichnen, aber am meisten eben als Abwesenheit, als eine unausgefüllte Rubrik in einem Fragebogen: »Mein Vater«, nicht notwendigerweise meine eigene Person mit gerade meinen Eigenschaften. Und meine eigenen widersprüchlichen Gefühle, sind die auch der Zwang eines Fragebogens, was liegt eigentlich in diesem von Gefühlen gesättigten »Mein Sohn«? Es ist doch so zufällig. Den heutigen Tag wirst du bald vergessen haben.

Ich habe noch die Bilder im Kopf, wie ich ins Wartezimmer komme und ihr dort schon sitzt, du, Katrin und Per. Er ist hier, um zu bezeugen, daß deine Mutter mich mit ihm betrogen hat, das geht am leichtesten und am schnellsten, sie hat ihn allerdings erst im Sommer getroffen, nachdem ich ausgezogen war. Wir müssen eine kleine Komödie spielen, es reicht nicht aus, den Behörden zu erzählen: Wir beabsichtigen, nicht mehr zusammen zu wohnen, obwohl wir bloß offiziell geheiratet hatten, um eine Wohnung zu bekommen. Wir lassen uns ja auch nicht wegen Per oder so was in der Art scheiden, wir lassen uns scheiden wegen etwas, was zwischen uns ist, weil wir es nicht mehr zusammen aushalten, ohne uns gegenseitig kaputtzumachen, sagen nur gezwungenermaßen, es sei, weil sie mit Per gebumst hat. Sollen wir ihnen die richtige Geschichte, von Franke, Rita und mir, erzählen? Die kennt Katrin nicht mal, und ist es überhaupt die richtige Geschichte? Wie steht es mit dem ganzen Gespinst von tagtäglichen Kleinigkeiten, mit denen wir schon vorher unser Verhältnis zerstört hatten? Läßt sich die eine Geschichte ohne die andere erzählen? Läßt sich etwas von dem Ganzen überhaupt so berichten, daß es anderen, sogar einem Beamten in einer öffentlichen Behörde, verständlich wird? Es würde zwischen unseren Lippen verschwinden, das würde es, wie jedesmal, wenn wir »uns ausgesprochen« hatten und noch mal von vorne anfangen wollten, und dann fing die ganze alte Scheiße von vorne an, endlos banal und hoffnungslos verfahren. Jetzt sind wir alle drei da heraus, hurra.

Heute halten wir uns an Per, eine brauchbare Ursache, entsprechend handfest und Gesetzen und Beamten verständlich, aber einen kurzen schwarzen Augenblick, gerade als ich hereinkomme, ist die Eifersucht da: deine Mutter neben Per, mit dir auf dem Schoß, in Kleidern, die ich noch nie gesehen habe, in einem Rock, zum erstenmal seit vielen Jahren, und sie hat das Haar gebürstet, so daß es frei herunterhängt und sich auf den Schultern ausbreitet, die Vorstellung von seinem Duft schlägt mir in die Nasenlöcher, und ihre ganze Haltung, bevor sie mich gesehen hat, zeigt mir, wie sehr sie Per mag, so sitzt ihr dort und seht aus wie eine richtige Familie, jetzt schon. Das Gefühl von Eifersucht hält an, bis ich neben euch auf der Bank sitze, dann wird es von dem Gefühl von etwas Überstandenem abgelöst, nur ein Rest von knirschender Beklommenheit bleibt. Wir versuchen, ein alltägliches Gespräch in Gang zu halten, vernünftige, erwachsene Leute, zusammengekommen, um eine kleine offizielle Formalität zu regeln, was ist zum Beispiel praktischer, als dich dabeizuhaben, wenn ich dich sowieso hinterher mit nach Hause nehmen werde?

»Ich und mein Papa und meine Mama«, sagst du ein paar-mal, nur deine kleinen Versuche, Per auszuschließen, indem du dich immer nur an Katrin und mich wendest, drohen, die Sache zu einer Peinlichkeit zu machen, wir tun, als ob nichts wäre, reden über dich hinweg, während Katrin versucht, dich auf dem Schoß festzuhalten, vielleicht bin ich immer noch ir-gendwo eifersüchtig, jedenfalls ein schwaches Gefühl von Triumph bei diesem Anblick, versuche vielleicht auch selbst ein bißchen, deine Aufmerksamkeit auf mich zu ziehen, glaube ich. Wir tun also, als ob nichts wäre, während wir im Wartezimmer sitzen und um uns herum Dreiecksverhält-nisse wie das unsere am Fließband abgefertigt werden, nicht alle kommen damit so gut klar wie wir: an der Wand eine Bank, auf der eine ältere Frau sitzt und unverhohlen, aber lautlos schluchzt, etwas weiter weg ein Paar. Nach einiger Zeit kommt ein Herr aus dem Dienstzimmer auf sie zu. Erst da zeigt sich, daß die drei zusammengehören, wenn man das so sagen kann: Während die Frau, die neben dem Mann ge-sessen hat, mit dem Herrn im Dienstzimmer ist, versucht der Mann vor der Tür vorsichtig, den Arm um die Schluchzende zu legen, beginnt zumindest ansatzweise eine tröstende Ge-ste. Aber kaum hat er angefangen, wendet sich die Frau heftig von ihm ab, versucht, zur Seit gedreht, ihr bisher lautloses Schluchzen zu bremsen, mit dem Resultat, daß sie so laut-hals schnieft, daß alle zu ihr hinsehen. Später verlassen sie alle drei zusammen das Wartezimmer, wie wir es etwas spä-ter zusammen mit dir verlassen, nachdem wir auch im Dienstzimmer gewesen sind und es überstanden haben, ge-nauso reibungslos wie erhofft.

Vorher muß Katrin aufs Klo, kann sich wohl nicht ganz dazu durchringen, dich uns zu überlassen (und wenn, dann wem?), schleppt dich darum mit raus. Allein mit Per fließt das Gespräch nur zäh, frage ihn nach Neuigkeiten in der Par-tei, er sitzt im Parteivorstand, diskutiere über die Linke im allgemeinen, im voraus übe ich bei jeder Bemerkung, die als spitz aufgefaßt werden könnte, eine strenge Selbstzensur, zwischen uns die übliche Geniertheit zwischen Männern, von denen der eine die Frau des anderen übernommen hat. Nein, so denkt keiner von uns, natürlich nicht, so weit waren wir schon gekommen in unserem Milieu, als du noch klein warst, mein Sohn, bloß daß die Gefühle bei uns offenbar reagieren konnten, als ob sie immer noch so fühlten, ohne ganz zu wollen, ohne es sich einzugestehen. Per ist nicht in das, was man mein Revier nennen könnte, eingedrungen, er hat es auf keine Weise so auffassen können, trotzdem ist die hektische Freundlichkeit, die wir einander erweisen, während wir uns hier gegenübersitzen, verräterisch: Irgendwie wird es so empfunden, und gerade diesen Eindruck möchten wir um alles in der Welt vermeiden. Anders als Franke, er war nicht wie wir, war dem nicht gewachsen, explodierte bloß, wild und unverständlich.

Du bist es schließlich, der zuletzt vernünftig genug ist, nicht zu explodieren, sondern nur leicht angeschlagen zu reagieren. Ich bleibe unten auf der Straße, habe plötzlich Angst vor dir, deiner Reaktion, wenn du von Katrins Arm auf meinen wechseln und dann mit mir kommen sollst, will es hinausschieben, schlage spaßeshalber vor, irgendwohin zu gehen und das Ereignis mit einem Leichenschmaus zu begehen. Katrin und Per müssen leider noch wohin, sagen sie, es tue ihnen leid, und dann stehen wir plötzlich an der Vesterport-Station und wissen nicht, wie wir uns verhalten sollen. Allzu unvorbereitet und heftig reiße ich dich an mich, du begreifst, was vor sich geht und brüllst los, ich überlasse dich, sofort panisch geworden, wieder Katrins Arm. Sie versucht verwirrt, dich ruhig zu trösten, morgen hole sie dich in der Tagesstätte ab und so weiter, gleichzeitig ist sie ungehalten über dich, über die Situation. Die Mischung von Verwirrung und Ärger in ihrer ganzen Haltung hat auf dich die Wirkung, als würde man einen Lautsprecher voll aufdrehen, dann ist auch sie am Ende. Mit mühsam erkämpfter Entschlossenheit händigt sie dich mir wieder aus, verabschiedet sich ungeschickt und hastig und verschwindet sang- und klanglos mit Per im Regen, während ich mich schon mit einem sich aufbäumenden Kind, das mit Armen und Beinen kämpft und nach seiner Mutter schreit, auf der Rolltreppe zum Bahnsteig befinde. Erst dort, noch dazu durch ein Eis bestochen, beruhigst du dich einigermaßen, und erst jetzt, nach dem Rest des Nachmittags und am Abend, kann ich hier sitzen, mich durch Schreiben beruhigen, indem ich es festhalte.

Gerade eben, als die Rocker draußen auf dem Feldweg an unserem Haus vorbeikamen, fürchtete ich, du würdest wach, sie ließen unentwegt ihre großen Maschinen aufheulen, und die Scheinwerfer trafen ins Zimmer, bevor sie wendeten und in Richtung Ringstraße und Hochhäuser verschwanden: Du hast dich bloß rumgedreht und weitergeschlafen. Das einzige, was jetzt hereinkommt, ist der schwache blaue Schein von der Reklame des Supermarktes, die Stimmen von nebenan sind schwächer geworden, die meisten sind sicher schon in ihre Zimmer gegangen, bin jetzt auch müde, mag nicht mehr zu dem Rest, der da sitzt, hineingehen, noch nicht einmal die Zähne putzen, lege mich so, wie ich bin, neben dich. Das Ganze war wie der Alptraum, von dem ich heute morgen aufwachte, die Stimmung hat mich verfolgt, bis ich euch heute nachmittag traf, dann habe ich ihn wieder vergessen, der Lärm von den Motorrädern eben kurz zuvor hat ihn zurückgebracht. Es beginnt mit einem ohrenzerreißenden Knall. Ich sehe aus dem Fenster in den Hof aus der Wohnung auf der vierten Etage, in der ich als kleiner Junge auf Amager* wohnte, der Lärm kommt von einigen Flugzeugen, die sich auf der Höhe der zweiten Etage befinden. Sie sehen

* Insel, Stadtteil Kopenhagens, Anm. d. Ü.

aus wie die Maschinen, die man im Ersten Weltkrieg brauchte, die Piloten sitzen genau wie der rote Baron im Freien, mit Ledermützen, ganz farcenhaft, wenn es nicht so unheimlich wäre, es ist Krieg, und es sind Jagdbomber, weiß ich, und der Hof hat am anderen Ende eine Krümmung, die ganze Formation wird zurückkommen, dieses Mal, um ihre Bomben zu schmeißen. Ich nehme dich auf den Arm und stürze mit dir ins Treppenhaus, damit wir in den Keller in Sicherheit kommen, unten im ersten Stock stehen schon Franke und Rita und rufen uns zu, dann entdecke ich, daß Katrin nicht mitgekommen ist, und stürze zurück, um sie herauszuholen. Typisch, daß ich gerade noch verärgert denken kann: Sie kann sich auch nie am Riemen reißen und in Marsch kommen. Dann wache ich auf.

23. 9. 77

Vor mir, an der Wand, das große Bild eines Fußballspielers, ungefähr das einzige Persönliche, was ich außer meinen Kleidern hierhin mitgenommen habe. Mit seinem weißen Dress könnte man ihn für einen Engel halten, wie er so dort hängt, allein hoch in der Luft, hinter ihm die Zuschauer in einem verwischten, milchigen Dunst. Der Körper fast frontal, in einer schraubenden Bewegung begriffen, die rechte Schulter vorgezogen, den Arm vor dem Körper gebogen, mit der Faust geballt vorwärtsstürmend, die Beine sind unter dem lotrechten Körper in die Luft gewandert, so daß ein Bogen von den Stiefelspitzen bis zu den fliegenden Haarspitzen entsteht. Der Kopf fast im Profil, der Blick teilweise entgegengesetzt zur Richtung des Körpers und leicht nach vorn gebeugt unter dem dichten Haarschopf, wie beim Abschluß einer kräftigen Bewegung, deren Resultat die Augen jetzt tief konzentriert verfolgen. Diese Gestalt, Kraft und Anmut zugleich, schwebt also oben im Bild, unter den hängenden Reklamen der Umzäunung fast waagerecht wie die Beine, dann endlich der Rasen. Ganz am Ende, fast an der Umzäunung, ahnt man den schwarzgekleideten Schiedsrichter und einen einzelnen dunkelgekleideten Spieler. Etwas weiter vorne, fächerförmig zu diesen beiden angeordnet, sieht man neben dem Schwebenden auf jeder Seite, aber nicht ganz auf seiner Höhe, je einen Mitspieler und einen Gegner. Beide folgen mit zurückhaltenden Bewegungen der Situation, ohne noch eingreifen zu können, markieren dadurch etwas Definitives, während der

Weiße in der Mitte als der einzige, der ganz deutlich zu sehen ist, sein unglaublich kompliziertes Manöver mit dem Körper, gänzlich einsam dort oben über der sonst verlassenen Grasfläche, ausführt.

Der ganze Aufbau verdichtet sich um dieses Schweben jenseits der menschlichen Schwerkraft, die gespannte Balance zwischen geschlossener Ruhe und drehender Bewegung in einem Zwischenaugenblick, der sofort zerstiebt, aber dessen Bedeutung von den zwei bremsenden Spielern vor dem dunkel umschließenden Horizont der Zuschauer hervorgehoben wird. Das Ganze ist schräg von unten aufgenommen, von einem Fotografen mit einem enormen Objektiv auf einem winzigen Schemel neben dem Tor, so daß ich unwillkürlich den Kopf in den Nacken lege. So passiert es meine Augen, bekommt aber erst wirkliche Fülle durch alle die Empfindungen, die es im Körper auslöst: Spuren von Bewegungsmustern, die ich unwillkürlich, während ich auf dem Stuhl hier sitze, hervorzucke. Und die zuckende Körpererinnerung zieht sinnliche Empfindungen mit sich, Gerüche, Anblicke, Geräusche, von Erinnerungen gesättigt, Vorfrühlingsabende, die viele Jahre zurückliegen, das elektrisch erleuchtete Halbdunkel des Trainingsfeldes und der weiße Atem vor dem Gesicht und Schweiß und Kälte und Freude, wenn etwas gelingt, und Ärger, wenn etwas schiefgeht. Das Bummbúmm des Balls, eben nicht Búmmbúmm, sondern synkopisch: Bummbúmm, von Mann zu Mann, die schrillen Rufe der Kumpels in Dunst und Halbdunkel, die Pfeife des Trainers, das totale Aufgefressensein, Verschwinden im Spiel. Hinterher dann: die dampfende Körperhaftigkeit des Umkleideraums, aufgeräumte Jungenstimmen unter der Dusche: »Mensch, mich laust der Affe, hat sie dich da reingebissen!« Dann hinterher wieder: die glückliche, satte Müdigkeit in Kopf und Körper auf dem Weg nach Hause, wo die Erinnerung an einen besonders gelungenen Weitschuß immer wieder mit kleinen

Zuckungen des rechten Beins wiederholt wird, während ich nach Hause radele.

Von diesen Erinnerungsspuren her kann ich das Bild in Bewegung setzen, der Ball ist von links gekommen, der weiße Spieler ist geradewegs in die Luft gegangen, um ihn zu fangen, aber oben angekommen, hat er sich nach vorne werfen müssen, um ihn zu erwischen, als er herangekommen ist. Bis dahin hat er ihn nach links köpfen wollen, aber aus den Augenwinkeln hat er gerade noch wahrgenommen, wie der Tormann auf der Linie das Körpergewicht auf das rechte Bein verlagert hat, gerade, um den Ball an der Stelle halten zu können, die der Weiße ihm zugedacht hat. Darum hat dieser jetzt, schon schwebend, beschließen müssen, in die entgegengesetzte Richtung zu köpfen, kurz entschlossen hat er in der Luft das Körpergewicht nach links gedrückt, gleichzeitig hat er den Nacken gebeugt und darauf mit großer Kraft die Stirn an den Ball gesetzt. Der Ball, der jetzt auf dem Weg in das unsichtbare Tor hinter dem unsichtbaren Torhüter ist, der auf dem verkehrten Bein gefangen ist und nur noch imstande ist, den Oberkörper zu drehen, wenn er es nicht, wenn auch zu spät, noch geschafft hat, das Gewicht auf das richtige Bein zu verlagern und jetzt vergeblich waagerecht in der Luft hängt, um einen Ball zu erwischen, dem der Weiße mit den Augen folgt, das Gesicht dabei merkwürdig entspannt und ganz offen, merkwürdig verletzlich und schutzlos, bis es sich in Bruchteilen einer Sekunde im Triumph straffen und glätten wird.

Kann nicht wissen, ob du jemals Fußball spielen wirst, Alexander, nicht bloß, wie alle Jungen es irgendwann einmal spielen, sondern wie eine allesverschlingende Leidenschaft; weiß darum auch nicht, ob ich dir jemals das Glück, das ich bei diesem Bild nacherlebe, erklären kann. Es löst auch eine zusammengepreßte, erstarrte Panik aus, die das Weiche in dem Glücksgefühl umschließt, mir eine Annäherung unmöglich macht, noch. Nein, Genosse Oehlke hätte drankommen sollen, auch heute, aber heute morgen hast du mich mehr als eine Stunde zu früh geweckt. Nicht, daß das was ausmachte, ich stehe zusammen mit dir auf, wir machen es uns gemütlich, während wir frühstücken, wir zwei ganz allein in der Küche, ein Tag, der mit unserer gegenseitigen Anwesenheit füreinander als Selbstverständlichkeit beginnt. Als du anfängst, unruhig zu werden, gehen wir einfach eine halbe Stunde früher als geplant in die Tagesstätte, so daß ich um so früher mit der Übersetzung in Gang komme, ich bin von den besten Vorsätzen erfüllt. Auf dem Weg nach Hause, in der S-Bahn, verliere ich die Lust, noch warm von den Schreibereien letzte Nacht, Phantasien über das hier als ein langer Brief an dich: Wirst du es in vielen Jahren, vielleicht nie, lesen, wird es von den Seiten an mir handeln, die ein Teil deiner Voraussetzungen geworden wären, wenn wir hätten zusammenbleiben können. Dazu gehört nicht nur die Geschichte von Franke und Rita, und warum deine Eltern sich schließlich scheiden ließen, dazu gehört also auch das Glück bei einem prachtvollen Tor.

Das Bild an der Wand ist vom April 1970, es löst Bilder eines anderen Tors in einem anderen Frühjahr aus, das nie von einem Pressefotografen fotografiert wurde. Zehn Jahre vorher wird die erste Juniorenmannschaft des *Vorwärts* Amager Kopenhagener Meister, durch ein Tor am Ende eines entscheidenden Kampfes auf der Schaubahn im Sundby-Stadion, wo einige wenige Kameraden, Sportleiter und Eltern das spärliche Tribünenpublikum bilden. Es steht 2 : 2, und es ist ein Abendspiel, ich erinnere mich besonders an das Licht, das sonderbar leichte, gleichsam durchsichtige Vierteldunkel später Maiabende, bevor es richtig dunkel wird. In genau dieser Beleuchtung sehe ich den Schuß ins Tor, so, wie Franke und ich das machen. Wir bekommen einen Freistoß, gerade vor dem Strafraum der anderen, etwas rechts vom Tor, und ich nehme ihn, verscheuche selbstsicher die anderen mit der gebieterischen Bewegung, die bedeutet, daß ich und niemand sonst genau weiß, was hier zu tun ist. Die Gegner stellen sich in einer Mauer vor mir auf, um den Ball direkt vorm Tor abzuwehren, so, wie ich es mir vielleicht auch zuerst gedacht habe, aber plötzlich steht Franke neben ihnen, ganz rechts, in Verlängerung ihrer Mauer. Es ist während meines Anlaufs geschehen, während alles sich um mich versammelt und ich weiter auf den Ball zulaufe, als ob ich direkt schießen wolle. Als ich herankomme, schieße ich statt dessen in einem ziemlich flachen Bogen über die Verteidigungsmauer, und der Ball hätte wenige Meter hinter ihnen den Rasen getroffen. Im selben Augenblick hat Franke eine Kehrtwendung gemacht und ist zu der Stelle gestürzt, wo der Ball gelandet wäre, was aber nie geschieht, er zähmt ihn mit dem rechten Bein in der Luft, um ihn dann mit dem linken Bein ins Tor zu setzen. Niemand hat richtig begriffen, was eigentlich passiert ist, ehe er die Arme hochreißt.

Fußballspieler haben so etwas normalerweise drauf, bis zum Gehtnichtmehr beim Training geübt. Franke und ich haben so etwas Ähnliches vielleicht schon vorher gemacht, aber niemals in dieser Art eingeübt, wechseln kein Wort, bevor ich den Freistoß schieße, nicht einmal einen vielsagenden Blick, alles geschieht während des Anlaufs, ganz selbstverständlich, er stellt sich bloß dahin, wo er sich eben hinstellt, ich spiele ihm bloß zu, wie man ihm zuspielen muß, wenn er sich hingestellt hat, wo er sich plötzlich hingestellt hat, der Gedanke kommt nicht einmal so weit, einem von uns so bewußt zu werden, daß er uns im voraus ganz klar vor Augen stände. Es ist ein gemeinsames Wissen, von den Körpern und den Augen erfaßt, sofort in Wirklichkeit übersetzbar, und das, bevor von einer Sprache und von einem Ich überhaupt die Rede sein kann, unmittelbar, ganz anonym, unmöglich zu sagen:

29

»Ich«, bin nie einem anderen Menschen näher gewesen, vielleicht ein einziges Mal nur Katrin. Das liegt davor, geht allen Sätzen, die ich, du, er, sie, es in sich, mit sich haben müssen, voraus. Schon »Es« spielt sich durch uns ab, ist neben uns, wenn auch das Nächstliegende, legt auch das aktive Gewicht auf eine bestimmte Stelle. Während die Kameraden herangestürmt sind und ihn umringt haben, bevor er die Arme hat senken können, bin ich stehengeblieben, es ist so schnell und mit so einer einleuchtenden Souveränität geschehen, als ob wir etwas geschenkt bekommen hätten und ich erst jetzt dazu imstande wäre, es zu entdecken, als es überstanden, empfangen worden ist.

Stehe dort, erst wie aus den Wolken gefallen, dann unsagbar glücklich, weiß ohne weiteres, genau an diesen Augenblick, an diesen grau leuchtenden Maiabend, die Kumpels etwas weiter entfernt in einem Klumpen um Franke herum, einige schmetternde Hurrarufe von der sparsam besetzten Tribüne zu uns herüber, nicht wie ein Brausen, sondern mit Stimmen, die sich klar voneinander unterscheiden lassen, genau an diesen Augenblick werde ich mich immer erinnern. Es ist ein Film, wo der Vorführapparat plötzlich an Tempo verliert, wie bei unseren Kindergeburtstagen, die Bilder kommen immer langsamer, die Figuren verlieren ihre irdische Schwerkraft in einem schwebenden Taumel. Genau so sehe ich alles, nicht nur das entscheidende Tor in einem entscheidenden Kampf, auf den ich mich die ganze Woche gefreut habe. Ja, natürlich, sich hier im Umkleideraum der ersten Mannschaft umzuziehen und auf der Schaubahn zu spielen, auf der wir Sonntag für Sonntag der ersten Mannschaft zugeschaut haben, und zu gewinnen und bei dem entscheidenden Tor mitzuwirken macht diesen Abend zu etwas Besonderem, aber das ist nicht das Wunderbare, das, was die Erinnerung trägt. Das Wunderbare ist, daß das Tor gerade auf diese nonchalante, überrumpelnde Art gelungen ist. Das überrascht mich wie auch

Franke, jedenfalls öffnet er, unendlich langsam, den Klumpen um sich herum, kommt auf mich zu, während wir einander ansehen, und gibt mir einen kleinen Klaps auf den Arm, als Quittung, in unserem Verhältnis zueinander das Gefühl von Zusammengehörigkeit, ja Liebe, das Körper sonst nur nach einem selten gelungenen Beischlaf streift. Dann beginnen die Bilder wieder mit normaler Geschwindigkeit zu laufen.

Das ist alles, und das Bild an der Wand stammt also von einem zehn Jahre späteren Kampf, wo die Europamannschaft zum erstenmal gegen Lateinamerika spielt und der weißgekleidete Franke dabei ist, einen 1 : 1-Ausgleich zu schaffen. Gerade dieses Bild bringt ihn auf die Titelseite aller Zeitungen in der ganzen Welt, und gerade dieses Tor wird sein endgültiger internationaler Durchbruch. Daß Franke, der zu dieser Zeit als Profi in Belgien spielt, überhaupt zur Teilnahme ausgewählt worden ist, spricht natürlich für eine gewisse Klasse, aber trotz der dänischen Zeitungen (»Däne unter den Besten der Welt«) ist seine Auswahl ganz klar auf gewisse Rücksichten zurückzuführen: Es muß jemand von den kleinen Nationen in der Europamannschaft sein, und erst in diesem Zusammenhang wird Franke gebraucht, darum fängt er auch auf der Reservebank an. Erst als es 0 : 1 steht, im Lauf der zweiten Halbzeit, darf er aufs Spielfeld, ich sehe das Spiel nicht im Fernsehen, aber lese hinterher, daß er erst seit fünf Minuten auf dem Feld ist, als er dieses Tor schießt. Danach spielt er mit einer Autorität, als ob er immer schon Europas bester Stürmer gewesen wäre, schießt noch ein Tor, bei weitem nicht so lupenrein wie das erste, bloß ein letzter Schubs über die Torlinie. Im selben Sommer wird er an einen der großen westdeutschen Vereine verkauft.

Am Tag darauf, beim Anblick der Bilder in den Zeitungen, ein saugender Ruck des Wiedererkennens, als ob ich es gewesen wäre, der einen Ball von rechts außen zugespielt hätte und jetzt dastehe und beobachte, wie Franke ihn behandelt, wie er behandelt werden muß, wenn er hinterher nicht Hohn und Spott von mir zu spüren kriegen will, aber nicht, ohne daß ich gleichzeitig ein Knurren von Neid gegen den englischen Verteidiger fühlte, der, ohne Franke zu kennen, in einem langen Ruck zur hinteren Linie gegangen ist, um ihm gerade so zuzuspielen, wie man ihm zuspielen muß, wenn er genau dort angestürmt kommt. Selbst als Franke angefangen hat, Karriere zu machen, während ich mehr oder weniger damit aufgehört habe, und Katrin voller Staunen über die schimmeligen Fußballstiefel ist, die sie aus dem Gepäck zieht, mit dem ich einziehe, selbst da behalte ich noch die Vorstellung, daß ausschließlich ich dazu imstande bin zu wissen, wie man ihm den Ball richtig zuspielen muß.

Wie ich das Bild aus dem Wembley-Stadion beschreibe (das sicher nicht mehr existieren wird, wenn du groß genug geworden bist, um dich für den Fußball zu interessieren), hört es sich vielleicht an, als sei das Tor eine rein individuelle Leistung, der einsame Triumph des Amagerkaners (so heißt das bei uns) Franke über den brasilianischen Tormann. Das ist aber nicht der Fall, es ist nicht anders als das Tor im Sundby-Stadion: Franke spielt nicht nur zusammen mit dem Verteidiger, der von einem anderen Verteidiger wegläuft und ihm den Ball zuschlägt, er spielt auch zusammen mit dem Torwart, den er überlistet, egal, was der Laie dazu meint, es ist die Fähigkeit, nicht nur sein eigenes Spiel, sondern gerade auch das des Gegners zu spielen, die die Größe eines Fußballspielers ausmacht. Franke hat den Tormann auf genauso wundersame Weise verstanden, wie wir einander (und unseren Gegner) an jenem Maiabend im Sundby-Stadion verstanden hatten. Nach den wütenden Fausthieben ins Gras ist niemand, außer gerade dem Tormann, imstande zu begreifen, ja zu schätzen, was in allen Einzelheiten passiert ist. Wenn er nicht schon klatscht, während Franke auf dem Weg zur Mittellinie ist, wird er es zumindest hinterher im Umkleideraum zugeben und rühmen.

Nachdem wir mit diesem Tor im Sundby-Stadion gewonnen haben, schallt der Umkleideraum von jungenhaft-männlicher Aufgeräumtheit, so selbstbewußt wie noch nie, schon auf dem Weg vom Spielfeld bekommen die anderen zu wissen, daß sie ihre Stiefel genausogut in den Südhafen werfen könnten. Sie sind vom *Voran* in Valby, von der anderen Seite des freien, unbebauten Geländes und des Südhafens. Alle Gewinne aus der Angeberei werden sorgfältig von Franke und mir eingeheimst, er liebt so etwas hinterher immer, schon seit wir noch ganz klein waren, ist er mit seinem kleinen Körper dazu imstande gewesen, prahlerische Selbstzufriedenheit auszustrahlen. Über jede Vorstellung von Maßhalten hinaus, die befiehlt, daß man, ob mit oder ohne Recht, seine Schnauze nicht allzuweit vor Freude über sich selbst aufreißt, wirft er sein Gesicht ganz zurück, die Bewegungen sind abgemessen, äußerst männlich, die Arme leicht in einem Bogen vom Körper abgehoben, eine Parodie auf die Maskulinität der Erwachsenen, und damals versuche ich selbst mein Bestes, um so zu wirken. Was auf dem Spielfeld ein Anflug von etwas anderem gewesen war, wird hier im Umkleideraum, zwischen den dampfenden Körpern, zu einem großen »Wir«, zu unserem persönlichen Triumph, weil wir eben so super sind, strahlt es von uns aus: Das Tor war echt »FF«, Franke zwingt alle Umstehenden, das zuzugeben.

24. 9. 77

Natürlich heißen wir nur Frank und Frands, aber es wird nie zu etwas anderem als Franke und Frandse, und weil es eine Biermarke gibt, die FF heißt, werden wir auf dem Hof und im Klub immer FF genannt. »Mensch, war das ein schales Bier«, sagt der Trainer zu uns, wenn wir nicht besonders gut waren und er einen Witz machen möchte. »Der Brauereihund hat gebellt«, prahlen wir, wenn uns etwas geglückt ist. Wir haben den Spitznamen mit Freuden angenommen, wir sind »ff«, was in unserem Viertel soviel wie »etwas ist Spitze« bedeuten kann, vielleicht wegen der Reklame einer Wurstfirma namens Steff: »Sag nicht uff, uff, wenn es ff heißt.« »Das ist ff«, sagen wir bei uns auf dem Hof, als Abschluß einer guten Absprache oder weil irgend etwas einfach klasse ist, in der Regel von der Geste des hochfliegenden steifen Daumens begleitet. Aber der gemeinsame Name von Franke und mir ist von dem Bier, das andere ist nur so etwas, was Franke ausnutzt. »FF«, sagt er und hält seinen Daumen den anderen vor die Fresse, während er mich mit dem Blick auf eine Art mitrechnet, die bedeutet, daß gegen uns zwei nicht anzukommen ist. Im Mund der anderen klingt es zweideutiger, als Kosename eine Art Anerkennung unserer gemeinsamen Fußballeistungen, als Spitzname eine Markierung der Tatsache, daß wir ihrer Meinung nach reichlich viel auf eine reichlich auffällige Art zusammenhängen. Dann bekommen wir die Wurstreklame mit einem hämischen Unterton zu hören: »Uff, uff!«

Nicht, daß wir uns von den anderen isolieren würden, überhaupt nicht, aber die Art, wie wir zusammenhängen, kann leicht verletzend wirken, weil sie einen unsichtbaren Abstand zwischen uns und den anderen schafft. Es wird aufgefaßt als eine besondere Art, den Mund zu weit aufzureißen. Wir reißen ihn im übrigen, wenn wir zusammen sind, gerne so weit auf, wie wir es überhaupt können bei den Gelegenheiten, wo es möglich scheint, ohne daß die anderen etwas dagegen tun können. (Später machte ich deine Mutter wahnsinnig damit, daß ich nicht einmal »Mensch ärgere dich nicht« spielen konnte, ohne ständig Ausdrücke der Schadenfreude und der Aufschneiderei von mir zu geben, bloß so zum Spaß.) Es ist sicher auch ein Versuch, uns in unsere Schranken zu verweisen, daß ich das erste Jahr im Klub nie im Sturm neben Franke spielen darf. Obwohl wir viele Male darum bitten und obwohl Herr Eskildsen, Frankes Vater, auch darum bittet, bestehen die Trainer darauf, daß Frandse als Läufer in der Verteidigung zu bleiben hat. Beim Training können wir noch so sehr zeigen, was wir alles so zusammen auf dem Hof zu Hause können, sie bestehen weiterhin darauf, daß ich »der Mannschaft« am besten als hinterster Mann nütze, so weit weg wie möglich von Franke, basta. Erst als wir in die Juniorenmannschaft wechseln und »Zakker« von der ersten Mannschaft als Trainer bekommen, darf ich schließlich in den Flügel, während wir zum Donnerstagstraining auf dem Englandsvej daherradeln, überholt er uns und ruft mir beim Vorbeifahren zu: »Da haben wir ja den neuen Halblinks, was?« Das gibt uns einen inneren Ruck, so daß wir fast mit den Rädern zusammenstoßen, und als wir zum Training kommen, kann man sich kaum in unsere Nähe wagen. Die nächsten Tage sprechen wir von nichts anderem, und in dieser Saison gewinnen wir die Kopenhagener Meisterschaft, und Franke schießt als Mittelstürmer Heerscharen von Toren. »Frandse weiß genau, wie man Franke den Ball vorlegen muß«, sagt Zakker. Das haben wir ja schon immer gewußt, FF!

Von Anfang an ist klar, daß Franke der bessere Fußballspieler von uns beiden ist, in den Mannschaften wird er am Ende immer zum gefeierten Mittelpunkt, ich bin sein Sekundant, vielleicht auch ganz gut, aber nüchtern beurteilt mit einem Talent, das höchstens zu einer Kreisligamannschaft gereicht hätte, wenn überhaupt. Hier irren weder Franke noch unsere Kameraden, noch ich selbst. Mein Körper, größer, schwerer, ganz ohne seine ausgewogene Beweglichkeit, arbeitet überhaupt nicht mit dem Kopf und derselben List und Entschlossenheit in den Nahkämpfen zusammen, schon als Zehnjähriger kann Franke mit einer einfachen winzigen Bewegung im Hüftgelenk zwei, drei Gegner um sich herum dirigieren, als ob er auf Abstand mit ihnen Samba tanze. Vor allen Dingen fehlt mir sein sagenhaftes Gefühl für den Ball, wenn er den Ball hat, ist er, schon von Anfang an, eine natürliche Verlängerung seines eigenen Körpers, kein Fremdkörper, den der Körper unter Aufbietung aller Kräfte zähmen und unter Kontrolle halten muß. Technik und Ballgefühl gehen bei mir über das Durchschnittliche hinaus, das kann ich ohne zu prahlen sagen: In dieser Welt kennt jeder von uns den genauen Wert des anderen, aber Frankes völlig natürliches Verhältnis zum Ball, das habe ich nicht. Bei mir gibt es nur eine Spalte zwischen mir und dem Ball, schmaler oder breiter, aber immer vorhanden, muß beispielsweise für einen Schuß der Spann ordentlich gestreckt werden, muß ich mich regelrecht darauf konzentrieren, Franke, glaube ich, nie, er hat es einfach getan. Wenn ich den Ball habe, bin immer ich der, der den Ball spielt und mit ihm das Spiel strukturiert. Bei Franke läßt sich nicht entscheiden, ob nicht gleichzeitig auch Ball und Spiel ihn im Griff haben: Er beherrscht das Spiel, weil er imstande ist, sich von ihm beherrschen zu lassen.

Als er aus Westdeutschland zurückgekommen und nicht länger aktiv ist, erzählt er mir von einigen anfänglichen Konfrontationen mit Salz, dem westdeutschen Trainer. Sie trainieren, den vom Flügel vorgelegten Ball ins Tor zu köpfen, Salz kritisiert Franke, er springe zu schnell hoch, will, daß er wartet, bis die Flugbahn deutlicher erkennbar wird, erst dann soll Franke hochspringen. Das Resultat ist vernichtend, Franke erwischt entweder den Ball nicht oder trifft ihn schlecht, zuletzt weigert er sich, den Anweisungen von Salz zu folgen: »Man hat keine echte Chance, wenn man sich nicht nach seinem Gefühl richtet, wo der Ball geflogen kommt, aber das konnte der Typ nicht verstehen.« Seinem eigenen Instinkt überlassen, konnte Franke richtig vor allen anderen sehen, berühmte ausländische Trainer mit eingeschlossen, er hat schon gesehen, was Salz ihn bittet, erst abzuwarten. Der Blick von Salz ist dem Frankes unterlegen, seine ausgezeichneten Theorien hinken der Praxis des Spiels hinterher, und sie können sich nie einigen. Franke tut zukünftig, was er will, Salz versucht nicht mehr einzugreifen, seine Rache kommt erst später.

Drei Arten von Fußballspielern: erstens die, die die Lücke sehen, die du selbst und jeder andere Unbedarfte von der Tribüne aus sehen kann, so daß man sich freut und bestätigt fühlt, wenn der Ball dann so fällt, wie er soll. Dann gibt es die, die dich plötzlich dazu bringen können, eine Lücke zu sehen, die du selbst und andere vielleicht hätten sehen können, wenn man wacher gewesen wäre, sie können hinreißende Überraschungen bereiten. Aber es gibt auch die, die selbst Lücken schaffen, wo gar keine hätten sein sollen, das sind die Urheber von Offenbarungen, alle technischen und körperlichen Fähigkeiten sind Voraussetzungen, die wirklichen Qualitäten liegen in der schöpferischen Aneignung und Verwandlung ganzer Situationen, ein einzelner unmöglicher Zug, eine jähe Wendung, ein Abspielen, für das eigentlich kein Platz war, und plötzlich ist alles verändert, voller Möglichkeiten, ja, diese Art Spieler braucht noch nicht mal den Ball für seine Offenbarungen, er kann der Poet des Spiels sein, ohne das große Wort zu führen. Franke beherrscht in seiner Glanzzeit beides, Körper und Ball, aber bei ihm ist es nicht nur die Kunst des anmutigen Dribbelns und seine artistische Schußtechnik, sie sind mit einer hoch entwickelten Intelligenz im Spiel ohne Ball verbunden. Menschen ohne Sinn für Fußball verraten sich, wenn sie das Spiel nicht als ein Ganzes lesen, sondern statt dessen ausschließlich an unmittelbaren körperlichen Einzelheiten hängenbleiben, eine geschickte Finte, ein schnelles Dribbling, ein eleganter Stoß, ein prächtiger ausgewogener Bewegungsablauf, lauter Einzelnummern, losgelöst von der Vorstellung als Ganzheit, die das ganze Spielfeld und alle Spieler umfaßt.

In einem Spieler wie Franke sind natürlich auch Anmut und Tanz, aber die wirkliche Größe ist die Fähigkeit, die Bewegungen sowohl von Mitspielern als auch von Gegnern mehrere Züge im voraus zu erfassen (eben Züge wie beim Schach, bloß auf einem Brett mit Spielfiguren, die sich in ununterbrochener Bewegung befinden) und von dort aus in Stellungen zu laufen, die plötzlich das Spiel offenbaren und eine Lücke in der Verteidigung des Gegners für den Angreifer schaffen. In den Jahren, in denen ich selbst spiele, ist meine Stärke zwar auch der Überblick, aber auf eine andere Art, mehr eine Fähigkeit zur Umsicht, dazu, die Situation durch Vorsicht und Wachsamkeit in den Griff zu bekommen. Obwohl wir zwei in unserer Jugend »Fußball« mit ein und demselben Kopf denken können, so daß wir uns manchmal als unsere unmittelbare gegenseitige Verlängerung erleben, bin ich durchaus nicht der Kopf hinter seinem Körper. Ich spiele in Wirklichkeit in all den Jahren Franke gar nicht zu, auch wenn ich mir geschmeichelt habe, das zu glauben, im gleichen Maße ist er es, der kraft seiner Bewegungen mir das Spiel offenbart, so daß ich ihm richtig zuspielen kann: Er spielt mich ohne Ball, wenn ich ihm zuspiele. Ein Traum, der aber wirklich ist.

Wieder zu Hause, erzählt Franke auch von dem Verhältnis zwischen Beckenbauer und Müller, er hat gegen sie in der Liga gespielt, und ich lasse mich lang und breit über Beckenbauer aus, der nicht nur der große Techniker, sondern auch der Spielmacher sei, dazu imstande, Müller auf die überraschendsten Arten zu finden. Franke ist verärgert: »Wer zum Teufel, glaubst du, läuft in Position«, fragt er, »wenn Müller mit ein paar Verteidigern auf den Fersen auf Beckenbauer zuläuft und sich dann plötzlich umdreht und wieder auf das Ziel zusprintet und Beckenbauer ihm den Ball maßgerecht vorlegt, dann ist es Müller?« Es ist also weiter gar nicht erstaunlich, daß ein zufälliger englischer Verteidiger eines Abends 1970 Franke auf die ganz richtige Art zuspielt, er hat eben selbst den Verteidiger dazu veranlaßt, wie er mich zehn Jahre vorher im Sundby-Stadion dazu bringt, aber er liebt uns hinterher dafür, daß wir dazu imstande sind, ihn das tun zu lassen.

Habe jetzt hier einige Tage gesessen und über Fußball geschrieben, wie ich es im vorigen Frühjahr nicht habe tun können, als ich an meiner Examensarbeit saß. Im Institut haben sie eine Formulierung über Sport und Fußball als Teil »der Reproduktionsbedingungen der Arbeitskraft« anerkannt, das mit dem Sport trägt dazu bei, die Arbeiter besser für die Ausbeutung des Kapitalismus geeignet zu machen, der Durchbruch des Massensports hängt ja zusammen mit dem Durchbruch des Kapitalismus und so weiter. Alles ganz richtig, jedenfalls nicht ganz falsch, aber was der Fußball einem Mann wie Franke hat geben können, oder auch bloß mir, diese Augenblicke grenzenloser Entfaltung und Erfüllung, was ist zum Beispiel damit? Möglicherweise ist es irgendein vorkapitalistischer Quatsch, aber wenn es trotzdem so eine Faszination ausübt? Ich habe keinen Zusammenhang hineinbringen können. Hängt das mit dem Fußball überhaupt so zusammen, daß man es unter einem Blickwinkel betrachten kann? Vielleicht wäre es besser gewesen mit einem Thema, das weniger persönlich besetzt gewesen wäre, so etwas ist der wissenschaftlichen Prosa, die sich von einem gewissen Abstand von der persönlichen Wirklichkeit ernährt, ähnlich wie politischen Analysen abträglich: In meiner Zeit an der Zeitung kann ich mich ohne Schwierigkeiten über die staatliche Konjunkturpolitik, über die Befreiungsbewegungen im nordöstlichen Afrika oder die Lehren der fehlgeschlagenen Revolution in Portugal auslassen, aber jedesmal, wenn ich während meiner Examensarbeit meine, etwas Endgültiges gefunden zu haben, stoße ich auf etwas, was dem widerspricht, und der große Überblick fängt wieder an, brüchig zu werden, wie in den Träumen, wo man die ganze Zeit glaubt, daß man etwas in den Händen festhielte, und dann verschwindet es trotzdem, die ganze Zeit.

Heute ist Sonntag, die Flugzeuge starten und landen in einer anderen Richtung, die Sonne scheint so stark, daß ich das Fenster offenstehen habe, sogar im September, und schon seit einiger Zeit sitzen einige der anderen draußen und sprechen über Schleyer, den Vorsitzenden des Arbeitgeberverbandes in Westdeutschland, der letzten Monat entführt wurde, aber wohl immer noch lebt. Sie glauben, daß ich wegen der Übersetzung den ganzen Tag vor dem offenen Fenster geklappert habe, ich habe mich nicht dazu überwinden können, etwas anderes zu sagen. Komme heute nicht mehr weiter und habe kaum angefangen, alles läßt sich nicht sagen, geschweige denn auf einmal überschauen, alles drängt sich gleichzeitig auf, aber kann erst hintereinander bewältigt werden, Stück für Stück. Du befindest dich die ganze Zeit vor mir an der Wand, Franke, jetzt gehe ich ein bißchen raus zu den anderen.

25. 9. 77

Schneide, frisch mit Katrin verheiratet, von der Politik absorbiert und 1970 von Franke und dem Fußball weit weg, nicht das Bild von Wembley aus, verfolge höchstens aus alter Gewohnheit etwas die Sportseiten. Lese natürlich alles über Franke, aber rechne nicht damit, ihn wiederzusehen: FF ist futsch und fertig. Aber die Spiele im Fernsehen sehe ich mir zu Katrins größtem Erstaunen immer noch an, von dieser Seite an mir wußte sie noch nichts. Dem Sport kann sie nichts abgewinnen, in den ersten Jahren kommt es allerdings nur zu kleineren Auseinandersetzungen, wenn das Interesse, ein wichtiges Spiel zu sehen, etwas, was sie für wichtiger hält, in die Quere kommt, sei es eine Versammlung, ein Besuch, ein Stadtbummel. Putzen. »Hör doch endlich mit dem Quatsch auf«, sagt sie, nicht, um mich zu ärgern, sondern weil sie einfach nicht glauben kann, daß es für mich etwas anderes ist. An diesem Nachmittag 1974, Westdeutschland gegen Holland im WM-Finale, soll ein Genossentreff bei uns stattfinden. In der Wohnung liegt alles wie Kraut und Rüben herum, nicht zuletzt mein eigener Kram, und gerade, als das Spiel anfangen soll, besteht sie darauf, daß ich mit aufräume. Die Forderung ist recht und billig, aber gerade jetzt wirkt sie wie eine himmelschreiende Ungerechtigkeit. Während sie nicht lockerläßt, stehe ich dort vor dem laufenden Fernseher, in dem das Spiel schon begonnen hat. Zur einen Seite versuche ich, dem Spiel zu folgen, zur anderen zanke ich mich immer heftiger mit Katrin, während ich dort stehe, zwischen ihr und dem Apparat, wächst die Bereitschaft, Amok zu laufen, es kaputtzutreten, ihr an den Kopf zu schmettern. Zische statt dessen: »Schwachsinnige Ziege«, »dumme Schweine« und ähnliche ohnmächtige Brocken, als ich wütend aus der Tür marschiere und nie zu sehen bekomme, wie die Westdeutschen meine holländischen Favoriten besiegen.

Das sind die ersten wirklichen Konfrontationen wegen des Fußballs zwischen uns, und ich merke, wie die Bitterkeit über meine Ehe mit Katrin wieder in mir hochkommt, diese ganze Anhäufung von Kleinigkeiten, die wir allmählich zu gegenseitigen Vorwürfen gesammelt haben, sorgfältig erinnert und gespeichert, bis das Geschwür platz und der Eiter austritt. Während der Jammer der Selbstgerechtigkeit wieder in mir aufstieg, vergaß ich zu erzählen, daß Katrin mich schon am Vormittag darum gebeten hat, ihr beim Aufräumen zu helfen, ich muß mich mit einem Zeitungsartikel beeilen und sage, das können wir später noch, und so vergeht die Zeit, und plötzlich beginnt das Spiel. Das Wahnsinnige ist, daß man solche kleinen Episoden noch Jahre nach der Scheidung behält, daß ich immer noch finden möchte, daß sie trotz allem in dieser Situation verständnisvoller hätte sein sollen und daß ich damals, allein deswegen, erst des Nachts angetrunken nach Hause kam. Wenn es sich andererseits um etwas anderes als Fußball gehandelt hätte, vielleicht obendrein noch um eine wichtige politische Sendung, wäre ihr Verständnis größer gewesen, dessen bin ich mir sicher. (Schon wieder bin ich mir, Prozeßmacher bis zuletzt, ins eigene Netz gegangen.)

Jetzt nach Neujahr, als ich mir von der Zeitung frei nehme und meine Examensarbeit anfange, ist Katrin eine von denen, die sich völlig verständnislos dazu stellen, gewiß, die offizielle Formulierung klingt einigermaßen, wie sich so etwas anhören soll, aber meine Idee ist, daß sie sich aus der Beschäftigung mit einem bestimmten Klub, dem *Vorwärts* Amager, entwickeln soll, und sowohl im Institut als auch bei den Genossen, denen ich von dem Projekt erzähle, bemerke ich, daß es den Eindruck erweckt, als hätte ich genausogut eine Examensarbeit über einen Klub von Briefmarkensammlern schreiben können in einer Welt, in der es um ganz andere und seriösere Probleme geht (was ich unter anderen Umständen wohl auch gekonnt hätte). Katrin freut sich natürlich, daß ich endlich mein Studium zum Abschluß bringen will, das so viele Jahre unbeendet über mir gehangen hat. Sie ist darauf eingestellt, mich, so gut sie kann, zu ermuntern. Das genügt aber nicht, so ohne jedes Interesse an dem Thema, wie sie ist. Auf der anderen Seite hat meine Wahl etwas damit zu tun, daß sie sich so verhält, nicht zu Unrecht spürt sie in meinem plötzlich wiedererwachten Interesse am Fußball einen heimlichen Trotz gegen sich und unser gemeinsames Milieu, ein bewußt demonstrativer Spalt zwischen uns, der sich dadurch, daß sie reagiert, wie sie reagieren muß, bloß noch vergrößert. Nicht etwa, daß sie irgendwas sagen würde: Wir sind beide Meister in der Kunst, sich so etwas im Ungesagten, schon halb Vorbewußten, entfalten zu lassen, ich noch mehr als sie.

Auch Franke brauche ich auf diese Weise, er ist schon seit längerer Zeit aus dem Ausland zurück, und im letzten Herbst treffe ich ihn zufällig im Sundby-Stadion, wir setzen uns nach dem Spiel in die Sportkneipe auf dem Englandsvej und trinken Bier, von da an sehen wir uns wieder öfter. Er kommt zu uns nach Hause, und ich besuche ab und zu ihn und Rita. Katrin ist freundlich, aber nicht herzlich Franke gegenüber, er ist, sagt sie, ihren Widerstand objektivierend, »schwer zugänglich«, und das einzige Mal, als wir beide am Anfang bei Franke und Rita eingeladen sind, ist ein Mißerfolg: Während wir drei anderen uns allmählich vollaufen lassen, weiß Katrin nicht, was sie mit sich und ihrer Langeweile anfangen soll, seitdem sehen Katrin und Rita sich nur zufällig, ich besuche sie allein, oder Franke kommt ab und zu allein zu mir, und dann können wir einen ganzen Abend zusammensitzen und über verflossene Zeiten und den Fußball klönen, das sind die Themen, über die Franke reden kann, abgesehen von Weibergeschichten, aber die behält er für sich, wenn Katrin anwesend ist und sich im Hintergrund mit irgendwas beschäftigt. Er fühlt sich unsicher ihr gegenüber, sie ist ein Wesen aus einer unbekannten Welt, und Franke brauche ich unter anderem dazu, sie das spüren zu lassen. Sie gibt einige Male zu verstehen, daß sie nicht ganz versteht, was ich in ihm sehe, deutet an, daß es sich sicher um eine Art pubertären Rückfall handele. Genau, antworte ich bloß, das sei ja nicht das einzige, was sie nicht so ganz verstünde, das kommt mir gerade recht, um meinem Selbstgefühl den Rücken zu stärken.

Katrin ist es, die damit anfängt, das Bild den Fußballengel zu nennen. Ich finde es in einem Buch, das irgend so ein Schmierfink vor einigen Jahren in Frankes Namen geschrieben hat (»Aus Amager in die Europamannschaft«), nehme es mit in die Redaktion und überrede einen der Layouter, mir beim Vergrößern zu helfen. Am Abend nehme ich es in einer großen Rolle unter den Arm mit nach Hause, es soll über unserem gemeinsamen Arbeitstisch anstelle eines alten Wahlplakats hängen: Ein Y (der Kennbuchstabe der sozialistischen Volkspartei auf dem Stimmzettel), es ist gleichzeitig eine Schleuder aus den Tagen, als sich der Gedanke an die Revolution noch mit der Idee von einem ausreichend großen Jungenstreich verband, das ist längst vorbei, auch wenn die Partei aus Geldmangel dazu gezwungen war, die Restauflage bei der nächsten Wahl zu brauchen, im übrigen ist seit mehreren Jahren keiner von uns mehr in der Partei. Trotzdem wehrt Katrin sich dagegen, daß mein Bild statt dessen dort hängen soll: »Mir gibt das nichts«, verkündet sie aus der Küche. Sie wärmt gerade das Abendessen auf, und ich habe mich über ihren nur schwach geäußerten Widerstand hinweggesetzt, halte schon die Heftzwecken in der einen und das Bild in der anderen Hand. Sie habe »auch ein Mitspracherecht über unsere Wände«, stellt sie mit bestimmtem Ton fest, als sie etwas später mit dir auf dem Arm hereinkommt, während ich immer noch unentschlossen mit Heftzwecken und Bild herumfuhrwerke, das Wahlplakat ist schon abgenommen. Ich frage, ob es daran läge, daß sie etwas gegen Franke habe. Neeein, abgesehen davon, daß sie nicht ganz einsähe, warum gerade er an ihrer Wand hängen soll, äußert sie hier zum erstenmal unverhohlen ihre Auffassung vom Sport als etwas recht Zweifelhaftem, einer beschränkten Männersache: »Und dann kann ich hier rumsitzen und mir den ganzen Abend das Gelabere von dir und Franke anhören.«

Unterlasse natürlich nicht, sie im spitz belehrenden Ton darauf hinzuweisen, daß es ja auch weibliche Sportlerinnen gebe, sogar Fußballspielerinnen. Darum kann das Ganze trotzdem vom Männermief infiziert sein, antwortet sie sehr logisch: Was gehen sie diese heroischen Männer und ihre selbstherrlichen Leistungen an, Schwänze, Potenz, daß es auch Frauen gibt, die darauf gekommen sind, sie nachzumachen, wenn schon! So was in dieser Art sagt sie, und ich erinnere mich nicht an die Antwort, die ich ihr gebe, außer, ob sie verdammt noch mal nicht sehen könne, daß das Bild schön sei. »Was besagt das schon, wenn es bloß einen schwachsinnigen Inhalt verschönen soll?« Jetzt hat sie sich festgebissen, mit ihrer plötzlichen Offensive habe ich nicht gerechnet, und obwohl sie eine gewisse Ruhe bewahrt, hat die Stimme die helle Wachsamkeit, die, wenn sie mit der leichten Schrägstellung des Gesichtes, wo das Haar zur einen Seite herunterhängt, zusammenfällt, Krieg bedeutet. Ich kann mir so schnell gar nicht helfen, lasse mich mit einigen wütenden Bemerkungen bloß auf einen Nahkampf ein, sie habe eben noch nie selbst Fußball gespielt, sie verstehe ja keinen Deut davon, darum könne sie sich dazu auch gar nicht qualifiziert äußern. Sie läßt sich nicht aus der Ruhe bringen, ich habe diesmal zuerst den Kopf verloren, während sie sachlich bleibt: »Genau darum sehe ich nicht den geringsten Grund dafür, daß dieses Bild hier hängen soll«, kommt es erst einmal unwiderlegbar zurück, dann weinst du auf ihrem Arm, und ich gehe verstimmt in die Küche, um das Essen zu holen, das wir dann, ohne die Sache entschieden zu haben, essen, während wir uns betont höflich über alles mögliche andere unterhalten.

Nehme den Gedanken erst wieder auf, nachdem ich dich zum Schlafen gelegt habe, mehr, um allmählich Frieden zu schließen, und bin jetzt sanfter gestimmt, Bilder gehören zu unserer gemeinsamen Vergangenheit, wir haben uns kennengelernt, weil wir beide damals Kunstgeschichte studierten, wild auf Bilder, später brachte uns die Politisierung an der Uni, wie so viele Gleichaltrige, von dem ursprünglichen Kurs ab, die Bilder sind noch eine halbvergessene Schicht in der Vergangenheit, wie so vieles andere, nur bei besonderen Gelegenheiten schlägt sie wieder durch, Sonntage, wo wir plötzlich von der Lust gepackt werden, in eine Ausstellung zu gehen, und eine kleine Bilderorgie veranstalten, losgelöst von dem, was wir sonst tun. Fange also eine Unterhaltung mit Katrin über das Bild als Bild an, um das Unentschiedene zu entscheiden, ohne einen neuen Konflikt auszulösen, weise auf den erstaunlich klassischen Aufbau des Pressefotos mit Hintergrund, Zwischengrund und Vordergrund hin, wir haben das Bild unter der Architektenlampe des Arbeitstisches zwischen uns ausgebreitet und sind zusammengerückt, während sich die Spannungen in einer Reibungswärme voller Erinnerungen an damals, als die Bilder noch etwas bedeuteten, auflösen, formulieren und zeigen uns gleichermaßen angeregt, was wir sehen: Das hier gehört nur uns, so, wie Franke und mir der Fußball gehört. Ich versuche darzustellen, wie erst der Pressefotograf, dann der Redaktionssekretär, der das Bild herauszieht und sofort von den Sportseiten auf die Titelseite umplaziert, mit ihrem Fingerspitzengefühl schnell und unmittelbar reagiert haben, als ob sie das ganze westliche Kulturerbe vor Augen hätten, darauf würden sie sicher scheißen, sie wenden es nur einfach an, und dann werde ich trotzdem polemisch, indirekt und nur ein bißchen, aber ausreichend, daß sie die Spitze bemerkt, spreche von der offensichtlichen Blindheit unserer linken Genossen für Bilder, wenn sie etwas anderes als Instrumente zum Ausdruck verbalisierter Meinungen sind, von ihrer merkbaren Angst vor allem, was nicht verbal ist. Katrin gefallen meine ständigen Ausfälle gegen die Linken nicht, und sie reagiert, indem sie sich eben an das Bild hält.

Sie sitzt im Halbdunkel auf der anderen Seite der Architektenlampe, sagt, daß solch ein zentralperspektivischer Aufbau, das wisse ich ja sehr wohl, Ausdruck einer besonderen Art der Raumbeherrschung sei, andere Kulturen hatten nicht so einen Blick, das hänge zusammen mit Naturbeherrschung und Individualismus der westlichen Kultur, habe sich zusammen mit beidem entwickelt, und das komme in den spontanen Reflexen meiner Presseleute wieder zum Vorschein. So ungefähr argumentiert sie, vielleicht nicht mit genau denselben Worten, und ich antworte, vielleicht auch nicht gerade mit diesen Worten, daß sie ja nicht die Sache erschöpfend damit beschreibe, indem sie auf diesen Ursprung hinweise, es sei nicht nur der bürgerliche Individualismus, sondern auch der Sinn für die besondere Prägung eines jeden Individuums, nicht nur die Ausnutzung von Natur und Mensch, sondern auch die Ausnutzung der Natur zu einem freien menschlichen Dasein, nicht nur Unterwerfung, sondern auch Entfaltung, der Übergang von passiver Betrachtung zu aktiver Handlung. So werden die Trümpfe ausgespielt, während wir zusammensitzen und gegeneinander und aufeinander einreden in einem dieser spekulativen Gespräche, für die wir beide eine genießerische Vorliebe haben, auch wenn sie in der letzten Zeit seltener geworden sind. Es ist zwar Wärme vorhanden, aber irgendwo sitzen auch ständig kleine, harte Widerhaken: Jedes einzelne Wort, das da einhergestelzt kommt, handelt gleichzeitig von unseren Zusammenstößen über den Fußball wenige Stunden vorher, die wiederum von unseren Problemen miteinander handelten, alles hat sich allmählich vervielfacht.

Wir haben immer unsere Konflikte gut zu lösen oder, besser gesagt, aufzulösen vermocht, denn sie sind eigentlich nie gelöst worden, wenn wir sie auf andere weniger persönliche Gebiete verlagerten, Prinzipfragen diskutierten, wie man so sagt. Schon lange habe ich mich damit abgefunden, daß das Bild nicht aufgehängt wird, wage es, als wir schließlich bei den Prinzipfragen gelandet sind, mich wieder dem Sport zu nähern, komme allerdings nicht weiter als bis zu der ersten Andeutung, als Katrin mich, als habe es sich die ganze Zeit nur darum gehandelt, unterbricht: »Du mit deinem Fußballengel, häng ihn doch in Gottes Namen auf.« Sie sagt es, glaube ich, mit einer Mischung aus Generosität und Resignation, weil wir gerade in guter Stimmung sind und sie nicht wieder etwas aufrühren will, was ihr im Augenblick nicht so wesentlich vorkommt, und ich hänge den Engel auf, ohne weiter darauf rumzutrampeln. Hinterher schlafen wir besser miteinander als seit langem schon, nur so konnten deine Eltern am Ende einander den Hof machen. »Du mit deinem Fußballengel«, sagt sie später mit der mundtot machenden Ironie der Nachsicht, wenn der Fußball aus irgendeinem Grund zwischen uns erwähnt wird. Er wird zur Grenzlinie der Entzweiung: Achtung! Explosionsgefahr!

Nur ein einziges Mal streifen wir die Meinungsverschiedenheiten über das Bild, als Katrin eines Abends nur wenige

Tage später von einem Frauenfilmabend nach Hause kommt, wir sitzen noch spät in der Küche und trinken Tee, während sie von den Filmen erzählt. Sie seien langsamer, zögernder als normale Filme gewesen, brauchten massenhaft Zeit für die Schilderung einzelner Gegenstände, ohne daß die Handlung dadurch deutlich weitergeführt worden wäre, erzählt sie, ja, das Interesse an der Handlung sei in einigen Filmen ganz in den Hintergrund getreten vor der umständlichen Sorgfalt in der Schilderung banaler alltäglicher Dinge, wie es in einem Wohnzimmer ist, wie eine Zwiebel aussieht, während sie geschält wird, ein Stapel unabgewaschener Küchenteller, mehrere Sekunden festgehalten, die Gobelinstickerei auf einem bestimmten Sofakissen. Dasselbe im Spiel zwischen den Personen: minutiöse Aufmerksamkeit kleinen unauffälligen Details gegenüber, die die Handlung gar nicht vorwärtstreiben. Hier sieht Katrin gerade eine Art Bruch mit der Zentralperspektive und der Beherrschung von Zeit und Raum in großen überschaubaren Linien, worüber wir einige Tage vorher gesprochen hatten, als uns eine Art augenblicklicher Versöhnung über die konstante beißende Bitterkeit in uns hinweg gelungen war, brrrr. Und dann beginnt der Sturzflug in unser eigenes Leben, diese Filme, sagt sie, machen all das, was »Männer nicht zu sehen pflegen«, sinnlich faßbar, und jetzt kommt sie auf Touren: »Das ist dasselbe, worüber wir uns die ganze Zeit streiten, deine Art aufzuräumen, auf Alexander aufzupassen oder zu übersehen, wie es mir geht, du bagatellisierst es, weil du es gar nicht sehen kannst.« Ich kann ihr ansehen, und anhören, daß sie im Bus nach Hause darüber nachgedacht hat, es kommt nicht aggressiv, sondern beherrscht aneinandergereiht, ohne Wechsel im Tonfall, während sie das dunkle Haar mit der einen Hand von der Stirn wegschiebt und mit der Teetasse in der anderen gestikuliert. Sie zettelt keinen Streit an, mitnichten, brrrr.

Heute abend bin ich der Gelassene, der sich an das Prinzipielle halten kann, so wechseln wir uns ständig ab, ich gebe ohne weiteres zu, daß da was dran ist, daß es mir und meinen Geschlechtsgenossen an Sensibilität fehle, pariere sogleich mit der Frage, ob diese Bindung an das Nahe und Allernächste nicht auch eine Art Unterdrückung sei, ob der große perspektivische Überblick nicht Voraussetzung für Emanzipation und Handlungskraft sei? Doch schon, vielleicht, antwortet sie, das sei bloß keine Entschuldigung für meine durchgängige Blindheit für das Kleine und Nahe. Ja, das sei aber auch gar nicht das, worauf ich hinauswolle, es höre sich bloß so an, als ob sie eindeutig positive weibliche Werte einigen genauso eindeutig negativen männlichen Werten gegenüberstellen wolle, wie es ja auch in ihren Reaktionen auf Frankes Bild zum Ausdruck käme (brrrrr). Dann hast du aber etwas mißverstanden, kontert sie, als ob sie daran auch schon gedacht hätte: Bloß weil der Sport notwendige Eigenschaften hochstilisiere, die bei Frauen mehr in den Hintergrund gerückt wären, wird der Fußball nicht automatisch zu etwas Gutem, das würde ja letzten Endes, könne man sich vorstellen, zu pervertierten Folgerungen führen, nicht wahr? (Brrrr) Und so haben wir uns festgefahren, und so geht es an anderen Abenden mit anderen Themen weiter in unserem ständigen schlingernden Kreisen um verschiedene Untertöne und Nebenmotive, die heimlich in verschiedene Richtungen zerren, nur unterbrochen von völlig infantilem, gegenseitigem Bewerfen mit Scheiße, wenn der Druck zu groß wird und sich nicht mehr unter Kontrolle halten läßt von beispielsweise dieser Art von prinzipiellem Gerede. Oder sollte ich mich so irren? Kommt sie nur nach Hause, voller echter Lust, zum Beispiel, um über diesen Film zu quatschen, und bin ich bloß ein sauertöpfischer verbiesterter Knacker, der alles auf die Spitze treiben muß? Solche Fragen kommen jetzt zu spät und sind in gewissem Sinne auch überflüssig.

Muß jetzt in den Supermarkt einkaufen, heute ist mein erster Küchendienst in der Wohngemeinschaft hier, und ich habe

Lust, heute zu kochen. (Das Unglück drüben am Fußgänger-übergang in der letzten Woche war, wie man sagt, nicht auf-sehenerregend, bloß ein kleines Mädchen, das von einem Au-tofahrer ein Bein gebrochen bekommt, die unglückliche In-terferenz zweier Geschichten, der eines übermütigen kleinen Mädchens und der eines, weiß Gott, aus welchen Gründen, unaufmerksam gewordenen Autofahrers.) Während ich hier die letzten Tage gesessen habe, hat sich in mir eine steigende Ruhe, geradezu Erleichterung ausgebreitet, gefolgt von einer steigenden Gemütserregung, zumindest keine wandelnde Lobotomie mehr, gemütserregend: ein gutes Wort, etwas, was geradezu das Gemüt erregt, der Anlaß kann schrecklich sein, aber daß die blinde Gewohnheit plötzlich in Erregung ver-setzt wird, kann einen so aus der Bahn werfen, daß es schwer fallen mag, wieder ins gewohnte Gleis zurückzufallen. Darin liegt vielleicht eine Art Trost, und heute habe ich Lust zu kochen.

26. 9. 77

Mit Majken gestern abend spät den Feldweg hinunter zu dem Hof der Rocker. Wenn es dunkel ist, kommen fast keine Flugzeuge mehr, im Vergleich zu dem Lärm am Tag fast eine Art Stille, wenn der Verkehr auf der Ringstraße dann auch noch abnimmt, mit den vereinzelten Autolichtern, dort und dem Lichtmuster der Hochhäuser, mit den erleuchteten Fenstern fast schön, aquarienhaft. Der Hofplatz ist mit Mopeds und, in geringer Zahl, richtigen Maschinen vollgestellt, mit Massen von glänzendem Chrom, das Scheunentor steht offen, im Inneren haben sie einige Maschinen auseinandergenommen. Wir versuchen, ein Gespräch anzuknüpfen wie mit Gleichaltrigen, erst langsam geht uns auf: Die haben mit uns nichts zu reden, für die sind wir schon ältliche Leute, die einen sowieso nicht verstehen. Majken entdeckt zuerst, daß sie uns auf unsere Versuche hin, mit ihnen ins Gespräch zu kommen, hochnehmen, diskret bringt sie mich dazu weiterzugehen, wir gehören nicht zu ihrer Welt, wie sie sie sehen, sie bringen mich so weit, mich hinterher wie ein dummer alternder Narr zu fühlen: Das war aber auch der Sinn der Sache. Ich wundere mich immer, wenn mich jemand für so alt hält, wie ich tatsächlich bin, ganz naiv glaube ich nicht, daß man es mir ansieht, es stimmt nicht mit dem Bild überein, das ich mir von mir selbst mache, vertraue ich Majken an, als wir wieder draußen im Dunkeln sind.

Hinterher sprechen wir davon, daß alle in der Wohngemeinschaft zu der Generation der über Dreißigjährigen gehören, die ihre Identität in der Verheißung von '68 und der Jugendkultur gefunden hat. »Und nicht mehr zur Jugend gehört«, fügt Majken hinzu. Narzistisch glauben wir immer noch, was die Reklamen unserer Jugend uns beigebracht haben, daß die Jugend auch wir sind, in einem ewig verlängerten Gefühl des immer noch nicht Angekommenseins und sich Etablierthabens, immer wieder jung zu sein mit den Jüngeren. Wir haben auf eine fundamentale Art nicht begreifen wollen, daß nach uns mehrere neue Generationen aufgewachsen sind, für die wir und '68 ungefähr so veraltet sind wie der Freiheitskampf und die Okkupationszeit für uns damals: Dem in die Augen zu sehen würde bedeuten, daß wir damit anfangen müßten, uns für so alt zu halten, wie wir allmählich sind, es ist, als ob wir nicht ganz schafften zu altern und zuzusehen, wie die Welt sich um uns schließt, anstatt sich weiter zu öffnen, sage ich. Komischerweise sieht es so aus, als hättet ihr Männer es in dieser Hinsicht am schwersten, antwortet sie. Ihr selbst fällt es nicht so schwer, sich so alt zu fühlen, wie sie ist, möchte lieber dreißig als zwanzig sein, das war so schrecklich damals. Katrin geht es genauso.

Der Narzißmus ist irgendwie von Anfang an dagewesen, wir waren die Generation, die in Seifenblasen schwebte, bei jedem Versuch hinauszusehen sahen wir bloß uns selbst auf der Innenseite. Während wir auf den Universitäten glaubten, daß wir die ganze vorwärtsstürmende revolutionierende Jugend wären, war die Mehrheit der Gleichaltrigen in den Hinterhöfen geblieben, woher einige von uns kamen, und erlebte schon damals nur, daß sie der ganze Zirkus nur wie eine neue Kleidermode und etwas neue Musik am Horizont berührte. In den Vororten aufgewachsen ohne andere unmittelbare Perspektive, als so schnell wie möglich ans Geldverdienen zu kommen, zu heiraten, sein eigenes Heim zu bekommen, konnten und wollten sie unsere Sache nicht zu der ihren machen: Franke oder einige der anderen von unserem Block in der Studentenbewegung? Bei dieser Vorstellung muß ich unwillkürlich lachen, eine Absurdität. Daß wir alle gerade in diesem Zeitraum, gerade in diesem Viertel aufgewachsen sind, ist jedoch aus diesem Grund nicht ohne Bedeutung, die Geschichte um uns herum, über uns, ist nicht von unseren unterschiedlichen kleinen Geschichten abgesondert. Das, was Franke in seinem Inneren davon hat, daß er diese ganzen Jahre statt dessen Fußball gespielt hat, was er zum Beispiel in diesen Augenblicken im Wembley-Stadion erlebt, unterscheidet sich möglicherweise in seinem Wesen nicht von dem, was ich in den großen Jahren der Studentenbewegung erlebe: ein großes Gefühl, daß die Wirklichkeit gefügig ist, daß sie sich aufweichen, in unendliche Bewegung versetzen läßt, nachgiebig und empfänglich. Nicht nur wir schweben in Seifenblasen.

FF wird 1945 geboren, er im April, ich im Februar, in einer Generation, die zuerst »die großen Jahrgänge« genannt wurde. Zu Anfang gibt es keinen Platz für uns, weder Wohnungen noch Lehrer oder Schulen, ausreichend in Anzahl und Umfang. Wir haben zu den merkwürdigsten Zeitpunkten am Tag Schule, zusammengestaucht in Riesenklassen in überstürzt aufgestellten Baracken, und in den Wohnungen werden wir auch zusammengepfercht: Bis ich fünf bin, wohnen wir zu fünf Leuten in einer kleinen Zweizimmerwohnung eng zusammen, gespielt wird auf der Fensterbank, der Weg des Nachts zum Klo ist eine komplizierte Safari über die Körper in den anderen vier Betten. Von hier aus beginnt die Welt sich auszudehnen, jedes Jahr prächtigere Weihnachtsgeschenke, neue Kleidung anstelle der Sachen, die Mutter umgenäht hatte, die Zweizimmerwohnung wird durch eine Wohnung mit zwei großen und zwei kleinen Zimmern ersetzt, neue Möbel, Ende der 50er Jahre die ersten Radios im Block. Noch sind die meisten Mütter Hausfrauen, putzen,

54

kaufen ein, kochen, stehen den ganzen Tag unten in der von Wasser und Dampf verdunkelten Waschküche, werden müde und mürrisch, aber einige der jüngeren Frauen im Block haben schon damit angefangen, wie ihre Männer zur Arbeit zu gehen, legen den Schlüssel unter die Matte für die Kinder, über die bekümmerte Leute dann in den Zeitungen schreiben und die sie Schlüsselkinder nennen, während die Zahl der Tagesstätten allmählich zunimmt, irgend etwas ist ins Rollen gekommen, das Kapital wächst und wächst, während sich das Agrarland in eine richtige Industrienation verwandelt und der Staat mit all seinen neuen sozialen Institutionen wächst und unsere Welt sich in ein und derselben Bewegung mitvergrößert. Als wir Teenager geworden sind, prahlen die Wahlplakate der Sozialdemokraten mit Vollbeschäftigung, Preisstabilität, rekordhohen Währungsfonds, Rekordproduktion, Rekordkonsum, Rekord.

Eines Tages brauchen wir nicht mehr im Schaufenster des Radiogeschäftes auf der Amagerbrogade fernzusehen, als wir sechzehn sind, bekommen Franke und ich ein Moped, auch wenn wir beide etwas dazubezahlen mußten, acht Jahre vorher hatten meine Eltern es sich kaum leisten können, mir ein Fahrrad zu schenken, jetzt bekommen wir sogar allmählich unsere eigenen Grammophone und Platten, die wir selbst bezahlen, denn nach der Schule kann man leicht zu Job und Geld kommen, so daß wir unser eigenes Leben leben können, während in der Werbung das Wort Teenager auftaucht, entwickeln wir langsam unsere eigenen Konsumgewohnheiten, auch wenn es manchmal immer noch erforderlich ist, die Platten in den Geschäften zu klauen, und wir aus der Not einen Sport machen. Überall spricht man vom Arbeitskräftemangel, und für die, die schon auf dem Weg in das wachsende Ausbildungssystem sind, scheint der öffentliche Bedarf an Angestellten unersättlich. So, Alexander, wachsen ich und die anderen in meinem Alter in einer relativ stabilen

Hochkonjunktur auf, es gibt natürlich Nachteile und Rück-
schläge, aber das Gefühl des Wachstums ist vorherrschend
und nicht ohne Grundlage, Klassenstufe für Klassenstufe
wachsen wir uns erwachsen, und die Gesellschaft gedeiht mit
uns, die Zukunft entfaltet sich wie ein Fächer, unendlich, auf
immer neue Rekorde zu. Wenn ich sehe, wie einige meiner
jetzigen politisch Gleichgesinnten in der Bindung der Arbeiterklasse an den Reformismus ausschließlich eine Mischung
von Illusionen, Manipulationen und verräterischen Bonzen
sehen, kann ich auch für all das Beispiele aufzählen, werde
aber trotzdem verstimmt, sie müssen ihr Erinnerungsvermö-
gen verloren haben oder unter ganz anderen Umständen aufgewachsen sein als die, die ich kenne. Sie verstehen nicht das
Spiel des Gegners, das Zusammenspiel, das sie so gern mit
der Arbeiterklasse etablieren möchten, leidet fatal unter fol-
gendem: Sie versuchen, den Ball abzuspielen, aber in den
leeren Raum.

Der Wohlfahrtsstaat ist nicht lauter Betrug und Selbstbetrug,
bis weit in die 60er Jahre erleben die meisten unserer Eltern,
daß sie Jahr für Jahr mehr in der Lohntüte haben und sich
die sozialen Leistungen verbessern, die Unkosten auf lange
Sicht werden erst später sichtbar, als das Wachstum zu sta-
gnieren beginnt und zugleich der Preis in Form von psychi-
scher Belastung und physischem Verschleiß durchschlägt.
Aber in den 60ern glaubt keiner unserer Eltern daran, daß es
jemals wieder eine Weltkrise wie in den 30er Jahren geben
wird, das Arbeitstempo wird hochgeschraubt, die Überstun-
den florieren, die Disziplinierung an den Arbeitsplätzen ist
hart, aber sie erinnern sich an die Armut von damals in den
40ern und greifen mit beiden Händen zu, während die guten
Zeiten sich scheinbar nur noch bessern können. Franke und
ich haben in erster Linie den Fußball im Kopf und nicht so
klare Erinnerungen an schlechtere Zeiten, wie unsere Eltern
sie haben, uns kommen ständig besser werdende Zeiten bloß

natürlich vor, so ist es irgendwie immer gewesen, ff! Für uns spielt sich das Ganze im Block erst auf dem Englandsvej in Sundby auf Amager ab, einem großen Karree aus gelben Steinen, das als sozialer Wohnungsbau für kinderreiche Familien gebaut wurde. Auf der anderen Seite des Englandsvejs liegt das »Villenviertel«, dahin kommen wir nie, außer zum Tanzen, das sind ganz andere Leute. Auf unserer Seite sind auf der einen Seite ältere Wohnblocks, auf der anderen Fabriken, zwischen den Fabriken und unserem Block führt ein kleiner Weg vom Englandsvej ab, dort wohne ich in 12 B, Franke in 12 D. Kann mich nicht daran erinnern, wann ich ihn das erste Mal gesehen habe, er ist halt immer dagewesen, beide Familien ziehen 1950 ein, als der Block neu gebaut ist. Jetzt können meine beiden Geschwister und ich in einem Zimmer ganz für uns allein schlafen, und wir haben Eßzimmer und Wohnzimmer und Balkon, ff! Kenne seit vielen Jahren vielleicht Schlimmeres: Aber das Bessere liegt außerhalb meines Gesichtskreises, wie der Villenort gegenüber.

Vor unserem Wohnblock soll eingekeilt zwischen Fabriken und Nachbarhäusern ein richtiger Bauernhof mit Gärtnerei gelegen haben, typisch für Sundby, seit Beginn des Jahrhunderts ergießen sich Wohnblöcke und Fabriken mit planloser Hast von den Brücken und Christianshavn her über Amager. In aller Eile baut man um einzelstehende niedrige Bauten aus dem vorigen Jahrhundert, um ganze alte Bauerndörfer, Gärtnereien und neuere Villenviertel herum, die bisher auf dem Land lagen, so entsteht unser Sundby, ein bizarres Holterdipolter aus neuen Arbeitervierteln, Fabriken, Resten von Ackerland und alten baufälligen Hütten, die allmählich zum Slum für ein Lumpenproletariat aus sonderbaren Existenzen degeneriert sind. Wir brauchen uns nur wenige hundert Meter vom Englandsvej zu entfernen, dann befinden wir uns auf dem offenen Land und hinter der Amager-Gemeindewiese, der riesigen Grassavanne, an deren Rand sich wie auch an anderen Stellen auf Amager weitgestreckte Gebiete mit Gartenhäusern und Blechschuppen befinden, wo das ganze Jahr über Menschen wohnen: Die guten Zeiten sind offenbar nicht für alle so viel besser geworden. All das auf einer Insel, durch den Hafen und zwei Brücken von der Stadt isoliert, nicht nur sozial und ästhetisch eines der am wenigsten feinen Viertel der Stadt, sondern auch geographisch abseits, sich selbst genügend. Lorry[1] heißt bei uns die Holländerstadt, den Dyrehaven[2] haben wir im Kongelund, das Magasin[3] ist das Regama (beim Rückwärtslesen offenbart sich dieses Wort), die Strøg[4] ist die Amagerbrostraße, und der Strandvej[5] liegt bei uns südlich der Badeanstalt Helgoland, unserem Bellevue[6], wir brauchen gar nicht erst über die Brücken, eine ausgeprägte Verachtung von außen kompensiert der Stadtteil mit seinem eigenen, tief verwurzelten Lokalpatriotismus: Sind wir ausgeschlossen, dann wollen wir aber auch etwas ganz Besonderes sein. O sole mio, im Ama-arkin'o, o Limonade, Italiensgade. Die Schlager, die wir auf dem Hof singen, haben immer ihre besondere amagerkanische Pointe.

Zu diesem Zeitpunkt ist Sundby kaum proletarischer als gewisse andere Viertel in Kopenhagen, aber es hat wohl immer in den Augen der Kopenhagener etwas Plebejisches an diesem Viertel gehaftet, ganz des Charmes der Großstadtromantik entblößt, den Außenstehende in dem älteren Vesterbro- oder Nørrebroviertel sehen. Leute, die hier nicht geboren sind, wohnen hier nicht gern, finden das Ganze so häßlich, wie das Amagerland flach ist, auch den konstanten Lärm vom Kastrup-Flughafen weiter draußen auf der Insel, immer

[1] Kabarett und Nachtklub in dem feineren Frederiksbergviertel
[2] Ehemals königlicher Jagdpark mit Damwild im Norden Kopenhagens
[3] Renommiertes Kaufhaus im Stadtzentrum
[4] Verkehrsfreie Einkaufsstraße im Stadtzentrum
[5] Mit vornehmen Villen bebaute Straße längs des Øresunds
[6] Meeresschwimmbad im feinen Norden Kopenhagens
 (Anm. d. Ü.)

gegenwärtig, eine Belästigung für alle außer den hier Geborenen. Jetzt wohnst du auch hier, Alexander, aber sicher nicht mehr lange, als Katrin und ich vor ein paar Jahren die Wohnung dem Sundby-Stadion gegenüber in einem der Betonkästen bekommen, die die urbane Planung inzwischen über das offene Bauernland ausgeschüttet hat, halte ich ihr nostalgisch begeisterte Reden über die Herrlichkeiten von Amager, aber sie kommt aus den nördlichen feinen Vororten und hat sich hier nie wohl gefühlt, und ich habe ihr nur bei allen Einwänden recht geben können, vielleicht muß man seinen Kopf voll der frühesten Bilder von hier haben, um einen Sinn dafür zu haben, aber es ist das Viertel, das mich zu dem gemacht hat, zu dem Mann, der ich bin: Hier wird das Plebejische des Viertels nach außen gekrempelt in unseren Umgangsformen, in etwas, was andere als selbstverherrlichendes Bescheuertsein auffassen würden. Nicht nur Bauern und Leute vom Land haben eine Heimat, gesättigt von frühkindlichen Erlebnissen, Gewohnheiten, Bedeutungen, Katrin und ich unterscheiden uns durch Amager. Andere können es nicht einmal richtig aussprechen: A-ma-ger sagen sie mit jeder Silbe einzeln ausgesprochen und jenem ganz verkehrten spitzen »a«, das bei uns furztrockene Vornehmheit signalisiert.

Proletenblagen nennen uns die Kinder in den etwas ruhigeren Häuserblocks in unserem Hof, viele ihrer eigenen Eltern sind Arbeiter, nicht darum nennen sie uns so, »Prolet« ist bloß so ein Schimpfwort, und in unserem Block für kinderreiche Familien sind wir zu so vielen, überall, fast den ganzen Tag über, draußen auf dem Hof, in den Kellern, auf den Speichern, in den Eingängen und auf der Straße, und wir sind so ungestüm und frech, und unser Mundwerk ist genauso dreckig wie unsere Treppenhäuser: Die anderen haben besser gepflegte Treppenhäuser und fühlen sich darum etwas feiner. Jeden Neujahrstag bekommen sie es heimgezahlt, wenn die alten Weihnachtsbäume heruntergebracht werden, machen

59

wir Keulen daraus und ziehen in den Krieg, und hier wird zugeschlagen, werden Kriegsgefangene gemacht, wird die Tortur durchgeführt, Schläge auf entblößte Beine mit Tannenzweigen, stundenlang, oder als ein besonders ausgeklügeltes Raffinement: ein Tannenzweig ganz vorsichtig über einen schreckstarren, immer röter werdenden Augapfel hin- und hergeführt, mit Macht offengehalten. Was das angeht, stehen wir in einem frühen Alter in nichts hinter den heutigen Rokkern zurück, vielleicht irre ich mich, wenn ich unsere Unschuld für größer halte, ff erzählen unsere gleichzeitig nach oben ragenden Daumen, wenn das unglückliche Opfer endlich freigelassen wurde und wir aufgeräumt uns daran machen, einander das Ganze noch einmal zu erzählen.

Das ist, worauf ich zu dem Zeitpunkt überhaupt keinen Gedanken verschwende, eine Jungenwelt, es gibt ebenso viele Mädchen im Block, aber sie müssen ihre eigene Welt gehabt haben, ich kenne keine andere als meine eigene: Die Højdevangschule, auf die wir alle gehen, ist genau in der Mitte geteilt, in eine Jungenabteilung und eine Mädchenabteilung, und das bis auf den Schulhof, mit einem dicken gelben Strich. Abgesehen von besonderen Gelegenheiten, wenn zum Beispiel Schnee liegt und der ganze Schulhof plötzlich anfängt, damit zu bauen und zu werfen, oder an späten Sommerabenden, wo alle plötzlich anfangen, im Halbdunkel Verstecken zu spielen, während die Luft vor sinnlicher Lust zwischen den Ältesten zu vibrieren beginnt, abgesehen von solchen Gelegenheiten, sind wir von den »Gänsen« getrennt. Das Wort hat seine besondere Geschichte: In den ersten Jahren drückt es eine Verachtung aus, mit der wir selbstbewußt unser eigenes Geschlecht hochhalten, Spiegel unserer Begierde nach Männlichkeit, aber später, beim Ausbruch der Pubertät, verändert es seine Bedeutung, drückt jetzt auch eine verdeckte Geniertheit, Unsicherheit diesen Wesen gegenüber aus, von denen wir heimlich angezogen werden, ohne daß wir, sie nur aus der Ferne kennend, allzuviel davon wüßten, wer und wie sie wären. Unser Stammesleben ist durchsäuert von Hackordnungen und Männlichkeitsriten; Stärke, Mut, List, Verachtung der Muttersöhnchen zählen in dem ewigen Kampf gegen den Hausmeister und die Lehrer in der Schule, und wenn wir uns zum Klauen in die Fabriken schleichen, einfach weil wir es eben tun wollen, oder bloß im Viertel herumlungern, um Krawall zu machen, nur um ein bißchen Streit anzuzetteln, einen zu finden, den man belästigen kann, einen Händler, einen Portier, einen Gleichaltrigen von einem anderen Block.

Nein, ich kann auf kein Idyll hinweisen, da sind Brutalität und Unerbittlichkeit, als ich acht bin, zwinge ich mich dazu, meine erste Zigarette im Keller in der Gesellschaft einiger größerer Jungen zu rauchen, kann es nicht aushalten, rauche trotzdem weiter, bis ich sie verliere und die Kotze in einem unabwendbaren Strahl nur so rausschießt. Die großen Jungen sagen, daß ich ein Schwein sei, das kostbare Zigaretten wegschmeiße, setzen mir durch den Keller nach, ich wanke blind herum, während sie die meisten anderen aus dem Block dazu kriegen, hinter mir herzulaufen und zu rufen: Frandse ist ein Babyarsch, Frandse ist ein Babyarsch! Das geht immer so weiter, auf die besonders aufdringliche Melodie, die gebraucht wird, wenn jemand ausgelacht werden soll, ich bin mehr tot als lebendig, laufe heulend rauf zu meiner Mutter, mit diesem Gefühl des Ausgestoßen- und Gebrandmarktseins, das mir zu vermitteln den anderen besonderen Spaß macht, indem sie mich auslachen. Und daß ich rauf zu meiner Mutter laufe, ist das Allerärgste, ein Bruch des eisernen Gesetzes, nicht zu tratschen, eine Bestätigung meines schäbigen Charakters, die mich auch von innen trifft. Fühle mich wie eine ekelhafte Laus, während es von dem Hof zu unseren Fenstern hinaufschallt, auf dieselbe ewige Melodie:

Frandse lutscht an seiner Mama, Frandse lutscht an seiner Mama!

Normalerweise setze ich mich durch, normalerweise bin ich der, der selber mitmacht, wenn jemand ausgelacht werden soll, zu Hause oder auf dem Schulhof, andere müssen sich folglich noch tiefer in der Hackordnung befunden haben, einzelne ganz unten, halb Ausgestoßene, sicher fürs Leben davon gezeichnet, zum Beispiel weil sie, in einem Teufelskreis von notwendigem Selbstschutz und dem, was wir andere als Solidaritätsbruch auffassen, immer ihre Eltern dazu kriegen, sich einzumischen, aber sie sind, wie auch die Mädchen in den ersten vielen Jahren, merkwürdig aus der Erinnerung ausgeschlossen, wie schwache Schatten und halbe Bilder: Ein Lehrersohn, der immer so auf seine Sachen aufpassen muß, den jagen wir immer wieder in die Sicherheit des Eingangs, wo er stundenlang stehen und uns zugucken darf, während wir es genießen, ihn so dastehen zu haben. Ein anderer, der Raabye heißt, stiehlt seiner Mutter Geld, um uns Süßigkeiten zu kaufen, worauf wir ihm jedesmal eine Tracht Prügel geben und ihn trotzdem nicht mitspielen lassen, für nichts in der Welt. Das halte ich für selbstverständlich, gehe mit Leib und Seele darin auf und habe einen verhältnismäßig beschützten Platz in der Stammesordnung, nicht einen der führenden, nicht so weit vorne wie Franke (selbst viele Jahre später, als ich ihn wiedertreffe, fasse ich Franke instinktiv höher auf in einer nicht mehr existierenden Ordnung, und er tut es auch), aber ausreichend weit vorne, ich bin geborgen: Das ist meine Welt, in der ich mich behaupte, nichts aus dem Wege gehen muß, meine Männlichkeitsproben wie alle anderen ablege.

Eines Tages in der dritten Klasse haben wir auf dem Schulhof eine Schlägerei mit der Parallelklasse, der aufsichtführende Lehrer legt sich dazwischen, einen Augenblick lassen alle voneinander, die kämpfenden Parteien werden voneinander getrennt und sind dabei auseinanderzulaufen, genau diesen Augenblick nutze ich aus: Schleiche mich von hinten an einen der anderen heran, und mit dem Knie in seinem Hintern knalle ich ihn mit der Nase auf eine Bank. Mit einem unheimlichen Klatschen trifft er mitten auf die Bank und bricht sich die Nase, der Krankenwagen wird gerufen, das Ganze war ein Unfall, behaupte ich, und er kann ja nichts sagen. Hinterher werde ich von einem Polizeibeamten aus der Stunde geholt, damit er einen Bericht schreiben kann, ich bleibe bei meiner Erklärung, und er akzeptiert sie anscheinend. Hier, noch viele Jahre später, kann ein beschämter Ekel in mir aufsteigen, aber damals bin ich stolz wie ein Kaiser und halte hof in der Pause.

Rettich-Olsen ist unser Klassenlehrer, und wir hassen ihn, nicht, weil er besonders schlimm wäre, sondern weil er unser Klassenlehrer ist und außerstande, den Haß, den wir glauben für so etwas fühlen zu müssen, zu durchbrechen. In der vierten Klasse gehen wir mit der Schule in den Zoologischen Garten, wir haben ein Bund Rettiche gekauft, während wir auf dem Sundbyvesterplatz auf die Straßenbahn warten, soll er die Rettiche auf den Kopf kriegen, wenn sich die Gelegenheit dazu bietet, ich trage das Bund. Im Zoo habe ich das Pech, daß mir die Rettiche in das Terrarium mit den Kreuzottern fallen. Steif vor Schreck muß ich, um nicht das Gesicht zu verlieren, hinunterspringen und die Rettiche zwischen allen Kreuzottern herausfischen, die dort in der Sonne liegen und (wie ich meine) zischen. Noch nie habe ich mich so gefürchtet, noch heute habe ich eine tiefsitzende Angst vor Schlangen, selbst auf dem Klo können sie mich mit der Vorstellung bedrohen, plötzlich von der Zisterne hochzukommen und ihre Giftzähne in mich zu hauen. Aber hinterher bin ich der Held des ganzen Schulausfluges, so glücklich bin ich selten gewesen, das mit Frandse und den Kreuzottern wird zu einem der Mythen über mich in der Klasse und auf dem Hinterhof, und nicht alle kommen so weit, jemals einen Mythos zu bilden, den andere ab und zu hervorholen und polieren, während man selbst zuhört.

So ist es eben, und die Kosten dafür kommen mir tragbar vor. Unsere Väter sind auf der Arbeit, unsere Mütter oben in den Wohnungen, wir in unserer Welt, unabhängig von ihrer, ein Freiraum der Selbstbestimmung, wo der Hof, die Schule, das Viertel und das Sundby-Stadion mit dem *Vorwärts* Amager ein sicher zusammenhängendes Ganzes bilden, »unser Hof«, »unsere Klasse«, »unser Klub«: ein feinmaschiges Netz von Gruppenloyalitäten und gemeinsamen Bedeutungen. Ist es auch eine harte Welt, so enthält sie doch für den, der sich darin behauptet, gleichzeitig ein Erlebnis von Selbstbewußtsein und Selbständigkeit einerseits und Kameradschaft und Gruppensolidarität andererseits, wie wenn die ganze Blase von uns ohne viele Worte und Überlegungen spontan die kollektive List aufbietet, die erforderlich ist, um ein paar Wachleute in einer Fabrik anzuschmieren, nicht viel anders, als was dazugehört, um einen elegant durchgeführten Angriff im Fußball zu machen: In unserem Fußballspiel verdichtet sich unsere ganze Lebensweise als Kunstform.

27. 9. 77

Morgen habe ich eine Woche lang hieran geschrieben; ein längeres Dribbling: Es gilt, den Ball an den Zehen zu behalten, der eine Zug zieht den nächsten in einem unüberschaubaren Muster mit sich, vielleicht gibt es keinen anderen Weg. Heute wieder viele Flugzeuge, aber ich mache hier unten weiter. Letzten Sommer wollte ich nichts von mir selber wissen, wollte mich aus mir selbst hinausdrängen, ein Futteral werden, seinen eigenen inneren Heulton fest umschließend, im Krankenhaus nur an der Medizin, die sie hatten, interessiert, eine Hilfe, um mich selbst auf Abstand zu halten. Der Versuch, mit mir zu reden, nur lästig und irritierend: Als ihr Gerede anfängt, mich zu quälen, erlaube ich meinen Eltern, mich zu sich nach Hause zu holen. Auch wenn ich später allmählich aus der totalen Lähmung herauskomme, hält die Mühsal, wenn ich über das eigene Ich sprechen muß, an, ohne daß der Ekel der Selbstvergiftung den Mund daran hindert, »ich« zu sagen. Aber gestern abend erzählte Majken den anderen von dem Spaziergang zu den Rockern, und was sie erzählte, brachte mich dazu, spontan ein bißchen von dem zu erzählen, worüber ich gestern geschrieben hatte: Ich, sagte ich. Ohne sofort zu fühlen, daß dieses Ich, das da sprach, entsetzlich war.

Kann nicht meine eigene Kindheit als etwas besonders Wertvolles hervorheben, jetzt weniger als je zuvor. Als einige der anderen gestern abend versuchten, das, was ich erzählte, zu gebrauchen, um das Gebaren der Rocker nicht nur zu erklären, sondern sogar zu verteidigen als Ausdruck der »proletarischen Lebenssituation« (diesen Ausdruck gebrauchte der eine), da protestierte ich. Konnte mir nicht vorstellen, daß du als Rocker aufwachsen würdest, Alexander, glaube auch, daß ich auf viele Arten eine Jugend in einem gedämpfteren Mittelklasseviertel vorgezogen hätte, wäre vielleicht vielem von dem, was ich allmählich als Scheiße auffasse, entgangen (oder hätte ich es bloß in einer anderen Form bekommen?). Die Scheiße ist allerdings mit Erfahrungen und Erlebnissen verflochten, die ich nicht einfach ablegen kann, sie enthalten gleichzeitig, was ich an Positivem habe, Würde und Identität. Ich glaube nicht, daß Katrin jemals die Reichweite dessen erfaßt hat, gegen was sie sich in unserer Ehe nach und nach aufgelehnt hat, wenn sie, fand ich, mich bloß behandelte, als wäre ich eine Tafel, auf der man all dies bloß löschen könne, um sie sofort mit einer neuen und besseren Aufschrift zu versehen.

Gehöre übrigens, wenn man den klassenmäßigen Hintergrund nach dem Beruf des Vaters aus dem Telefonbuch definiert, von Anfang an bestimmt zu den mittleren Schichten, in so einem Häuserblock auf Amager geht es bloß nicht so einfach zu wie in dem, was meine jetzigen Genossen als Klassenanalyse bezeichnen, in Frankes und meinem Block wohnen hauptsächlich Arbeiterfamilien, aber einige der Väter sind auch Angestellte, Händler, einzelne sogar Lehrer. Mein eigener Vater ist auch eine Art Lehrer, allerdings nur Lehrer in einem Hort, er stammt aus einer Häuslerfamilie und ist in seiner frühesten Jugend Knecht gewesen, landet als Gärtner in einem Kinderheim, trifft meine Mutter, die Zimmermädchen ist, bekommt pädagogische Ambitionen und beginnt eine Ausbildung als Freizeitpädagoge, danach heiraten sie, bekommen drei Kinder und einen Schuldenberg noch aus seiner Studienzeit, den sie die nächsten zwanzig Jahre abbezahlen. Der Vater von Franke ist Schmied an der B & W-Werft. Ich erlebe keine ummittelbar entscheidenden Unterschiede, wie es bei uns zu Hause und zu Hause bei Franke und seinen drei Geschwistern ist, von unserer Welt »unten auf dem Hof« aus gesehen, bedeutet es nicht viel, was unsere Väter sind, zu Hause sieht es bei beiden gleich aus, alle möglichen zusammengewürfelten Möbel, von unseren Müttern das gleiche Essen, und Väter, die morgens weggehen, um abends müde nach Hause zu kommen: Unterschiede darin, wie es so zu Hause geht, hängen erlebnismäßig zusammen mit den individuellen Unterschieden, wie unsere Eltern sind.

Eine bestimmte Art Revolver, der peng macht, wenn Luft durch einen Papierstreifen gedrückt wird, ist irgendwann einmal sehr beliebt in unserem Hof, ich finde immer, daß Franke viel mehr von seinen Eltern bekommt als ich, er hat selbstverständlich auch schon einen Revolver bekommen, aber mein Vater, dieser schwachsinnige Bock, hat offenbar einen Anfall von pädagogischem Übereifer und will mir so was nicht kaufen, hat sicher irgendwo gelesen, daß man Kindern keine Schußwaffen zum Spielen geben soll. Also kann ich mit einem blöden Holzstöckchen zwischen all den tollen Gewehren der anderen rumlaufen, während ich innerlich meinen Pädagogenvater zur Hölle wünsche, das ist also das Resultat seines kleinen Versuches, mich fortschrittlich zu erziehen. Peng! machen die Gewehre der anderen. Peng! sage ich und hebe ohnmächtig mein Holzstöckchen hoch.

Gibt es andere Unterschiede zwischen meinem Zuhause und dem von Franke? Eigentlich stelle ich erst jetzt überhaupt solche Fragen, sehe unmittelbar nichts an meinem Zuhause, das mich dazu disponiert hätte, der erste Abiturient in meiner Familie väterlicher- und mütterlicherseits zu werden und obendrein eine Art Intellektueller, meine größere Schwester wird Friseuse, mein kleiner Bruder Mechaniker, mein Vater liest so gut wie nie Bücher, höchstens ab und zu mal eine Fachzeitschrift, außer der Zeitung, meine Mutter interessiert sich offensichtlich überhaupt für nichts anderes als das Zuhause, die Illustrierten und die Erlebnisse meines Vaters im Hort. Aber wir sprechen und argumentieren bei uns mehr als bei Franke zu Hause, kriegen fast nie Schläge, das geschieht ab und zu bei ihm, und wird Franke von dem Hausmeister oder den Lehrern versohlt, finden seine Eltern das ganz in Ordnung, daß der Kerl ein paar gelangt bekommt, wenn er es nun einmal verdient hat. Meine Eltern finden sich nicht damit ab, daß ich geschlagen werde: »Und dann ist dein Vater Lehrer und in einem Hort«, sagt der Hausmeister und haut mir eine runter, aber dann hole ich bloß meine Mutter, wir holen immer sie, wenn wir uns mit dem Hausmeister in die Wolle kriegen, ich werde für den klugen Kopf der Familie gehalten und aus diesem Grund fast ein bißchen verwöhnt, keiner soll mir was tun, dann fällt für Mutter der Hammer. Franke wird von seinem Vater auch für etwas Besonderes gehalten, das führt allerdings in erster Linie dazu, daß er ihn härter anfaßt als die anderen Geschwister, glaube ich, als ob er durch besondere Anforderungen ganz besonders auf ihn aufpassen würde.

Ich bin der Weichere von uns beiden: An einem Sonntagnachmittag stehen wir mit einer Handvoll älterer Jungen hinter einem Tor im Sundby-Stadion und schauen uns einen zweitrangigen Kampf an, der Torwächter zittert vor Nervosität, die Tore rasseln bloß so neben ihm rein, die anderen in der Mannschaft schimpfen ihn aus, und gleichzeitig wird die Schar von Jungen, die ihn hinter seinem Rücken verhöhnen, größer: »Der kann noch nicht mal Ferkel fangen«, grölen sie. »Obwohl er doch aussieht wie ein Dragørbauer«, ergänzt der nächste. »Du verwechselst wohl ein Glasauge mit einem Ballauge, Mensch«, versucht sich ein anderer. Diese Art Bemerkungen hageln nur so auf ihn herab, jedesmal wenn sich der

Ball dem bebrillten Tormann, der immer mehr zittert, nähert. Ich entdecke, daß der total einsame, halberwachsene Mann im Tor mit den Tränen kämpft, und werde innerlich krank vor Mitleid, will weggehen, aber Franke will nicht mit, zerreißt sich das Maul, jetzt, wo es größere Jungen im Überfluß gibt, vor denen man sich aufspielen und die man zum Lachen kriegen kann, geht ganz hinter den Tormann, schreit ihm seine platten Unverschämtheiten direkt in den Nacken. Ich betrachte ihn mit derselben Mischung aus Schüchternheit und Bewunderung, wie jedesmal, wenn er sich scheinbar hart zeigt, wo ich weich werde. Das Bild des Tormanns verfolgt mich noch mehrere Tage, wie Alpträume es können, kann mich jetzt noch zusammenzucken lassen, wenn ich den Fußball gegen Katrins instinktiven Unwillen verteidige. Erst viele Jahre später, bei seinem Tod, erfahre ich das Zerbrechliche an Frankes viriler Härte, meine eigene Erfahrung von Sanftheit in mir behalte ich auch bis auf weiteres für mich, wie einen geheimen Riß.

In der Schule bekommt Franke jedesmal zu wissen, daß er zu den Schlußlichtern der Klasse gehört, das ist ihm aber auch egal, ich gehöre eher zum entgegengesetzten Ende, ganz natürlich, aber das ist mir genauso egal, die Schule kann uns mal, in unserer Welt des Fußballs und der Kameraden. Und da ist Franke der Beste, körperlich eigentlich eher ein kleiner Wicht, aber dazu imstande, sich mit einer selbstbewußten Maskulinität zu geben, bis zu der Art zu gestikulieren und den Körper zu bewegen, bis in die Sprache hinein. Kann ich am besten Aufsätze schreiben, was Franke nie richtig gelingt, kann er am besten die Sprache direkt gebrauchen, sein Element ist das Männliche, seine sprachliche Phantasie wirkt nur in Situationen, wenn es gilt, andere zu verhöhnen oder herabzusetzen, dann hat er fast genausoviel Power mit dem Mund wie mit den Beinen, dann ist er auch in der Sprache ein Meister des Dribbelns, dem sich sogar die Lehrer nur ungern stellen. Eines Tages kommt er zum Thema »Raubtiere« dran. Der Lehrer, streng: »Warum hast du wieder nicht deine Hausaufgaben gemacht, Franke?« Franke, zuvorkommend: »Warum sollte ich denn, Herr Lehrer, läuft mir so ein Tier über den Weg, wechsle ich doch bloß auf die andere Straßenseite.« Tor! Später liebten die Sportjournalisten ihn wegen seiner Art, Fragen zu parieren. Als er nach ständigen Kontroversen mit Salz in dem westdeutschen Klub gefragt wird, was eigentlich zwischen ihm und dem Trainer los ist, lautet die Antwort kurz, genau und prompt: »Nix viel grammefon!« Nicht mehr, aber begleitet von einem steifen bohrenden Zeigefinger dort an der Stirn, wo es Salz an Zirkulation fehlt. Ein anderes Mal ist die westdeutsche Sportpresse dabei, ihn zu einem westdeutschen Nationalspieler zu machen, es fehlt dazu bloß noch eine kleine Formalität. Der westdeutsche Journalist: »Warum möchtest du nicht westdeutscher Staatsbürger werden?« Franke: »Warum möchten Sie nicht Däne werden?«

Ich sehe Franke vor mir in dem Augenblick, wo er seinen Schlag abliefert, aber als Zehnjährigen, unten auf dem Hof in Knickerbockern: den Kopf leicht schräggestellt, die Augen ganz schmal, den Mund schwach nach unten gebogen, den Rücken kerzengerade, jetzt kannst du wieder abziehen, bedeutet das für den westdeutschen Sportjournalisten, der unversehens auf einen Hinterhof auf Amager geraten ist. Dort gibt man sich mit so blöden Fragen keine Blößen, so einen Idioten kann man bloß noch siezen.

In solchen Unterschieden zeigen sich vielleicht trotzdem Merkmale unserer verschiedenen Väter, aber es gibt andere Punkte, wo es deutlicher durchschlägt, obwohl mir das erst viel später richtig klar wird, ursprünglich ist es etwas halb oder überhaupt nicht Verstandenes, wie die Mädchen auf dem Hof oder die Prügelknaben in der Hackordnung der

Jungen. Zu Hause halten wir die *»Berlingske Tidene«,* mein Vater hat kein Verhältnis zur Arbeiterbewegung, wählt, zusammen mit meiner Mutter, bestimmt eine bürgerliche Partei, und die politischen Meinungen, die ich sie äußern höre, sind eindeutig bürgerlich, er hält es mit den Konservativen, erst viel später, als er Leiter eines Hortes geworden ist, fängt er an, sozialdemokratisch zu wählen, ohne ansonsten seine politischen Anschauungen zu ändern. Bei Franke wird die kommunistische Tageszeitung *»Land und Volk«* gelesen: Sein Vater ist der einzige Kommunist in unserem Block, jedenfalls der einzige, den wir kennen, in den ersten Jahren gehen sie zu den Festen der Partei und diskutieren beim Abendessen über Politik. Scheinbar bedeuten politische Unterschiede und Klassenkampf nichts zwischen Franke und mir, das liegt für uns auf dem Mond, egal, ob wir manchmal unsere Brokken der politischen Meinungen unserer Eltern miteinander diskutieren. Aber auch wenn wir beieinander zu Hause ein- und ausgehen, haben unsere Eltern ein höflich distanziertes Verhältnis zueinander, ich merke deutlich die Vorbehalte meines Vaters Herrn Eskildsen, »dem Kommunisten«, gegenüber. Das ist unmittelbar gesehen die einzige Art, wie sich in unserem Block der kalte Krieg zeigt.

Vielleicht gibt es in Frankes Familie eine andere, mir mehr oder weniger verborgene Geschichte, die ich nicht wahrnehme, weil sie so selten fühlbar zum Ausdruck kommt. Bei dem großen Streik 1956 will die ganze Familie von Franke in die Stadt und vor dem Parlament demonstrieren, ich möchte gerne mit, was mir Frankes Eltern auch erlauben, aber zu Hause verbietet mir meine Mutter, bei »so etwas« mitzumachen. Ich begnüge mich damit, Franke zu sagen, daß ich nicht darf, wir sind elf Jahre alt, und keiner von uns hat bis jetzt richtig begriffen, wie das mit der Politik ist, auch wenn sie unsichtbare Grenzen zieht für das, was ich ihm in dieser Situation sagen kann. Franke versteht nicht, daß ich nicht darf,

71

und besteht darauf, daß ich mitkomme. »Ich darf eben nicht«, wiederhole ich und tue, als ob es bloß meine Mutter wäre, die einen der Anfälle von plötzlicher Unzugänglichkeit bekommen hat, die Erwachsene bekommen können. Später im selben Jahr wird der Riß deutlicher, die Russen schlagen den Aufstand der Ungarn nieder, zu Hause halten wir es mit Ungarn, was, wie ich glaube, alle Leute tun. Auf dem Hof gibt Franke nicht zu erkennen, daß sie es bei ihm zu Hause nicht tun, er bemerkt offensichtlich auch einige unsichtbare Grenzen. Daß es sich so verhält, geht mir erst in der Schule auf, als der Rektor uns für einige Minuten Schweigen in der Turnhalle versammelt. Ole, der große Bruder Frankes, ist vierzehn, und wir bewundern ihn sehr, er gehört zu den Großen und raucht in den Pausen auf dem Klo. Als die zwei Minuten Schweigen fast vorbei sind, ruft Ole irgend etwas, das durch die totenstille Turnhalle gellt, unverständlich, bloß ein Gellen, und schon stürzen sich zwei Lehrer auf ihn. Hinterher versammelt sich draußen auf dem Schulhof die Mehrzahl der Schüler um Ole, er wird herumgeschubst, und ein ganzer Chor schreit: »Buuuuu« und »Kommunistenschwein«, dann steht Franke plötzlich neben seinem großen Bruder und beginnt, blind auf die am nächsten Stehenden loszuschlagen. Ich stehe dort wie angenagelt, müßte Franke den allgemein geltenden Regeln nach zu Hilfe kommen, finde gleichzeitig, daß es richtig ist, daß Ole angeschrien wird. Dann kommt der aufsichtführende Lehrer, hinterher ist nie mehr die Rede davon.

Später bekommen andere isolierte Eindrücke ihren zusammenhängenden Sinn, lese viele Jahre später von dem großen Streik 1954 bei Philips am Kleefeld in der Nähe der Amagerbrogade, lese es eigentlich als eine ferne Geschichte und erinnere mich plötzlich: Das ist der Streik, an dem auch Frau Eskildsen, Frankes Mutter, teilnimmt. Schon zu diesem Zeitpunkt war Franke Schlüsselkind, wenn es in meiner Erinnerung auch erst später ist, daß Frau Eskildsen beginnt, arbeiten zu gehen, schon zu diesem Zeitpunkt sind sie bei Franke zu Hause dazu gezwungen, daß zwei arbeiten, um die besseren Zeiten etwas besser zu machen. Bei Philips werden Radiogrammophone und Fernsehapparate hergestellt, die überall im Block zum sichtbaren Ausdruck dafür werden, daß es vorwärts geht, bei Philips sind sie Pioniere darin, mit den modernsten Methoden die Produktion zu steigern, und haben einen Rationalisierungsexperten mit einer ganzen Koppel von Zeitnehmern angestellt, um die Arbeiter zu tyrannisieren, damit sie immer schneller arbeiten, damit immer mehr Apparate produziert werden und es zu immer größerem Gewinn kommt, bei Philips lehnen sich die Arbeiter 1954 im Ernst gegen die neuen Methoden auf, die sie mit der Stoppuhr der Zeitnehmer im Nacken weiterpeitschen, so, wie viele Arbeiter es in den kommenden Jahren erleben werden, und Frau Eskildsen zu Hause im Block, Frankes Mutter, gehört mit dazu. Herr Eskildsen hat vorher schon gestreikt, mein Vater streikt nie, Streik klingt nach Spannung und Dramatik, auch für Franke, wir machen also einen Ausflug über die Amagerbrogade bis zu dem großen grauen Fabrikgebäude, wo sich Frau Eskildsen befindet, um Wache zu halten. Unterwegs beginnt es vom Himmel hoch zu schiffen, wir sind durchnäßt, als wir endlich ankommen und Frankes Mutter unter einem Portal finden, sie schimpft uns aus, weil wir von zu Hause weggegangen sind, es ist keinen Deut spannend. Nachdem wir ausreichend herumgestanden und Maulaffen feilgehalten haben, sehen wir zu, daß wir nach Hause kommen. Für mich bleibt es eine Erinnerung an das depressive Bild eines kalten, regengrauen Fabrikgebäudes, das jedesmal, wenn ich das Wort Streik höre, ausgelöst wird und das ich erst viele Jahre später identifizieren kann. Für Franke und seine Familie ist es etwas Handfestes, es ist nicht ein und dieselbe Geschichte.

Es hat damals Seiten in Frankes Leben gegeben, wo wir trotz

allem nicht nur FF und WIR waren, wo ich irgendwo zu »denen« gehört habe, ohne etwas Besonderes davon zu merken, nicht einmal bei seinen Eltern, gerade aus seinem Schweigen bin ich allmählich geneigt zu schließen, daß es sich so verhielt. Kommunisten wie Herr Eskildsen sind in den 50er Jahren isoliert, entwickeln bestimmte Schutzmechanismen, die sich in ihren Familien festsetzen: Man fühlt sich anders, Politik ist nicht etwas, worüber man offen mit jedermann außerhalb der eigenen vier Wände sprechen kann. Obwohl Franke mir frisch und munter von den intimsten Einzelheiten zu Hause berichtet, obwohl wir manchmal in der Tat die politischen Meinungen, die wir zu Hause aufschnappen, auswechseln und sofort zu unseren eigenen machen, höre ich fast nichts von ihm über das politische Leben seiner Familie in der Partei, und mir entgehen die Knotenpunkte in der politischen Geschichte der Arbeiterklasse und des Viertels, die ansonsten vor meinen Augen sichtbar werden. Im selben Jahr, als Franke und ich in die erste Mannschaft des *Vorwärts* kommen, widersetzt sich die DKP-Abteilung in Sundby der weiteren Verbindung mit Moskau, bildet den Sundbyer sozialistischen Verband, der später, 1958, einer der Kerne in Aksel Larsens neuer Partei SF (Sozialistik Folkeparti) wird. Frankes Vater war mit dabei, aber ich höre nie ein Wort davon und weiß immer noch nicht, was diesen Schmied, der 1956 die Sowjetunion und die Partei verteidigt, dazu treibt, zwei Jahre später bei der Bildung einer neuen Partei mitzuwirken, die gerade aus der Frage nach der Bindung an Moskau entsteht: Erfahre bloß eines Tages, jetzt seien sie bei Franke in der SF, aber die SF ist nichts, was im Hintergrund der Familie spukt, wie seinerzeit die DKP, es wird in den folgenden Jahren immer deutlicher, daß Frankes Vater immer weniger politisch aktiv ist, als ob er dadurch, daß er einmal die Bindung an die DKP gelöst hat (aber das ist bloß erraten), langsam jeden politischen Impuls verlöre. Desto mehr engagiert er sich für Frankes Karriere als Fußballspieler, das Kausalitätsverhältnis ist vielleicht nicht so evident, aber etwas von der Zeit, die er aller Wahrscheinlichkeit nach für die Parteiarbeit gebraucht haben muß, braucht er jetzt ganz deutlich für Frankes Fußballspiel, auf diese Weise fließt auch ein kleines Stück der verborgenen Geschichte der dänischen Arbeiterklasse in das Bild von Franke im Wembley-Stadion ein.

Noch eins, bevor ich für heute schließe: Vieles hat sich zu einem Muster zusammengefügt, während ich die letzten Tage über Amager geschrieben habe, aber den letzten Teil des Tages heute habe ich mit einer bestimmten Vorstellung kämpfen müssen, die mich fast dazu gebracht hätte, das Ganze wieder aufzugeben: Der Gedanke an Frankes Eltern hat mich geplagt, die Vorstellung, sie wüßten über die ganze Geschichte Bescheid. Der Arzt im Krankenhaus hat die Theorie, daß Depressionen in Gesellschaften, die nicht christlich sind, nicht im selben Maß von Schuldgefühlen getragen werden. Ich habe zum Christentum kein Verhältnis, im Gegensatz zu Frankes Familie bringen meine Eltern ein gewisses Gewohnheitschristentum mit, aber es ist ein dünner Firnis, augenscheinlich ohne Bedeutung für sie, darum nie etwas, woran ich selbst geglaubt habe. Habe ich Schuldgefühle, sind es nicht die christlichen Bilder von Schuld und Strafe mit dem Beigeschmack von Gericht und Prozeß, objektiv stimmt es nicht, daß ich allein indirekt an dem Tod Frankes und Ritas und des Kindes schuld bin und damit die ganze Verantwortung tragen muß, objektiv bin ich der auslösende Anlaß, der in einem gewaltigen Mißverhältnis zur Wirkung steht, selbst wenn ich natürlich wiederholt das Vergebliche gedacht habe: Wenn ich bloß nicht undsoweiter undsofort. Unsere Geschichten interferieren mit einem nicht vorhersagbaren Resultat, die großen Muster und Linien, die dazu führen, lassen sich mit einem Blick weder erfassen noch beurteilen, das weiß ich, und mein Selbstmordversuch hat nichts damit zu tun, daß ich mich für ihren Tod bestrafen will. Die Vernunft des Arztes kann ich nicht brauchen, die Selbstverachtung ist schon vor dem Resultat da, von dessen Schuld er mich befreien will, die Angst vor dem Blick und den Gedanken der anderen ist die Angst vor der zusätzlichen Bestätigung der Ansicht, die ich von mir selbst habe, in diesem Licht gesehen wird der Selbstmordversuch ein letzter rückwärtsgewandter Versuch, die Reste meiner Würde zu bewahren. Seine halbherzige und darum mißlungene Ausführung zeigt, wie wenig davon übrig war, darum kann mich der Arzt mit seiner ganzen Freundlichkeit nie erreichen.

28. 9. 77

Bei der letzten Eintragung habe ich mich meinem Ziel zu schnell genähert, zu viele Ecken und Kanten müssen erst umrundet werden, wenn ich direkt drauf zuhalte, verliere ich den roten Faden. Vorläufig handelt es sich um eine Art Aufschub: Ich weiche aus und werde dadurch weitergetrieben. Vorgestern wurde mir sofort alles zähflüssig im Kopf, habe die letzten Tage soweit nichts mehr getrunken, aber an dem Abend kaufte ich mir eine Flasche Whisky im Supermarkt. Trank sie nach dem Abendessen in meinem Zimmer, wäre gern zu den anderen gegangen, hätte dann aber von dem Whisky abgeben müssen, und den brauchte ich für mich allein. Saß hier und wurde steif davon, mit den unbeweglichen Bildern im Kopf, konnte mich dann allmählich ins Bett kugeln und sofort einschlafen. Wachte gestern morgen früh mit einem Katzenjammer auf, keine Ahnung, was ich mit mir anfangen sollte, auch von dem Gedanken an die Übersetzung geplagt, aus der auch noch nichts geworden ist. Bin schon aus dem Haus, ehe einer von den anderen aufgestanden ist, unterwegs zu meinen Eltern in Ballerup. Sie sind beide noch zu Hause, als ich komme, und deutlich erschrocken darüber, mich so früh am Morgen zu sehen, da muß ja schon wieder was passiert sein: Ich hätte bloß Lust gehabt, sie mal zu besuchen, beruhige ich sie schon, als ich über die Türschwelle komme. Gegen Nachmittag beschließe ich zurückzukehren, kann meine Mutter und ihre Fürsorge nicht länger ertragen, obwohl das Verlangen danach vielleicht auch gerade hinter meinem Besuch steht, kann, wenn dem so ist, nicht mich selbst, der ich deswegen gekommen bin, vertragen. Es ist schrecklich mit dir, steht es unentwegt in ihren Augen. Dann lieber das hier.

Auf dem Weg zurück der plötzliche Drang zu laufen und zu laufen, fahre mit der S-Bahn ins Zentrum und brauche fast den Rest meines Geldes für einen Trainingsanzug und Turn-schuhe, richtige Laufschuhe zu teuer. Nach dem Abendbrot ein langer Lauf die Ringstraße hinaus, in zunehmendem Dunkel, der Körper ist nicht, was er mal war: Während ich mich leerlaufe von allen Gedanken, versuche ich die ganze Zeit, ein Tempo zu halten, das einmal natürlich gewesen ist, jetzt aber nicht mehr, kann in dem Tempo nicht lange hinter-einander laufen, kann es auch nicht lassen, es zu versuchen, werde also dazu gezwungen, jeden zweiten Augenblick an-zuhalten, mit brennenden Lungen nach Luft zu schnappen, um dann wieder anzufangen, erst in dem angemesseneren Tempo, zu dem ich mit entschlossen habe, aber sofort danach aufs neue in dem allzu schnellen Tempo. Zuletzt komme ich schweißtriefend nach Hause, halb umkippend, halb gehend, und weiß kaum, wo ich gewesen bin.

Sitze hinterher zusammen mit den anderen und höre mir an, wie Majken und Morten mit Ole, einem von der linkssoziali-stischen Partei, der im Roskilde-Universitätscenter unter-richtet, über die Zeitung diskutieren. Er geht mit der Zeitung wegen ihres »unverbindlichen Verhältnisses zur Linken« ins Gericht: Wir geben uns, nein, die Zeitung gibt sich gern als linkes Blatt, macht sich aber in Wirklichkeit noch mehr die Spaltung der Linken zunutze, wenn sie zum Beispiel zur Zeit interne Parteistreitigkeiten veröffentlicht, »unsolidarisch« stempelt er sie definitiv ab. Während er spricht, denke ich an meine Mutter, die wahnsinnig darauf bedacht ist, daß alles überall nett und sauber aussieht, mit einer einzigen vielsagenden Ausnahme: Es ist ihr konsequent gleichgültig, wie es im Schlafzimmer aussieht, dort kommt ja kein Fremder rein. Ich sage nichts, obwohl gerade diese kleinbürgerliche Angst vor der Fassade nach außen mich aggressiv zu machen pflegt, Majken und Morten sprechen auch mehr von den steigenden wirtschaftlichen Schwierigkeiten der Zeitung, es ist schwerer für ein unabhängiges sozialistisches Wochenmagazin heute, Anfang der 70er Jahre ging es ständig aufwärts, seitdem hat die Stagnation auch bei uns, nein, bei denen, eingesetzt. Sie kommen mehr zwischen geschlossenen politischen Gruppierungen in die Klemme und zwischen Lesergruppen, die im Lauf der letzten Jahre aus den internen Diskussionen der Linken ausgestiegen sind und sie mit steigendem Mißtrauen betrachten, das Ganze ist dabei auseinanderzufallen. Auch dazu sage ich nicht besonders viel, hab' das alles schon vorher gehört, als ich damals bei der Zeitung war. Ich bin außer Dienst jetzt, bin abgetreten.

Etwas später in meinem Zimmer schlafe ich sofort ein, noch müde vom Laufen, und bekomme meinen ersten unverblümt erotischen Traum seit langem, aber von einem Gefühl des Unheimlichen begleitet, das ihn daran hindert, richtig anregend zu wirken: Sitze in der Zeitungsredaktion und korrigiere einen Artikel, dann füllt sich das Sekretariat plötzlich bis an den Rand mit festlich gestimmten Leuten, die Körper sind eng zusammengetaucht und reiben sich unversehens geil aneinander. Nur um mich und den Tisch herum, an dem ich sitze, ist es leer. Ich sehe hoch, entdecke, daß die zusammengepferchten Körper, unter denen ich alle meine Bekannten von der Zeitung wiedererkenne, vom Nabel an abwärts entblößt sind, ein obszönes orgiastisches Relief zu allen Seiten um mich herum, die Farben sehr stark, und im Getümmel Oluf von der Kulturredaktion, den ich nie vertragen konnte, damit zu Gange, Majken kräftig von hinten zu vögeln. Auf ihrem begrenzten Platz in der Menge der kopulierenden Unterkörper windet sie ihren Arsch in hingebungsvoller Wollust. Versuche, mir zwischen den Körpern einen Weg nach draußen zu erkämpfen, wild miteinander beschäftigt, nehmen sie überhaupt keine Notiz von mir, ich bewege ohnmächtig die Füße, ohne weiterzukommen, während sich alles in unartikulierten Seufzern, Grunzlauten und Schreien auflöst. Heute morgen steht mir noch alles klar vor Augen. Beim Frühstück ist Majken auch in der Küche, es fällt mir schwer, sie direkt anzusehen, als ob ich mich an ihr vergriffen hätte.

Komme heute und die nächsten Tage nicht mehr zum Schreiben, es ist Freitag, und gegen Mittag soll ich dich bei Katrin abholen, sie und Per fahren das ganze Wochenende ins Parteiseminar. Sie behält dich von der Kindertagesstätte zu Hause, bis ich komme, dann sollst du bis Sonntag abend bei mir bleiben. Den ganzen Sommer habe ich dich kaum sehen mögen, du warst ein Teil dessen, was Vergangenheit geworden war. Erst seit letzter Woche, als ich dich zum erstenmal mit nach Hause genommen habe, habe ich angefangen, dich zu vermissen, manchmal sehr heftig. Es hat eine merkwürdige Wirkung, daß ich dieses hier an dich schreibe: Nehme dich zu mir und halte dich dort fest, und im selben Atemzug fällt es mir leichter zu akzeptieren, daß du außerhalb von mir bist. Bin nervös wegen morgen, aber freue mich auch, habe ein Gefühl, das ich in Ermangelung eines besseren Wortes mütterlich nennen möchte, von deiner klar umrissenen Silhouette in meinen Armen. Sollte es trotzdem wie das letzte Mal werden, werde ich bestimmt damit klarkommen.

30. 9. 77

Glaubte das wirklich, aber das Wochenende ging sehr schlecht. Per ist da, als ich dich abholen komme, sitzt im Wohnzimmer und spielt mit dir, und mir geht auf, daß er bei euch übernachtet hat: Die Natürlichkeit, mit der er im Wohnzimmer sitzt, zeigt, daß er in der Wohnung aufgewacht ist. Katrins Verhältnis zu Per hat mich bisher nicht weiter berührt, ihr gegenüber ist für mich alles tot, überstanden, aber als Per dort sitzt, ganz selbstverständlich, in unserer Wohnung, bekomme ich ein starkes Gefühl von euch als Gegensatz zu mir, zwischen diesen Möbeln, bei deren Kauf ich irgendwann einmal mitgewirkt habe, es ist nicht so lange her, daß es einmal wir drei gewesen sind. Noch schlimmer: Wie aus einer Betäubung heraus schlägt die Eifersucht überall in Kopf und Körper aus, ganz unkontrollierbar, ich werde mit der Intimität nicht fertig, sehe auch schon unklare, aber aufdringliche Bilder von Situationen, wo sie bumsend im Bett liegen. Währenddessen geben sie sich freundlich und kameradschaftlich Mühe mit mir. Die Freundlichkeit wirkt bloß wie eine weitere Brennstoffzufuhr, ich werde sauer, die können mich mal mit ihrer vermaledeiten Mühe. Meine Reaktion überrumpelt mich, ich kann mich nicht dagegen wehren, finde sie selbst idiotisch und kindisch, was mich allerdings nicht dazu bringt, auf die Bremse zu treten, im Gegenteil. Schließlich speie ich mein Gift aus mir heraus: Meckere sinnlos darüber, daß Katrin nicht daran gedacht hat, dir Regensachen mitzugeben. »Und wo ist sein Schnuller?« Hektisch inspizierend durchwühle ich die Plastiktüte, die sie gepackt hat, und weil sie direkt danebenstehen und es mir ansehen und anhören können, entlarvt mich mein schrillender Ton total.

Gehe mit dir weg, Mißstimmung auf der ganzen Linie, die auch nicht in mir verschwindet: Komme mit einer großen, dunklen Verzerrung im Inneren nach Hause, und dir hilft es nicht dabei, dich zurechtzufinden, daß du deutlich merkst, daß es mir so geht, wie sehr ich auch versuche, mich zusammenzunehmen und ein Gefühl der Nähe zu erzeugen. Der Rest des Freitags ist wie's letzte Mal, ich habe die Vorstellung, daß wir, wenn wir zusammen sind, richtig zusammensein sollen, nicht etwa ein gesammeltes Aufgebot an Amüsierveranstaltungen, die die Stadt zu bieten hat, wie bei anderen hilflosen Scheidungsvätern, wir bleiben zu Hause und teilen einige Tage Alltagsleben miteinander, so soll es sein. Aber wie kann es plötzlich so sein, wenn wir es ja eben nicht im Alltag tun? Du bist noch nicht groß genug, um längere Zeit hintereinander mit einem zu spielen, und mit deinen zwei Autos, die du mitgebracht hast, kannst du dich an so einem fremden Ort nicht so einfach beschäftigen. Ich versuche, ein Spiel mit dir anzufangen, jedes Mal stockt es schon nach kurzer Zeit, sofort willst du etwas anderes oder beginnst destruktiv, das Ganze kaputtzumachen. Statt dessen versuche ich, ein bißchen Zeitung zu lesen, während ich dich dir selbst überlasse, aber nur, um gleich darauf zu finden, daß es zu blöde ist, hier mit der Zeitung zu sitzen, wenn du nun ausnahmsweise einmal bei mir bist. Das schlechte Gewissen treibt mich wieder in einen vergeblichen Versuch, mit dir zu spielen, und dann bin ich wieder auf die Zeitung zurückgeworfen, rastlos über die Szene mit Katrin und die Enttäuschung darüber, nicht mit dir zurechtzukommen, brütend: Warum bin ich auch bloß nicht darauf gekommen, irgend etwas für dich zu kaufen, womit du hier spielen kannst.

Ich fühle mich eingesperrt, und wir gehen in den großen Raum zu einigen der anderen, ich lasse mich bloß von einem Gespräch mit ihnen aufsaugen, während du ausschließlich eine konstante kleine Störung in Fußbodennähe bleibst, das möchte ich nicht: Hier können wir nicht bleiben. Schon am Samstag gebe ich auf, schleppe dich zu den Fischen im Dänischen Aquarium, imponiere dir mit dem elektrischen Aal. Es geht etwas besser, das Verzerrte in mir wird weicher. Am Sonntag sehen wir uns erst in der Stadt im Nationalmuseum die ausgestopften Indianer an, hinterher ins Kindertheater, wo eine große fauchende Katze mit unheimlichen Riesenkrallen dich vor Schreck laut schreien läßt, so daß wir vor Ende der Vorstellung gehen müssen, ohne zu wissen, wohin. Es gelingt uns, noch eine Stunde mit Würstchenessen und Limonadetrinken irgendwo in der Fußgängerzone totzuschlagen, währenddessen gelingt es mir zu denken, daß alles anders wäre, wenn du nicht auf der Welt wärest. Erst einmal außer sich geraten, denkt man Ungeheuerliches: Innendrin in deinem Vater gibt es sowohl elektrische Aale als auch Katzen mit Riesenklauen.

Katrin kommt früher als erwartet aus dem Krankenhaus nach Hause, ich habe an diesen Tagen frei von der Zeitung, aber um irgendwas zu machen, habe ich gerade an diesem Abend mit Gewerkschaftsleuten eine Absprache wegen eines Interviews getroffen. Als sie gegen Nachmittag anruft und sagt, daß sie jetzt also mit dir in einigen Stunden nach Hause kommt, ist es zu spät, um abzusagen, sehe jedenfalls stehenden Fußes keine Möglichkeit. Katrin ist ein bißchen traurig, das kann ich ihr anhören, das bin ich auch, aber was zum Teufel kann ich machen? Ich freue mich, euch zu sehen, stürze in die Geschäfte und kaufe für ein leckeres Essen ein, Wein und alles, dann hole ich euch im Krankenhaus ab, die Absprache am Abend ist fast vergessen, wie etwas, womit ich mich abfinden muß. Freue mich darüber, euch beide abzuholen, aber Katrin habe ich außerdem vermißt: Du bist ja noch gar nicht ganz in mein Leben gekommen. Schon im Krankenhaus will ich sie die ganze Zeit umarmen, die ganze Zeit schubst sie mich mild, aber schnell von sich weg, um sich auf dich zu konzentrieren, ich bin viel zu sehr voller zärtlicher Gefühle, als daß das richtig etwas ausmacht, und niemand soll mir erzählen, daß ich mich nicht auch über dich freute. Mensch, ich bin doch glücklich, natürlich scheint die Sonne, golden und stark, als wir als eine glückliche Familie auf der Krankenhaustreppe erscheinen.

Du schläfst, als wir nach Hause kommen, ich schlage vor, wir setzen dich mal eben ins Schlafzimmer, so daß Katrin und ich es uns ein bißchen alleine gemütlich machen können, jetzt ist eine richtige Begrüßung an der Zeit. Katrin reagiert auf das Wort »allein«, du gehörtest wohl auch mit dazu, sie will dich behalten, genau neben sich, findet es sonderbar, daß ich ihn »wegstecken« wolle. Habe es gar nicht so gemeint, bloß wieder zu ihr finden wollen nach der Trennung und den Erlebnissen bei der Geburt, über all das haben wir im Krankenhaus nicht richtig sprechen können. Fühle mich also jetzt beiseite geschoben, dazu ein bohrendes Gefühl, daß sie mich dabei erwischt hat, einen basalen Mangel an Liebe zu dir erkennen zu lassen, wenn ich mir überhaupt vorstellen kann, daß du nicht auch die ganze Zeit hiersein sollst und daß wir nun zu dritt sind, jetzt und in alle Ewigkeit. Die Situation ist verfahren, Katrin sitzt auf dem großen Sofa mit dir neben sich im Korb und ich im Sessel gegenüber, unsere konversierenden Sätze langen in der Luft nacheinander, aber die Enttäuschung hat sich in uns festgesetzt, und die Sätze greifen niemals ineinander, um die Wärme der Vertrautheit wiederherzustellen, sie ragen aneinander vorbei, während sich die Steifheit in unsere Körper fortpflanzt. Allmählich wird es schweigsam, beklommen koche ich mein leckeres Essen. Während des Essens will unser gegenseitiger Verdruß nicht verschwinden, aber wir geben uns Mühe, wechseln alle Gebärden der Zärtlichkeit und Heiterkeit miteinander aus. Der Gedanke, daß ich hinterher weggehen werde, wird plötzlich zur Erleichterung, auf dem Flur bricht Katrin in Tränen aus, erst habe ich das Kind zur Seite schieben wollen, jetzt gehe ich am ersten Abend weg. Ich reagiere mit einem offenen Ausbruch von Ärger, Enttäuschung, Sehnsucht nach Zärtlichkeit und Bedrücktheit wegen all dieser niedergehaltenen Gefühle. Kann sie nicht verstehen, daß ich gehen muß und daß ich auch darüber traurig bin? Hinterher nehmen wir uns beide wieder etwas zusammen, bügeln die Sache notdürftig aus, dann gehe ich.

Die Geburt hat einen starken Eindruck gemacht, habe mich immer vor Blut gefürchtet, vor Arztbesteck, Krankenhäusern, so was löst Übelkeitsgefühle von Tod, Kreuz und Grab aus, darum im voraus nervös, mir meiner selbst nicht sicher, ob ich das auch schaffe, bei so einer Geburt dabeizusein. Während der Stunden, die das Ganze dauert, vergesse ich mich selbst. Es ist, ganz unerwartet, ein Liebeserlebnis. Katrin liegt in ihre eigenen Schmerzen versunken und arbeitet und arbeitet, um dich herauszubekommen, und ich bin so von Hingabe erfüllt und so erleichtert dankbar dafür, so stark und rein fühlen zu können. Das Blut stößt mich überhaupt nicht ab, ich habe Katrin im Kopf, bin ihr unbedingt nahe, wie mich sonst nur seltene erotische Höhepunkte gebracht haben: Als du gekommen bist, bin ich glücklich wie nach einem tiefen Orgasmus, glücklich auch über dich, aber in erster Linie zusammen mit Katrin, die das alles hat durchmachen müssen. Sie beginnt zu heulen, als sie dich, noch schleimig und blutig, auf den Bauch gelegt bekommt, beuge mich über euch, habe keinen anderen Ausdruck, als Katrin über die Stirn zu streicheln, lange. Während ihr im Krankenhaus seid, habe ich frei, komme mehrere Male am Tag, beschäftige mich mit dir, wickele dich neu, und die stark propagierten Vatergefühle,

der Stolz und der ganze Kram scheinen sich wirklich einzu-
finden. Aber für mich ist es immer noch Katrin, die im Zentrum steht: Es geht um uns beide, und dann haben wir zwei
dich zusammen bekommen, die Geburt als solche hat ein
vertieftes Zusammengehörigkeitsgefühl mit ihr entstehen
lassen, bloß kann ich nicht dort im Krankenzimmer, zwischen den anderen frischgebackenen Müttern, richtig mit ihr
über meine neuen Gefühle sprechen, wir sprechen über dich,
wie herrlich du bist. Ich freue mich darauf, daß sie nach
Hause kommt, die Geburt war ein Durchbruch, auch so, daß
du jetzt wirklich bist, nicht nur für sie, sondern auch für mich.

Während der Schwangerschaft war Katrin unzufrieden, ich
interessiere mich nicht richtig dafür, sagt sie. »Komm«, sagt
sie, bittend und gebieterisch, dann muß ich die minutiösesten
Veränderungen an ihr und ihrem Körper sehen, bemerken,
fühlen. »Hör mal zu«, sagt sie, dann muß ich die ganze Zeit
über das zukünftige Ereignis sprechen, Pläne machen, Vorbereitungen treffen. Während es ununterbrochen in ihr
wächst und das, was in ihr wächst, allmählich anfängt, sich
zu bewegen, wird sie immer verbitterter darüber, daß ich
nicht denselben Enthusiasmus aufweise, es will nicht richtig
wirklich für mich werden: Ich sehe und merke und fühle, und
ich spreche und mache Pläne und treffe Vorbereitungen, aber
mit der deutlichen Halbheit des Unwirklichkeitsgefühls: Das,
was in ihr geschieht, das ist ihr Embryo, in ihrem Körper, für
mich ist das höchstens etwas Zukünftiges. Nur langsam
kommst du mir näher, und ich fühle nichts anderes als eine
vage steigende Erwartung und Schuld darüber, nichts anderes, mehr leisten zu können. Je beharrlicher Katrin ist, desto
mehr wächst die Schuld, damit die Entfremdung in mir, damit die Bitterkeit in ihrem Beharren, innerlich wünsche ich
sie und ihre Ansprüche an meine Gefühle weit weg: Kann sie
verdammt noch mal nicht einsehen, daß mit meinem Körper
nichts passiert, so daß es mir schwerfällt, die gleiche Begei-

sterung über jeden kleinen Ruck im Urschleim aufzubieten? Schließlich sage ich ihr: »Du verlangst in Wirklichkeit, daß ich genauso dick und schwanger werde wie du!« Reine Selbstverteidigung, finde ausschließlich, daß ihr Bauch prachtvoll ist. Noch lange, nachdem sie schweigend ins Nebenzimmer gerobbt ist (Pinguingang: Ausdruck aus zärtlicheren Zeiten), erinnert sie sich an diese Bemerkung.

Sobald du dich materialisiert hast als ein lebendes Wesen in der sinnlichen Welt, wird alles besser, ganz bestimmt, das versichere ich mir selbst und Katrin. Es wird schlimmer, vom ersten Tag an, an dem sie mit dir aus dem Krankenhaus nach Hause kommt, ist sie hinter mir her, ununterbrochen finde ich, ohne Vertrauen, daß ich es genausogut machen will wie sie, meint sie, ich versuchte, es mir leichter mit dir zu machen als sie selbst. Ich müsse, sagt sie, die ganze Zeit an meine Verantwortung erinnert werden, sitze ich nicht schon wieder mit der Zeitung da, ohne entdeckt zu haben, daß du naß bist, sitze ich nicht schon wieder am Radio und überhöre, daß du unten auf dem Hof weinst, stehe ich nicht schon wieder am Bücherregal und habe nicht entdeckt, daß du die Rassel verloren hast, mit der Flasche fertig bist, der Schnuller weg ist? »Du kannst nicht einfach dasitzen!« Wie sooft hat sie sogar recht, ich bin nicht so aufmerksam wie sie, versuche in der Tat manchmal, mich zu drücken, kann es gar nicht, nicht im geringsten, mit ihrer Aufmerksamkeit aufnehmen, die telepathisch entdeckt, was mit dir geschieht, schon bevor es eintrifft.

Ich verteidige mich: »Meine Reaktionen sind eben langsamer als deine, kannst du nicht ein bißchen warten und es mich auf meine Art tun lassen?« Sie antwortet, daß das, was ich meine Reaktionen nenne, in Wirklichkeit das gleiche bedeute wie keine Reaktionen. Der Unterschied unserer Reaktionsschwelle und ihre ständige Mißbilligung bewirken allmählich, daß du dich, wenn wir zusammen sind, fast ausschließlich mit deinen Forderungen an sie wendest. Das macht es nicht besser, weder für sie noch für mich: »Kümmer dich doch ein bißchen um ihn«, preßt sie hervor, nachdem du immer wieder zu ihr gekommen bist, so daß sie nicht weiter als zu immer denselben drei Zeilen in dem Buch gekommen ist, das sie zu lesen versucht. Also trolle ich mich, während sie mir ein »Warum immer nur ich« hinterherschickt. Wenn ich dann zu dir komme, bist du in der Regel nicht an mir interessiert, du willst deine Mutter haben, schon mit der Erfahrung vertraut, daß eine Mutter besser ist als ein Vater, man muß ihn ja die ganze Zeit zurechtweisen, und sich auf ihn verlassen kann man auch nicht. Ich kann aus dem Zimmer gehen, ohne daß du weinst, sie kann nicht, eine gute Mutter geht nie aus dem Zimmer, das tut nur ein schlechter Vater. Allmählich bin ich schon im voraus schachmatt, versuche ich dir gegenüber aktiver zu sein, wozu Katrin mich unentwegt antreibt, bin ich darüber verletzt, daß du trotzdem lieber bei deiner Mutter bist, und verhalte ich mich passiv, um zu vermeiden, mich verletzt zu fühlen, verderbe ich es mit Katrin. Wenn sie nicht zu Hause ist, geht es, finde ich, besser. »Manchmal wünsche ich mir, daß ich immer allein mit ihm wäre, dann geht alles viel besser«, sage ich ihr. Sie sieht mich an, als hätte ich wieder mal was ganz Typisches gesagt.

Es wird, infam und ohne Zugeständnisse, ein Kampf um die Zeit. Die ersten Monate hat sie frei, ich arbeite in der Redaktion, der Gedanke, es umgekehrt zu machen, ist nie aufgetaucht, auch nicht für Katrin, glaube ich, sie will unmittelbar selbst am liebsten, daß es so sein soll, und ich will es unmittelbar auch nicht anders. Sie besteht darauf, daß wir uns die Pflege von Wohnung und Kind teilen, auch das will ich nicht anders, aber meine Arbeit ist unregelmäßig, schwer in Zeitpläne zu zwängen, verbissen beginnt sie, mich zu verklagen, ich »bewerte die nach außen gerichteten Verpflichtungen

höher« als sie und dich, sie fühlt sich von der Situation eingefangen, kämpft dafür, auch etwas für sich selbst zu bekommen. Ich habe keine Entschuldigung, mir fällt es einfach
schwer, den veränderten Verhältnissen entsprechend zu dis-
ponieren, und besonders als Katrin nach einigen Monaten
wieder beginnt, halbtags zu arbeiten, wird es schlimm. Die
äußeren Verpflichtungen sind einfach auch da, es kann etwas
an einem Samstag passieren, so daß ich das meiste von
einem Sonntag für einen Artikel brauche, der für Montag fertig sein muß, obwohl ich mich eigentlich um dich hätte kümmern müssen. Sonntag nachmittag trifft dann der allmählich
völlig voraussagbare, immer haßerfülltere Zank ein: Sie wird
natürlich sauer und aggressiv, weil sie die ganze Zeit auf dir
sitzenbleibt, war ich nicht schon im Lauf einer Woche drei
Abende hintereinander zu einer Versammlung, wo sie sich
um dich hat kümmern müssen? Jetzt sitze ich mitten zwischen der Erkenntnis, daß sie ganz recht hat, und dem Artikel, der einfach fertig sein muß, es gibt einen Kurzschluß, ich
zerre das Papier aus der Maschine, reiße vor ihren Augen den
Artikel zu Schnipseln, brülle los, marschiere daraufhin zornig
im Kreis herum und schimpfe über sie und ihr Kind. »Mein
Kind«, schreit sie dann, »das fehlte gerade noch. Jetzt soll
das Kind plötzlich auch noch meins allein sein?«

Wir rechnen uns peinlich genau die Zeit vor, werden wütende
und pedantische Wächter »unserer Zeit«, ich liefere dich auf
die Minute genau in Katrins Obhut ab und sage, daß sie jetzt
dran sei. Bittet sie mich darum, gerade fertig lesen zu dürfen,
kann es mir einfallen, ihr eine schnaubende Abfuhr zu ertei-
len: Die Zeit ist ein Bankkonto, wo gutgeschrieben und über-
zogen wird, gleichzeitig fühle ich mich dabei wie eine klein-
liche Laus, fühle mich im ganzen gesehen als ein durch und
durch schlechter Mensch und werde davon nicht besser, beginne im Gegenteil, länger in der Redaktion zu bleiben als
nötig, ergebe mich abends dem Suff. Eines Tages, ich soll früh

nach Hause kommen, weil Katrin abends irgendwohin muß, komme ich zwei Stunden zu spät, sinnlos betrunken. Sie ist so verbittert, daß sie nicht einmal das Wort an mich richtet. Nach diesem Abend sieht es aus, als ob sie endgültig angefangen hätte, mich aufzugeben, finde auch selbst, daß ich die schlimmsten Befürchtungen über mich bestätigt habe: Sie hat durch und durch recht bekommen, aber das bringt mich nur dazu, die nächsten Monate meinen Fehlbetrag zu erhöhen. Habe mich vorher immer gesund gefühlt, jetzt blubbert es in der Schlammkiste, die Schlacken kochen über, mit Katrins Verachtung steigt meine Selbstverachtung, deren Ausschlag dann ihre Verachtung noch mehr steigen läßt. Es ist ein Fehlbetrag ohne Ende.

Hat Katrin auch in dieser ganzen Zeit ihr inneres Drama, verborgen vor mir, möglicherweise auch vor sich selbst? Ich glaube im nachhinein, daß ihr Mutterwerden und die Gefühle, die das auslöst, sie mit heftigen Vorstellungen von der guten, von ihrem Kind geliebten Mutter überrumpelt haben können: Sofort muß sie sich dem winzigen Wink von dir unterwerfen, dich so nah wie möglich an sich binden, um sich sicher und bestätigt zu fühlen, aber gleichzeitig muß sie sich gegen die Arbeitsbelastung und diese ganze Rolle, die ihr zugeteilt wird, wehren. Daß sie auch über dich gereizt ist, kann sie kaum sich selbst gegenüber zugeben, das wird in der inneren Klemme, in der sie sitzt, auf mich geschoben. Auch wenn es sich so verhielte, wird das Ganze damit noch nicht ihre »Schuld«, so eine endgültige Wahrheit gibt es nicht, so was wird eben nur gebraucht, wenn man in wilden Streitereien sich mit Wahrheiten gegenseitig Schläge erteilt. Es gibt äußere Ursachen genug, um das meiste ihres Verhaltens als gerechtfertigt erscheinen zu lassen, die Oberfläche sagt bloß selten alles: In solch einer hochexplosiven Masse greift viel mehr als das Sichtbare ineinander.

Ich habe jedenfalls meine vor mir selbst und Katrin versteckten Geheimnisse. Eines meiner ständigen Verteidigungsargumente ihr gegenüber ist der Hinweis darauf, daß sie zu Beginn den Vorzug gehabt hat, dich bei allen Mahlzeiten zu einem Zeitpunkt zu stillen, an dem du fast nur bei diesen wach bist, das allein muß dich zu Beginn enger an sie knüpfen, das Argument ist wohl nicht ohne Inhalt, aber erst jetzt wage ich zu sehen, was es verdeckt hat: In Wirklichkeit bin ich von Anfang an eifersüchtig auf dich, sie sitzt mit dir im Arm und stillt dich, ihr ergebt ein in sich geschlossenes gemeinsames Bild, ich fühle mich verstoßen, vor die Tür gesetzt, funktionslos. Später ist sie unglaublich aufmerksam dir gegenüber, und ich fühle mich immer noch genauso weggeschubst, was noch zu dem Schuldgefühl, nicht so aufmerksam wie sie zu sein, dazukommt, und wenn sie mich ausschimpft, seid ihr zwei es immer im Gegensatz zu mir, die ganze Zeit »ich und das Kind«, vom allerersten Tag an, als ihr aus dem Krankenhaus gekommen seid. Der unbedingten Liebe, die ich schon bedroht sah, ehe wir dich bekamen, fühle ich mich jetzt ganz beraubt, gleichzeitig glaube ich selbst nicht, daß ich ihrer wert wäre: Du hast meine Mutter dazu gebracht, mich zu verstoßen, hast mir ihre Liebe abgenommen, mein Sohn, mein kleiner Bruder.

Als du sieben Monate alt bist und wir dich endlich in eine Kindertagesstätte bringen, läßt der Druck etwas nach, aber deine Eltern sind schon in einer gegenseitigen Höllenmaschine eingeschlossen, wo wir einander in Bildern festfrieren, die sich nicht mehr in Bewegung versetzen lassen, sondern nur noch starrer werden können. Außerstande, ruhig miteinander über das zu sprechen, was in uns passiert, verbreitet sich wie Nebentöne der Haß in allem, was wir sonst tun und besprechen. Katrin spricht von Scheidung, aber nicht ganz ernst, es fällt ihr sicher schwer, einen Aufbruch gerade jetzt zu überschauen, so, wie sie festsitzt. Mich ergreift Panik, wenn sie von Scheidung spricht, komplett unfähig, den Gedanken zu ertragen, allein zu bleiben, so fest sitze ich. Statt dessen sprechen wir leichthin und weitschweifig davon, in eine Wohngemeinschaft zu ziehen, ohne daß aus dem Gerede etwas würde. Während ich beginne, Freundschaften und Kneipenbesuche zu pflegen, beginnt sie, mehr als zuvor, ihre Freundinnen zu besuchen, wir suchen beide unsere Bestätigungen woanders, mit dem Rücken zueinander. Zwischen uns ist es aus und vorbei, wir sind bloß noch nicht in der Lage, dementsprechend zu handeln.

Aus und vorbei, aber an diesem Wochenende wüten alle Gefühle und Reaktionen wie Gespenster. Als Katrin und Per gestern abend auf dem Nachhauseweg vom Seminar hier vorbeikommen, um dich nach Amager mitzunehmen, führe ich mich auf eine Art auf, die ihr altes Bild von mir als muffigem, aggressivem Typ nur bestätigen kann. Irgendwie habe ich mir nicht vorgestellt, daß Per auch dabei ist, plaudernd und aufgeräumt kommen sie von ihrem Seminar, während ich das ganze Wochenende mit mir und der Notwendigkeit, irgendwas mit dir anzufangen, gekämpft habe, sie kommen rein und setzen sich unter die Stehlampe auf deine Matratze, und du kriechst sofort hintenherum und hängst liebevoll an ihrem Rücken. Sitze selbst hier auf dem Schreibtischstuhl im Halbdunkel am Fenster, sehe Katrin an, dieses Gesicht, diesen Körper, mit dem ich jahrelang vertraut geschlafen habe, den ich mit Küssen bedeckt und Tausende von Malen geliebt habe: Nachdem ich dich am Freitag geholt hatte, ist sie wohl sofort zum Friseur gegangen und hat sich eine neue Frisur machen lassen, das glatte Haar ist durch ein Lockengebrause, das ihr um den Kopf steht, ersetzt. Finde plötzlich, daß sie sehr fremd und unzugänglich, aber auch sehr schön und anziehend ist. Wieviel wußten wir eigentlich voneinander, als wir damals verheiratet waren, wieviel hat die scheinbar intime Vertrautheit versteckt? Es ist aus und vorbei, wir beide sind andere jetzt, sind es vielleicht die ganze Zeit mitten in der vorgeblich allesdurchdringenden ehelichen Gemeinschaft gewesen.

Aus und vorbei, aber keiner von uns findet, daß wir einfach bloß so guten Tag und auf Wiedersehen sagen können, erst muß ein kleines Ritual abgewickelt werden, um zu bekunden, daß wir das beste, entspannteste Verhältnis zueinander haben. Sie fragen obenhin danach, wie es mir hier geht und wie es mit dir gegangen ist. »Ausgezeichnet«, antworte ich dazu. Ich frage nach ihrem sozialpolitischen Seminar. »Ausgezeichnet, ausgezeichnet.« Ohne es verhindern zu können merke ich, wie es geschieht: Mein Geisteszustand schlägt sich in leicht herabsetzenden Bemerkungen über die Linkssozialisten nieder, Katrins Empfangsapparate sind in der Zwischenzeit nicht weniger empfindlich geworden, sie reagiert mit Antworten, die proportional zu meinen Bemerkungen an Verkrampftheit zunehmen, plötzlich ist die Luft dick von muffiger Verbissenheit unter einem an der Oberfläche zufälligen und höflichen Meinungsaustausch, ich beginne zwar, aber sie läßt sich mit in den Sog ziehen, so viel haben wir einander immer noch im Körper, noch kann alte Verletzlichkeit aufbrechen. Durchschaue das Ganze, fühle mich dumm und kleinlich, was mich wie gewöhnlich dazu veranlaßt, meine Bemerkungen noch weiter zuzuspitzen, nur ein kleines bißchen, aber gerade so, daß es eskaliert. Wir beide, Katrin und ich, sitzen jetzt mit dem Brett im Körper, das bewirkt, daß keiner von uns einfach einen Rückzieher machen, abdanken kann, sondern fortsetzen muß. Per versteht nicht, was vorgeht, aber ist sensibel genug, um das brennende Unbehagen, das sich verbreitet, zu empfinden, er sorgt dafür, daß ihr schnell aufbrecht. Als ich hinterher schlafen will, kann ich nicht, ich hämmere die Stirn in das Kopfkissen in beschämter Irritation.

3. 10. 77

Ich werde Vater und entdecke, daß ich bedeutend älter als mein Vater bin, als ich ihn von deiner Höhe aus sah. Das Ganze ist eine Laufmasche, von der einen Geschichte zur nächsten, nein, die endgültige Wahrheit gibt es nicht, sowenig wie die endgültige Geschichte: Erlebte ich seit der Kindheit das Leben als offen und sich nach vorne hin erweiternd, ein immerwährendes Weiterschreiten, dann hat es sich jetzt nach vorne hin um mich zu schließen begonnen, schon bevor wir dich bekamen. Schon über Dreißig, entspreche ich, mit schlaffer werdender Haut, etwas stärkerem Bauch genau meinem Alter, auch wenn es mir nicht gefällt. Habe über zehn Jahre an der Uni studiert, ohne fertig zu werden, aber auch ohne die Vorstellung hinter mir zu lassen, irgendwann einmal fertig zu werden, fasse die ganze Zeit mein gradweises Verschwinden vom Studium zum Vorteil der Journalistik als einen Seitensprung auf, auch, nachdem der sich immer länger hinauszieht und ich seit mehreren Jahren professioneller Journalist bin. Solange wie Katrin in der Ausbildung ist, muß ich ja auch bei der Zeitung weitermachen. Aber dann ist sie plötzlich fertig, und ich kehre immer noch nicht zu meinem Studium zurück, obwohl mir nur die Examensarbeit fehlt, ein abgedankter, älterer ewiger Student, der sich nicht zusammennehmen kann und nicht weiß, was er mit seinem Leben will, genau das bin ich, und Katrin hat schon längst angefangen, mich satt zu haben. Das ist die Geschichte, in die du für mich hineinplumpst, ich kann mein Leben nicht mehr weiter in der Schwebe halten, aber mir fehlt gleichzeitig eine Richtung, in die ich fallen könnte.

Treffe deine Mutter 1968, bei einem Fest in der Vereinigung der Kunstgeschichtestudenten, sie studiert erst seit einem Jahr, ist mir aber schon aufgefallen, das Fest ist durchgehend kotzlangweilig, die Leute in diesem Fach sind langweilig und humorlos, viele tragen sogar einen Schlips, ich bin zusammen mit einem Freund barfuß erschienen, rauche Hasch und lache mich über alles schief. Sie ist mit einigen anderen zusammen, die sich auch etwas bunter angezogen haben, wir finden zusammen, sie trägt einen langen, weiten Rock und ein gelbes Käppchen auf dem Kopf, wir tanzen, ich übernehme das Käppchen, wir teilen ein paar Joints, und draußen auf dem Universitätshof versuchen wir schließlich vergebens und schreiend vor Lachen, im Stehen zu bumsen. Es wird nicht besser davon, daß sie, als wir ein Taxi in der Nørregade herbeiwinken wollen, erst eine Polizeistreife anhält, sie hat noch nicht mal ihren Slip anziehen mögen und wedelt jetzt damit den Bullen um die Nase, während sie hysterisch kichernd versucht, ihnen zu erklären, daß sie die ganz verkehrten Uniformen anhaben, und warum eigentlich sei auf ihrem Auto kein Taxenschild? Als wir endlich in der Wohnung ankommen, die sie mit einigen anderen Mädchen teilt, gelingt es uns überhaupt nicht zu bumsen, weil wir ständig lachen müssen, aber am nächsten Morgen stimmt die Sache schon, und dann bleiben wir die folgenden Tage zusammen.

Während die Jugendkultur um uns herum aufblüht, machen wir auf große, romantische, allesverschlingende Liebe, was um uns herum und was zwischen und passiert, das ist eine einzige saugende Erweiterung. Hier kommen wir, und das Ganze, das sind auch wir: Sie liebt mich, weil ich so frech und aggressiv bin, ich liebe sie, weil sie so geil und voll weiblicher Hingabe ist, ein großes Take-off. Das ist vor der Frauenbewegung, wir machen bei allem mit, sind unproblematisch verliebt. Ende 1968 ziehen wir zusammen mit zwei anderen Paaren in eine Wohngemeinschaft, das klappt nicht besonders gut, wir sind zu beschäftigt miteinander und zu beschäftigt damit, einander in unserer wechselseitigen Verliebtheit zu fixieren, die große Liebe ist nicht besonders sozial. Die anderen beschuldigen uns, wir isolierten uns von der Gemeinschaft, ergo wählen wir die Liebe, allein. Als wir uns ein Jahr kennen, können wir eine kleine Wohnung auf Nørrebro bekommen, wenn wir heiraten, also tun wir's. Kurz darauf fange ich davon an, ob wir nicht ein Kind kriegen sollen, aber Katrin will nicht Mutter werden, noch nicht, ich reagiere, als würde ich selbst damit abgewiesen, sie liebt mich also nicht genug, um ein Kind mit mir zu haben, schließe ich daraus beleidigt, und stecke anschließend den Wunsch weg, es geschieht so vieles andere: Der Karneval der 60er Jahre ist plötzlich vorbei, zusammen mit den Kommilitonen an der Uni lesen wir das »Kapital«, hören gleichzeitig auf, Kunstgeschichte zu studieren, statt dessen beginne ich mit Kultursoziologie und Katrin schließlich an der Sozialen Hochschule. Um uns herum beginnt auch die Frauenbewegung zu rumoren, aber es bleibt vorläufig bei einem Rumoren, keiner von uns hat etwas dagegen, Katrin hat bloß andere Interessen, mich stört sie nicht.

Einige Perioden vorher habe ich mit anderen Mädchen in gemieteten Zimmern gewohnt, aber ansonsten komme ich direkt von zu Hause, als ich mit Katrin zusammenziehe. Bin von Anfang an kein direkter Gegner davon, die Hausarbeit zu teilen, mitnichten, ganz im Gegenteil, verspreche gerne, was es auch sein sollte, zu übernehmen, es fällt mir aber schwer, mich am Riemen zu reißen, um es auch zu tun, ganz zu schweigen davon, irgend etwas auf eigene Initiative hin zu tun. Diese Initiative ist bis dahin die meiner Hausfrauenmutter gewesen, ganz und gar. Ich entdecke es nicht in den ersten

Jahren, aber unter der romantischen Oberfläche wird Katrin es immer mehr leid, sich mit mir wegen des Haushalts zu zanken, ich fasse es lange Zeit bloß als ein kleineres, rein äußerliches und praktisches Problem auf: Wir lieben uns ja, und ich werde doch mit der Zeit so peu à peu immer besser, nicht wahr? Für sie wird es jedoch allmählich zu einem Beweis dafür, daß ich sie nicht richtig liebe, ich »scheiße ja doch bloß auf sie«. Ich verstehe nicht, was sie meint, erst später dämmert es mir: Hier hat sich viel Mißtrauen festgewachsen. 1973 geht sie in eine Basisgruppe in der Frauenbewegung, ich habe nicht die Spur dagegen, stelle mich von Anfang an wohlwollend dazu, kann selbstverständlich den Sinn in deren und später Katrins Forderungen und Einsichten sehen, gebe generös malechauvinistische Züge an mir selbst zu. Daran muß ich unbedingt etwas tun, es kommt bloß nicht alles auf einmal, nicht wahr?

Fühle zu Beginn ihre Liebe zu mir nicht bedroht, kann zwar Fehler haben, im Grunde fühle ich mich aber immer noch gut und anziehend genug in ihren Augen. Dabei bleibt es aber nicht, mit der Hausarbeit schreitet es nur zäh voran, die politische und journalistische Arbeit stiehlt mir die Zeit, unmerklich entwickelt Katrin eine immer verbissenere Verletzlichkeit mir gegenüber, die allmählich alle Seiten unseres Verhältnisses und meiner Person umfaßt, unmerklich bleibt es nicht bei der Hausarbeit, sondern breitet sich über alles. Die Heftigkeit der Bekehrung, als sie in die Frauenbewegung einsteigt, gibt ihr eine neue selbstbewußte Stärke, sich durchzusetzen, sehe mich immer mehr der gegenseitigen Anerkennung beraubt, gut und geliebt zu sein, was ich in dem Verhältnis brauche, egal, was man ansonsten an mir zu kritisieren hat: Gerade die etwas ungehobelte Frechheit, in die sie sich bei mir verliebte, kann sie nicht länger ab, und während sie sich entfaltet, beginne ich zu schrumpfen. Sogar auf der Grundlage von Argumenten, die ich, was den größten Teil betrifft, akzeptieren muß, prinzipiell. Werde also mehr und mehr un-artikuliert bitter, ohne wie Katrin zumindest in einer Bewegung zu stehen, die von dieser Bitterkeit handelt, meine Bitterkeit ist sonderbar illegitim, auch für mich selbst, darum besteht sie noch hauptsächlich aus Blasen, die in der Schlammkiste versteckt sind. So steht es zwischen uns, als wir beschließen, dich zu bekommen, ich bin dabei, alt zu werden, ohne richtig in meinem Erwachsenendasein angekommen zu sein, und ich fange allmählich an, das Vertrauen zu dem zu verlieren, was ich bin: Als wir dich bekommen (Alexander heißt du, denn, wenn du ein Mädchen geworden wärst, hätten wir dich, nach Kollontaj, Alexandra genannt), ist die Lunte recht kurz.

Als wir dich ein Jahr haben, bin ich schon ein wabbeliger Kloß, und wie soll ich jetzt Katrin dazu bekommen, mich so zu lieben wie vorher, wenn ich dermaßen die Fasson verloren habe? Also liebt sie mich noch weniger. Wie soll ich meinen Glanz wiedergewinnen, wenn ich die ganze Zeit von ihr und mir selbst als ein schlechter Schulaufsatz aufgefaßt werde, in dem man soviel rumstreichen muß, daß es fast sowieso egal ist? Also schwindet mir noch glanzloser die Würde dahin. Am Ende, um nicht ganz unterzugehen, verlege ich mich auf meinen Fußballengel, zwei Fliegen mit einer Klappe: Mit der Examensarbeit kann ich die Reste von dem, was ich bin, trotzig festhalten und gleichzeitig mein Studium fertig machen, aus reinem Selbsterhaltungstrieb klären, wer ich bin und woher ich komme, und gleichzeitig zu was werden, jaja, so ist das: Sie kann die linke Bewegung mit allem Pipapo kriegen, ich nehme bloß den Fußball, und zwar so gerissen, daß ich versuche, so eine Art soziales Pathos hineinzulegen, da kann sie nicht nur nicht mit, weil sie eine Frau ist, sie kann auch nicht mit, weil sie die Tochter eines Schulrektors aus Virum ist. So offen sage ich es nicht, deute bloß pfiffig darauf hin, daß vielleicht auch etwas Soziales in den Gegensätzen zwischen uns liege, und diese Art von Andeutungen versteht sie sofort. Los, *Vorwärts* Amager!

Wohl auch aus diesem Grund mache sie sich nichts aus Franke, deute ich an, was hat so eine, man könnte fast sagen, großbürgerliche Gans aus so einem feinen Quartier wie Virum auch einem Kerl aus Amager zu sagen, egal, wie linksgerichtet sie sich fühlt, er ist ja bloß wie einer ihrer Klienten im Sozialamt, und mit solchen Leuten pflegt man normalerweise keinen Umgang in der Freizeit, oder? Nein, so was sage ich nicht zu ihr, selbstverständlich nicht, aber es gibt da subtilere Methoden, die brauche ich, um ganz genau das anzudeuten, und ich kann sehen, es ist ein Volltreffer und verletzt sie tief. Das einzige Mal, als wir zusammen bei Franke und Rita zum Essen eingeladen sind, gibt sie sich mächtig Mühe und konversiert über alles Mögliche am Anfang, aber gerade weil sie sich so viel Mühe gibt, wirkt sie auffallend hektisch und exaltiert, ganz unnatürlich, Rita und Franke halten sie für eine affektierte Kuh, merke ich. Sie können nicht wissen, daß ich es in gewissem Sinn selbst bin, der sie auf ihr hohes Roß gesetzt hat. Franke reagiert, indem er über Fußball und alte Zeiten spricht. Rita stürzt sich demonstrativ in unser Gespräch, und allmählich haben wir Katrin ganz abgehängt, während wir anderen uns nach und nach vollaufen lassen. Sie nippt unbeteiligt an ihrem Glas und sagt immer weniger, schließlich nichts mehr. Nach ein paar Stunden gähnt sie peinlich, fragt, ob wir nicht nach Hause müßten. Im Taxi mache ich meinem Ärger ordentlich Luft, warum sie in drei Teufels Namen den ganzen Abend blöde herumgesessen und unverhohlen gezeigt habe, daß sie sich langweile: »Ich führe mich schließlich auch nicht so auf, wenn ich mit zu deinen Bekannten gehe.« Sie antwortet, daß sie nicht mit einem behämmerten Besoffenen diskutiere und daß ich im übrigen besser davon absehe, so unverhohlen Rita an die Titten zu gehen, was ich eigentlich glaube, was Franke dazu meine? Ich krieche zusammen und bin eben ganz genau ein behämmerter Besoffener. Mache ich mich vielleicht zu einem dümmeren Schwein, als nötig wäre? Gibt es bei Katrin nicht einige sozial bestimmte Schwierigkeiten im Umgang mit Menschen wie Franke und Rita, eine gewisse instinktive Animosität, für die sie nichts kann, und die ihr zu bekämpfen schwerfällt, eben weil sie instinktiv ist? Gewiß, die gibt es, alles andere wäre auch merkwürdig, eben deswegen kann ich sie ja überhaupt treffen, wenn ich daran tippe. Daß ihre Rolle an diesem Abend möglicherweise weniger eindeutig war, daß sie in Wirklichkeit schon im voraus diese Art Leute als langweilig einstuft, ändert allerdings nichts an der Wahrheit über meine Rolle. Ich genieße es, die immer im Hintergrund lauernde soziale Unsicherheit sich selbst gegenüber zu schüren, die so typisch für linksgerichtete Mittelklasseakademiker ist, die gerne über proletarische Klassenstandpunkte faseln und sich gleichzeitig ihres eigenen Klassenhintergrundes schämen. Katrins Vater ist Schulrektor in Virum, mein Vater Hortleiter in Ballerup, also objektiv gesehen habe ich da gar nichts zu melden. Aber ich schieße eben Amager zwischen uns. Los, *Vorwärts!*

Majken ist nach Hause gekommen, wie ich höre, habe versprochen, ihr beim Aufräumen im Garten spät nachmittags zu helfen, er ist völlig zugewachsen. Sie trägt sich mit dem Gedanken, nächstes Frühjahr Gemüse und Kräuter zu ziehen. Wir sprachen gestern abend zusammen, als ich von einem Dauerlauf nach Hause kam, genauso verschwitzt und torkelnd wie das erste Mal, sie saß in der Küche und lachte mich aus, erzählte hinterher, daß sie eigentlich vom Lande ist und in einem Büro gearbeitet hat, bevor sie an der Uni mit ihrem Studium begann, gleichzeitig arbeitet sie seit mehreren Jahren nebenher in der Speditionsabteilung der Zeitung. Als ich dort war, ist sie mir kaum aufgefallen, übrigens war eines der Küchenfenster heute morgen kaputt, irgendwer hat eine Bierflasche hineingeschmissen. Die Rocker, vermuten wir.

4. 10. 77

In mir taucht langsam ein versunkener Kontinent auf, als wir nach Amager ziehen, bisher ist in der Vorwärtsbewegung meine Kindheit immer nur Vergangenes, Damaliges gewesen. Als ich Franke wieder über den Weg laufe und meine Examensarbeit anfange, grabe ich mich zu Beginn in diese Kindheit ein. Sitze im neuen Klubhaus des *Vorwärts,* die Vergangenheit vor mir, die Zukunft hinter mir, und sehe über das Gelände des Sundby-Stadions, schräg rechts das große graue Gebäude der Højdevangschule, unserer Schule, von hier aus hat sich nicht viel geändert, die Vergangenheit bleibt am Körper und seinen Empfindungen kleben: Wir haben jeder unseren Herkunftsort. Wenn ich auf die Möwen auf der leeren Grasfläche in Richtung Schaubahn am entgegengesetzten Ende sehe, ist es nicht bloß Abend und jetzt, es ist auch Morgen und damals, auf dem Weg zur Schule, quer über die Bahnen hier, zusammen mit Franke, dasselbe Licht, und der Geruch des verqualmten Büros, das ich geliehen habe, vermischt sich mit der klammen Morgenfeuchtigkeit an der Haut, dem schwachen Geruch von Firnis, Schweiß, klammen Kleidern und aufgelösten Schulbroten, alles kaum wahrgenommen, als ich es mir merkte.

Es ist Franke, der mich in den *Vorwärts* holt, und es ist »Adamsapfel«, anders wird Herr Eskildsen bei uns im Block nie genannt, der seinen Sohn anmeldet. Obwohl er Schmied ist, ist er wie Franke fast ein Wicht, aber er hat einen mächtigen Adamsapfel, der unweigerlich die Aufmerksamkeit auf sich zieht. Jedesmal, wenn man ihm gegenübersteht und mit ihm spricht, saugt dieser Adamsapfel die Blicke an sich, wie sehr man es auch immer versucht, man kann es nicht lassen, ihn anzustarren. »Adamsapfel« hat selbst Fußball gespielt, aber er hat schon vor langer Zeit damit aufgehört. Als er Lehrjunge wurde und keine Zeit und überschüssige Kräfte für so was hatte? Als er Frau Eskildsen traf? Als er in die Widerstandsbewegung ging? Ich weiß es nicht, wenn wir spielen, bleibt »Adamsapfel« immer mal stehen und schaut zu, kommt gerade mal mit einer Bemerkung, darf auch gerade mal ein paar Stöße machen. Wir sind acht Jahre, mein Vater hat überhaupt keine Beziehung zum Fußball, als Frankes Vater ihn beim *Vorwärts* anmeldet, ich darf nicht, ich bestürme meine Eltern, ich bin zu klein, meinen sie, kann außerdem ja genausogut unten auf dem Hof spielen, wozu soll ich deswegen in einen Klub gehen? Sie verstehen nicht die Bohne, Franke und ich hintergehen sie.

Eines Nachmittags schleiche ich mich mit ihm zum Training, ins Stadion, wir müssen einen Zettel von zu Hause mitbringen, aber von Frankes Beteuerungen unterstützt, kriege ich sie dazu zu glauben, daß ich die Erlaubnis meiner Eltern hätte. So beginne ich, zum Training zu gehen, ohne irgendwelche besondere Fußballausrüstung, aber darin bin ich nicht der einzige von den Jüngsten, die noch in keiner richtigen Mannschaft spielen. Einige Wochen später geht es schief, ich habe meiner Mutter gesagt, daß ich unten auf dem Hof bin, sie hat mich nicht finden können, als ich für sie einkaufen gehen soll, außer sich sucht sie mich überall, als ich zum Abendbrot nach Hause komme, ist sie sehr zornig, will mich ausnahmsweise schlagen. Es gelingt mir, blitzschnell vorher den Zusammenhang zu erklären, dann kann sie ihre strenge Miene nicht mehr halten. Später bekomme ich sogar das Geld, das ich so verzweifelt für den Mitgliedsbeitrag brauche, von ihr geschenkt, sie kaufen mir auch eine Fußballausrüstung. Hätte Franke so einen Streich zu Hause gemacht, hätte er dafür ein paar Ordentliche gelangt bekommen.

»Adamsapfel« ist enthusiastischer *Vorwärts*-Fan, in unserer ganzen Kindheit ist er fester Zuschauer bei allen Heimspielen der ersten Mannschaft, etwas später beginnt er sogar zu einigen der Auswärtsspiele zu gehen, zumindest auf Seeland. Franke und ich schleppen ihn auch mit zu Länderspielen und großen Spielen im Kopenhagener Stadion. Kann ein klassenbewußter Kommunist überhaupt fanatischer Anhänger eines Fußballklubs sein? »Adamsapfel« kann, offenbar verbindet sich das für ihn mit Erlebnissen und Träumen, die sich nicht in das, was er (und seine Partei) unter Politik versteht, haben integrieren lassen, auch wenn seine Loyalität der Partei gegenüber vielleicht nicht ganz ohne Ähnlichkeit mit seiner Hingabe für den *Vorwärts* war. Zu Beginn, glaube ich, hat »Adamsapfel« keine Ambitionen hinsichtlich einer Fußballkarriere seines Sohnes, er meldet ihn beim *Vorwärts* an, weil sein Sohn selbstverständlich in diesem Klub spielen soll, die Ambitionen stellen sich erst ein, als sich zeigt, was für ein großes Talent Franke ist. Mit Frankes Ausbildung hat er keine Ambitionen, kümmert sich offensichtlich auch nicht sonderlich darum, wie Franke in der Schule zurechtkommt oder was er später einmal werden soll über eine Fußballkarriere hinaus, als ob er davon ausginge, daß der Sohn eines Schmieds nichts Besonderes zu erwarten hat.

Nur selten ist »Adamsapfel« nicht mit dabei, wenn wir einen Kampf haben, oft kommt er sogar nach Feierabend mit dem Rad direkt von »B & W«, um sich den letzten Teil unseres Trainings vorm Abendbrot anzuschauen, steht in seinem blauen Arbeitsanzug an der Seitenlinie und funkt, mit hüpfendem Adamsapfel, dem Trainer durch Zurufe an Franke dazwischen, schimpft ihn aus, wenn er Scheiße baut, schimpft uns andere aus, wenn wir seiner Meinung nach Franke nicht gut genug zuspielen. Zu Beginn stört es Franke, wenn er seinen alten Herrn auf diese Art auf den Fersen hat, aber obwohl es mit den Jahren fast immer ärger wird, gewöhnen sich alle an ihn, keiner im Klub findet es zum Schluß merkwürdig, »Adamsapfel« wird zu einem Teil des Inventars, so ähnlich wie der Mann, der die weißen Striche auf dem Spielfeld nachzieht und für die Bälle sorgt. Als wir in die Jünglingsmannschaft kommen, ist er oft im Umkleideraum und macht sich vor und nach den Kämpfen nützlich, hier hatte Franke ansonsten bis zu diesem Zeitpunkt die Grenze gezogen.

Irgendwas ist da ja, zwischen Franke und seinem Vater. Ist es für jeden klar und deutlich, daß »Adamsapfel« für seinen Sohn ambitiös geworden ist, ist Franke seinerseits so ein großes Talent, daß er den Erwartungen seines Vaters mehr als entspricht: Franke kann, vielleicht als einziges Kind in dieser Familie, sich fundamental seiner Liebe sicher fühlen, in Wirklichkeit ist es sicher »Adamsapfel«, der der Unterlegene ist, und Franke der, der oben schwimmt: Er besitzt, was der Vater haben will, und kann es ihm ohne Anstrengung geben. Eine glückliche Kombination, solange Franke dazu imstande ist, die Erwartungen zu erfüllen. Zu mir ist »Adamsapfel« immer freundlich, aber, glaube ich allmählich, am ehesten wie zu einem, den man in Beziehung zu Franke brauchen kann, wenn wir nach einem Kampf zusammen nach Hause gehen, spricht er nie von meinem Spiel, nur über Frankes und das der Mannschaft im allgemeinen. Er zankt sich nicht nur aus reinstem, uneigennützigstem Interesse für mich in den ersten Jahren mit den Trainern darum, daß ich im Angriff spielen darf, neben Franke.

In dem Buch über Franke steht ein Lied von damals, als er konfirmiert wurde, ich glaube kaum, daß er in der Kirche konfirmiert wurde, auch wenn es in dem Buch Konfirmationslied heißt, ich kann mich weder daran erinnern, noch es mir vorstellen, aber sie haben wohl so eine Art Konfirmationsfest gehalten, um den Jungen nicht um sein Fest zu bringen, und Franke oder der Journalist, der das Buch für ihn geschrieben hat, hat es sicher für zu kompliziert gehalten, das alles zu erklären. Das Lied stammt garantiert aus dem Geschäft für Scherzartikel in der Amagerbrogade, wo sie auch Lieder auf Bestellung schreiben, dort ist »Adamsapfel« gewesen und hat seinem Sohn ein Lied schreiben lassen: *Ein Fußball ist für Franke das Wichtigste der Welt. / Er rennt und kickt und dribbelt auf dem Fußballfeld. / Seht, wie er geschickt und tüchtig / den Ball ins Tor setzt, das war prächtig! / Ein Fußballprofi wird er noch, / der Franke lebe dreimal hoch.*

Das ist die erste Strophe, in der nächsten steigen die Ambitionen:

Willst du nach Italien, dann tust du gut daran, / Fremdsprachen zu erlernen, drum, Franke, streng dich an. / Doch statt zu schreiben mit der Feder / spielst du lieber mit dem Leder. / Etwas lernen mußt du schon, / damit aus dir was wird, mein Sohn.

Die moralischen Bemerkungen über die Zukunft und die Schule sind hauptsächlich wegen der Konvention hinzugefügt, Franke und sein Vater wissen zu diesem Zeitpunkt, was er werden soll: Spieler in der Landesliga und Profi. Franke kann sich als Fußballspieler fühlen, durch und durch, er ist nicht alles mögliche und unter anderem auch Fußballspieler, was er außerdem ist, ist untergeordnet. Nie spricht er davon, was er einmal wird, wenn er erwachsen ist. Er wird Fußballspieler und dann irgendwas anderes, so sieht es die Familie, so sieht er es selbst.

Es liegt sicher an meiner Gegenwart, dem Wunsch, in dieselbe Klasse zu gehen und so weiter, daß er sich bis in die höheren Klassen mitschleppt, was soll er übrigens auch sonst machen? Mit indolenter Gleichgültigkeit trägt er sein Schicksal als einer der Schlechtesten in der Klasse, die Zeugnisse haben ihre Rangfolge, genau entgegengesetzt zu der, die zwischen uns gilt: zuoberst Fleiß, Ordnung, Betragen, dann die Kenntnisfächer und ganz unten Leibesübungen, so ist es in der Schule, nicht in Frankes Flugbahn. Er hat etwas im Hinterhalt, sein Selbstvertrauen wird nicht von Zeugnissen bedroht, in seiner Welt ist die größte Katastrophe, auf dem Fußballfeld baden zu gehen, und nicht, einen blauen Brief von der Schule nach Hause geschickt zu bekommen. Kurz vorm Realschulabschluß geht er einfach von der Schule ab, was soll er mit dem Examen anfangen, wo sie ihn obendrein ständig damit bedrohen, daß er es nie bestünde? Ich bleibe, erfreue meine Eltern mit einem der besten Examen in der Klasse, ohne etwas Besonderes dafür getan zu haben und ohne richtig zu wissen, was ich damit anfangen soll. Zuerst einmal landen wir an derselben Stelle, Franke hat in einem großen Lager in einem alten Fabrikgebäude auf dem Sundholmsvej Arbeit bekommen, dort verschafft er mir gegen Ende des Sommers auch eine Arbeit, nachdem meine Eltern den ganzen Sommer versucht haben, mich dazu zu drängeln, irgend etwas zu wählen, der Job im Lager ist meine Möglichkeit, vorerst mal in Deckung zu gehen.

Im nächsten Jahr schleppen Franke und ich Sprungfedermatratzen in den vierten Stock und wieder runter, wenn wir nicht oben auf ihnen herumfaulenzen, soweit wie möglich von dem Verwalter, diesem Vollidioten, entfernt: Auch wenn wir nichts zu tun haben, läßt er nicht zu, daß wir draußen auf dem Hof ein bißchen Ball spielen, wir müssen partout einen Besen oder so was in der Hand haben und so aussehen, als täten wir trotzdem was. Zuletzt streiken wir gegen ihn, ja, nicht Franke und ich allein, wir streiken schon seit langem gegen ihn im stillen, indem wir uns gut zwischen allen Matratzen in der vierten Etage verstecken, aber auch einige der

Älteren fühlen sich ständig von diesem überlegen tuenden Scheißtypen belästigt, so daß uns eines Tages der Vertrauensmann versammelt. Es wäre eine gute Idee, wenn wir von selbst darauf kämen, nach Hause zu gehen und zu erklären, daß wir erst wiederkämen, wenn der Verwalter weg wäre, deutet er an. Das machen wir auch, obwohl einige der Älteren keinen Deut weniger die Stifte, das heißt uns, herumjagen als der Verwalter. Der Streik wird eine schmachvolle Niederlage, der Gewerkschaftsfunktionär der Lager- und Verpackungsgewerkschaft erscheint und erklärt uns, daß wir es mit dem Arbeitsgericht zu tun bekommen, der Vertrauensmann steht daneben und sagt nichts, die Gewerkschaft kann, fährt der Funktionär fort, uns vielleicht beim Arbeitsgericht heraushauen, unter der Bedingung, daß wir augenblicklich die Arbeit wiederaufnehmen. Und der Verwalter steht mit einem blasierten Gesicht daneben, während wir anfangen, uns einzustempeln.

Während des Streiks geht mir Franke auf die Nerven, kommt die ganze Zeit zu mir heraufgerannt, sollen wir nicht raus, Ball spielen, Platten hören, eine Partie Billard spielen? Ich habe keine Lust, will lieber zu Hause bleiben und lesen, schließlich bitte ich ihn, ab durch die Mitte zu verschwinden. Das tut er zwar, aber mit einer höhnischen Bemerkung über Bücherwürmer. Auf der Arbeit werden wir wieder gute Freunde, aber FF ist nicht, was wir mal waren, und der sich geändert hat, bin ich, der Fußball ist zwar noch in einem gewissen Grad ein packendes Hobby, aber mitnichten mehr. Die letzten Jahre in der Schule habe ich angefangen, andere Interessen zu bekommen, andere Freunde nebenher. Eine Art Erweckung: Ich gerate in Panik, als mir meine eigene Sterblichkeit allen Ernstes klar wird, nicht durch einen äußeren Anlaß, mir fällt plötzlich der Tod ein, versuche zu verstehen, aber begreife nichts, und gerade das Unbegreifliche weckt mich. Was ich bisher als etwas geheimnisvoll Weiches in mir aufgefaßt habe, beginnt stärker durchzuschlagen, ich war immer gut im Zeichnen, jetzt zeichne ich im Ernst, sitze tagelang mit dem Block und versuche, mit meinen Bleistiften die Welt in den Griff zu bekommen, versuche zugleich, mich in ihr zu orientieren, lese Bücher, studiere auf eigene Faust die Zeitungen. In den letzten Schuljahren tue ich mich mit einigen anderen zusammen, wir sind begeistert von Jazzmusik, wir beginnen, in einen Jazzklub zu gehen, ich habe jetzt einen Cäsarenschnitt, eine lange Pfeife und einen Kasack, führe tiefsinnige Gespräche mit meinen neuen Freunden, unmerklich vom Hinterhof und von Franke weggleitend.

Mir schwebt irgendwas Intellektuelles vor, und meine neuen Jazzplatten sind nichts für Franke. In den Jugendklub des Blocks gehe ich nicht mehr so häufig. Ich halte mich im Verhältnis zu den anderen mehr für mich, wenn sie in einer Traube am Abend zusammenstehen und klönen, grüße ich und gehe rauf in die Wohnung, fange auch an, das Fußballtraining zu schwänzen. Nach einem Jahr Lagerarbeit habe ich mich dazu entschlossen, das Abitur zu machen, und beginne im Herbst einen Kurs, kurz darauf ziehen wir um, mein Vater ist Leiter des Hortes in Ballerup geworden, damit bin ich zufrieden: Durch meine neuen Kreise fühle ich mich nicht besonders wohl, wo ich wohne, es präsentiert allmählich etwas, was ich gerne hinter mir lassen möchte. FF ist endlich aufgelöst, es ist langsam zugegangen, vieles von dem Alten besteht immer noch, während ich von unten weggewachsen bin. Das ganze letzte Frühjahr ist Franke ständig leicht verärgert über mich, ich komme nicht oft genug zum Training, nehme allzu deutlich die Kämpfe nicht mehr ernst genug, der Trainer hat mir sogar ein paarmal damit gedroht, mich rauszuziehen. »Jazzheini« nennt Franke mich neuerdings, »da kommt ja unser Jazzheini«, feixt er den anderen zu, wenn wir uns vor den Kämpfen im Umkleideraum treffen. Er sagt es nicht auf der Arbeit, wir können uns immer noch zusammen auf den Matratzen in der vierten Etage rumfläzen, er sagt das alles, um mit Hilfe der anderen zu bekunden, daß ich nicht mehr einer von Uns bin, sondern ein ganz spezielles Subjekt: Es stört mich nicht einmal besonders, ich fühle mich mitnichten mehr als einer von Uns, möchte gern ein ganz spezielles Subjekt sein.

Der letzte kleine Ruck ist ein Pokalkampf, wir spielen in der ersten Jünglingsmannschaft im Frühjahr des Jahres, in dem ich nach den Sommerferien in dem Lager aufhöre. Ich habe ein Mädchen, das ich kennengelernt habe, zum Spiel mitgenommen. Wir spielen gegen irgendeinen anderen kleinen Klub, schon als wir gut in die erste Halbzeit gekommen sind, führen wir mit 5 : 0. Ehrlich gesagt, bin ich ziemlich an dem Mädchen interessiert und habe meine Aufmerksamkeit mehr bei ihr als bei dem Spiel, sie sitzt an der Mittellinie und sieht aus, als ob sie sich zum Sterben langweile. Bin schon in der ersten Halbzeit ein paarmal bei ihr, bloß um ihr einen liebevollen und aufmunternden Schubs zu geben, wir haben ja doch das ganze Spiel in der Hand, kein Schwanz vermißt mich. In der Pause, als sich alle um den Trainer in der Mitte versammeln, bleibe ich bei ihr hängen. »Zum Donnerwetter noch mal, kannst du wohl damit aufhören, das will ich nicht mehr sehen«, brüllt »Zakker«, der Trainer, mir schließlich zu, Franke und die anderen sind auch stocksauer, als ich zu ihnen hereinkomme: Verspreche, mich zu bessern. Kurz nach Beginn der zweiten Halbzeit führen wir mit 15 : 0, auf dem Spielfeld und drum herum verbreitet sich eine allgemeine Ausgelassenheit, und in dieser Stimmung nehme ich mir heraus, mich an der Seitenlinie entlang zu dem Mädchen zurückzuziehen. Schließlich, als die meisten anderen der Mannschaft in der Nähe des gegnerischen Strafraums sind, schleiche ich mich zu ihrem Platz.

Während ich dort bei dem Mädchen sitze und mit ihr

schmuse, donnert einer der Verteidiger der anderen Mannschaft bedauerlicherweise den Ball das Spielfeld entlang, bis er auf meiner Höhe aus dem Feld springt. Erst da entdecke ich ihn, aber als ich auf das Spielfeld stürze, hat der Schiedsrichter die Situation längst durchschaut, er kommt angerannt und verweist mich wegen »ungebührlichen Auftretens«, wie es in den Regeln heißt, vom Platz, er hat sogar recht, denn ich habe gegen die Moral verstoßen, daß alle das Spiel ernst zu nehmen haben, sonst verliert es für die anderen seinen Sinn. Gleichzeitig fühle ich mich auf eine besondere Art leicht ums Herz, weil die Sache jetzt endgültig überstanden ist, verschwinde sofort mit dem Mädchen in Richtung Umkleideraum und ziehe mich um. Als ich wieder zu ihr rauskomme, kommen die anderen vom Spiel herein, um mich herum klirrt es vor Kälte. Während ich mit ihr den Englandsvej hinunter verschwinde, wissen alle, ich auch, daß ich mich heute von der ersten Jünglingsmannschaft des *Vorwärts* abgesetzt habe.

Das ist das letzte Mal, daß ich mich im Klub zeige, nach diesem Tag bleibe ich einfach weg. Die letzte Zeit, als ich im Block wohne, sieht mich »Adamsapfel« böse an, als ob ich auf eine fatale Art meinen schäbigen Charakter entlarvt hätte. Während Franke im selben Herbst, noch ein Jahr vor der Zeit, in die erste Mannschaft kommt, beginne ich, mich auf das Abitur vorzubereiten. Als ich ein paar Jahre später in der Zeitung lese, daß er aus Rücksicht auf seine Karriere vom *Vorwärts* zum *KB* gegangen ist, studiere ich schon Kunstgeschichte mit unklaren Träumen von einer Zukunft als Kunstmaler. Amager habe ich weit hinter mir gelassen.

5. 10. 77

Sitze fünfzehn Jahre später an meiner Examensarbeit und habe Amager und den *Vorwärts* vor mir, sie wird nie fertig, sitze mehrere Monate später immer noch hier, noch mehr mit meinem Fußballengel an der Wand eingemauert. »Aha«, sagte Morten gestern abend, »du bist ja richtig mit deiner Übersetzung in Gang gekommen, wie ich höre.« »Ja«, antworte ich, ohne zu wissen, was ich sonst sagen soll, im selben Augenblick, als er davon anfängt, wann ich wohl fertig werde, beginne ich von den Rockern zu erzählen, auch gestern abend spät wurden leere Flaschen gegen das Haus geschmettert, dieses Mal nur gegen die Hausmauer. Davon wurden einige der anderen geweckt. Hier im Haus käme niemand auf die Idee, damit zur Polizei zu gehen, aber ein leichtes, nervöses Unbehagen hat sich breitgemacht, in den nächsten Tagen wollen einige von uns versuchen, mit ihnen zu sprechen. Das mit der Übersetzung peinigt mich, aber ich kann hiermit nicht aufhören, genausowenig, wie ich offenbar damit aufhören kann, schneller zu laufen, als ich kann, gestern war es ein bißchen besser, aber ich komme noch nach Hause wie ein schlaffer Lappen, und gestern hatte ich den ganzen Tag Rückenschmerzen vom Graben im Garten zusammen mit Majken.

Das eine Tor ist zwischen zwei Bänken, das andere ist die Wäschestange, das bindet wirklich unsere Welt zusammen, die Mannschaften wechseln die ganze Zeit, einige müssen rauf essen, in die Stadt gehen, Schulaufgaben machen, andere kommen runter und nehmen den Platz der Verschwundenen ein. Von oben kann man den ganzen Tag das Geräusch des endlosen Fußballspiels im Hof hören, bis wir in der Dämmerung einer nach dem anderen von unseren Müttern heraufgerufen und es im Hof immer weniger werden, während das Dunkel zunimmt und sich langsam um die letzten Spieler und ihr Rufen zwischen den Fassaden schließt. Sind wir zu einzelnen Zeitpunkten am Tag nicht genug, um Mannschaften zu machen, schießen wir den Ball einander zu, oder jeder spielt für sich gegen eine Mauer, es gibt immer Details, die man üben kann: Die Entwicklung eines Tricks namens »Papagei«, der mein Stolz und meine Spezialität ist, hat mindestens fünf Jahre tägliches Training an einer Mauer erfordert, es kann nie gut genug sein. Franke wird auch nicht bloß im Großklub *Vorwärts* Amager aufgebaut, sondern »unten auf dem Hof«, mit einem kleinen Gummiball, dort in den Straßen und auf den Feldern wird Aufblühen oder Verfall der Klubs auf lange Sicht entschieden, »unten im Hof« sind wir die Träger einer großen Fußballkultur von Anfang an, aber die Geschichte kann nicht erzählt werden, ohne daß die ganze große Geschichte über den Fußball und *Vorwärts,* Franke und ich ineinander eingewickelt werden, so daß ich also schließlich hier sitze.

Die Geschichte läßt sich nicht mehr rückgängig machen, während ich im Lauf des Frühjahrs über der Examensarbeit sitze. Fußball und *Vorwärts:* bisher für mich bloß etwas, was ich voraussetzte, jetzt wird die Bewegung versetzt, entsteht vor meinen Augen als lebendiges Bild. Kann bloß nicht seine Bedeutung ein für allemal festlegen, es changiert die ganze Zeit und mit ihm meine Erinnerungen, Erfahrungen, Empfindungen. Das macht mir Probleme, es geht nie ganz auf, die Geschichte will mich nicht mit einem festen Fundament segnen. Ich entdecke zwar auch hier die Zeichen des Klassenkampfes: etwas persönliche Schwere, aus der Geschichte des Volkes geholt, es ist so, wie es sein sollte. Schon im Mittelalter die Urformen des Fußballs als Teil des Kampfes der aufständischen englischen Landbevölkerung gegen die Obrigkeit, noch um 1700 auf die beschlagnahmten Felder getrieben, fußballspielend im Kampf gegen die Enteignung des Bodens durch die Gutsbesitzer, die Tausende in eine Proletarierexistenz in die neuen Industriestädte treibt. Los, *Vorwärts* Amager! In den Städten haben sie zu nichts anderem mehr Zeit als zum Schlafen, wenn sie nicht arbeiten, darum kann die Oberklasse das Spiel an sich reißen, sie hat Zeit genug, schleift die rauhen Urformen in der Internatserziehung der kleinen Gentlemen ab. Aber als die Arbeiterklasse im Lauf des 19. Jahrhunderts sich organisiert und eine Arbeitszeitverkürzung erzwingt, erobert sie gleichzeitig den Ball zurück, eine Fußnote in Marx' Beschreibung der Geschichte der englischen Arbeiterklasse im »Kapital« könnte von dem Tag im Jahr 1833 handeln, an dem eine reine Arbeitermannschaft zum erstenmal die Herren Gentlemen aus Eton im Cupfinale in die Knie zwingt. Los, *Vorwärts* Amager!

Es ist, wie es sein sollte, und mehr noch: Im Sieg des Arbeiterfußballs über den Internatsfußball sehe ich, wie die Erfahrungen von der Industriearbeit sich als Spielstil materialisieren, im Internatsfußball sind es nicht die Mannschaft und das Mannschaftsspiel, sondern die Dribblingskünste jedes einzelnen Spielers, fast die ganze Mannschaft greift an, und fast die ganze Mannschaft verteidigt. Die Art von Erlebnissen mit Fußball, die später Frankes und meine werden, sind undenkbar, kommen erst mit dem Arbeiterfußball, dieser führt das Positionsspiel und die Aufteilung in verschiedene Funktionen innerhalb der Mannschaft ein, die den gemeinsamen Erfahrungen der Spieler und des Publikums aus der Industrieproduktion entspricht, davon verstehen die dribbelnden Herren aus den Internaten nichts, können also auch nichts gegen diese Art von Erfahrungen ausrichten: Nach der Niederlage Etons verschiebt sich der Schwerpunkt des Fußballs nach Norden, zu den großen dreckigen Industriestädten, wo das Spiel schnell ein Massenpublikum bekommt, bis dahin ist es schön und eindeutig. Los, *Vorwärts* Amager!

Tritt man näher heran, wird es trüber und mehrdeutiger, einige Klubs kommen auf eigene Initiative der Arbeiter zustande, aber andere aus christlichen Sonntagsschulen oder sogar durch Firmenleitungen, sogenannte klassenfremde Kräfte suchen ihren Vorteil in der Fußballbesessenheit der Arbeiterquartiere. Ist es trotz allem bloß ein Integrationsmechanismus, den die Bourgeoisie einsetzen kann, Spiele für Brot? Mein Mentor im Institut, der im übrigen nicht das geringste von Fußball versteht (aber früher einmal Athletik betrieben hat), ist dazu geneigt, das zu meinen, nicht zuletzt im Hinblick auf das, was später geschieht. Ich bin mir nicht so sicher, ist es wirklich so geradlinig? In der Rede von den »klassenfremden Kräften« (sein Ausdruck) höre ich allmählich eine Vorstellung von der Arbeiterklasse als historisch rein und unversehrt von Anfang an, das Ausbleiben der Revolution kann man dann mit so und so vielen Beschädigungen erklären, aber ist es nicht eher so, daß der Klassenkampf von Anfang an sich eben durch diese Beschädigungen bewegt, ohne im voraus entschieden zu sein, in ständig neuen Formen innerer Gegensätze?

Versuche meinem Mentor gegenüber das mit dem Professionalismus zu demonstrieren, es sieht so aus, als ob er schließlich hierzulande von der nächsten Saison an eingeführt würde, ganz automatisch hat der Teil der Linken, der sich überhaupt für Sport interessiert, davon Abstand genommen: Auf in den Kampf für den reinen Amateurismus gegen das Ungeheuer des Kapitalismus und der Lohnarbeit! Daß Menschen, die gut genug sind, auf dem Kopf zu stehen, in einem

114

Zirkus Profis werden, das ist fein und volkstümlich, aber ein Franke, gut im Fußball, hat tunlichst in seiner Lagerhalle zu bleiben und sich mit ein bißchen Fußball am Sonntag zu begnügen. Als der Arbeiterfußball dem Internatsfußball den Arsch aus der Hose gespielt hat, sind die Amateurideale die letzte Waffe, die die Oberklasse entwickelt, um die Arbeiter vom Spielfeld wegzuhalten, diese Ideale sind nicht die Bohne was anderes als eine Variante der Gentlemenideale. Die Nachkommen der Oberklasse haben massenhaft freie Zeit, sich als Fußballspieler auszubilden, sollen zum Beispiel Talente von unten entsprechende Möglichkeiten haben, ist Bezahlung für verlorenen Arbeitslohn eine Voraussetzung, also der Beginn des Professionalismus: Was in der späteren, marxistischen Sportsoziologie sich bloß als die Verwandlung der Spieler zu Waren auf dem Arbeitsmarkt abzeichnet, hängt auf der entgegengesetzten Seite zusammen mit dem Kampf der Arbeiterklasse, den Fußball auf einem hohen Niveau für sich und die seinen zugänglich zu machen, erzähle ich dem Mentor. Zwischen den beiden Weltkriegen entwickelte sich hierzulande ein entscheidender Unterschied zwischen dem offiziellen Sport im *Dänischen Sportverband* und dem Arbeitersport im *Dänischen Arbeitersport.* Er entstand aus der Forderung des *Dänischen Arbeitersports* nach Erstattung für verlorenen Arbeitsverdienst in Verbindung mit der Ausübung einer Sportart. Der Mentor streicht sich durch sein schütteres Haar, kaut ein bißchen auf seinem Bart und sieht nicht besonders überzeugt aus.

Die historischen Argumente für seine prinzipiellen Zweifel kann ich auch gut selbst liefern, eben dieser Professionalismus, der den Arbeitern die Möglichkeit gibt, immer besseren Fußball zu spielen und anzuschauen, kommt seinerseits allmählich dazu, die Klubleitungen den Lords, Geschäftsleuten, Politikern in die Hände zu spielen, die ja das Geschäftemachen verstehen. Der Versuch der Spieler, mit einem regelrechten Arbeitskampf und mit Spielstreiks zu reagieren (los, *Vorwärts!*), wird gebrochen, die Niederlage befestigt den Griff der Oberklasse: Als 1914 freiwillige Arbeiter zur Abschlachterei im Krieg der Imperialisten gewonnen werden sollen, sind die Fußballklubs in der Werbekampagne führend. Aber wieder ist es ausschließlich die Manipulation durch klassenfremde Elemente, ist es die chauvinistische Stimmung, in der die ganze Zweite Internationale bei Ausbruch des Weltkriegs zusammenbricht, ohne breite Grundlage in der Arbeiterklasse selbst zu dieser Zeit, kann man von einer Arbeiterkultur erwarten, daß sie reiner als die Klasse selbst ist? Intellektuelle meiner Sorte fassen die Arbeiterklasse oft als eine merkwürdige Mischung von passivem Vieh und der natürlichen Inkarnation aller sozialistischen Tugenden auf, wenn sie nicht prompt ihr wahres revolutionäres Ich zeigt, liegt das ausschließlich daran, daß sie von verräterischen Elementen auf den falschen Weg getrieben wurde. So wird die Geschichte als nichts anderes begreiflich, als das Spiel durchtriebener Elemente, die uns, mit unserer intellektuellen Einsicht in die »wahren« Klasseninteressen, dazu kriegt, uns ständig angeschmiert und betrogen zu fühlen. Auf der anderen Seite: Wo liegt die Grenze zwischen der Erklärung einer Entwicklung und einem verteidigenden Kniefall vor ihr, es fällt mir schwer, chauvinistische Ideologie oder den Verbrauch von Menschen im professionellen Sport einfach zu verteidigen, wie groß auch immer mein Interesse daran ist, den Fußball zu verteidigen. Je weiter das Frühjahr fortschreitet, desto unmöglicher wird es für mich, zu einem bestimmten Blickwinkel von der Sorte zu kommen, die eine Examensarbeit zusammenhalten kann, ganz zu schweigen von einer persönlichen Identität.

Es ist dasselbe mit dem *Vorwärts,* weiß selbstverständlich von Anfang an, daß der Name im Zeichen der Geschichte der Arbeiterbewegung steht, »Vorwärts« hieß das klassische

Hauptorgan der deutschen Sozialdemokratie, ein beliebter Name für Arbeitervereine, ein Nachhall des großen Fortschritts- und Zukunftsoptimismus in der Zweiten Internationale um die Jahrhundertwende. Die Spur führt zu dem *Sundbyer Arbeiterbauverein Vorwärts,* einem immer noch existierenden Gebäude weit draußen auf der Amagerbrogade, daraus entsteht der Klub von »Adamsapfel«, Franke und mir, 1910 von einer Gruppe Lehr- und Arbeitsjungen sowie einem einzelnen Gesellen aus dem Bauverein gegründet. Es ist etwas Stummes und Faszinierendes zugleich bei einem historischen Beginn, sitze über den vergilbten Dokumenten in dem großen Klubhaus fast siebzig Jahre danach und wundere mich darüber, daß der berühmte Flügelschlag fast keinen Laut von sich gibt, es sieht so klein und zufällig aus: So wenig gehört dazu, einige halbwüchsige Jungen auf einem Ausflug ins Grüne zu Beginn des Jahrhunderts, wo sie sich im Schatten unter den Bäumen über dem mitgebrachten Kaffeepunsch darüber heißreden, einen Fußballklub zu machen. Fünf Jahre später gewinnen sie als erwachsene Arbeiter die Kämpfe der Amagerklubs.

Sie sind die Stärksten auf der Insel geworden, müssen jetzt weiter über die Brücken, weg von Amager, um Gegner zu bekommen, und ergreifen selbst die Initiative, entsprechende Klubs von anderen Kopenhagener Vororten in einer eigenen Fußballunion zu organisieren. Eine bestimmte Mechanik ist in Gang gekommen, auch in der Union der Vorortklubs sind sie schnell die Dominierenden, die richtig großen Klubs in der Stadt sind in der *Kopenhagener Ballspielunion* vereinigt, die der *Dänischen Ballspielunion* untergeordnet ist und damit dem *Dänischen Sportverband,* um wieder einen Gegner zu bekommen, sieht sich der *Vorwärts* dazu gezwungen, sich der *KBU* anzuschließen. Läßt der Klub damit seine heimatlichen und klassenmäßigen Wurzeln im Stich, indem er in die offiziellen Sportorganisationen geht, nur wenige Jahre zuvor war er ja die Triebfeder in der Sammlung der örtlichen Klubs außerhalb der *KBU?* Der Faden der Geschichte ist wieder einmal keine gerade Linie, es liegt kein Reiz darin, total überlegen zu sein, auch nicht für den Gegner, die Konkurrenz ist hier von einer ganz anderen Art als im Wirtschaftsleben, auch wenn ich in einigen der theoretischen Bücher, die ich lese, das Ganze zusammengehäuft unter der Bezeichnung »Konkurrenzgesellschaft« sehe: »Der sportliche Wettbewerb setzt auf lange Sicht Spannung voraus, also ein Geringstmaß an Ebenbürtigkeit, um ein ernsthaftes Spiel zu sein.« Genau dasselbe, was den *Vorwärts* dazu treibt, die Vorortklubs zu organisieren, treibt den Klub 1920 weiter in die *KBU,* wie ich zuletzt einsehe.

Die erste Mannschaft des *Vorwärts* wird gleichzeitig ein entscheidender Fixpunkt für den Lokalpatriotismus von Sundby und umgekehrt: Das besondere Gepräge des Stadtteils trägt dazu bei, dem *Vorwärts* die Treue zu halten. Im Sundby-Stadion gibt es viele andere Klubs, sicher auch gemütlichere, aber vor allen anderen ist die erste Mannschaft des *Vorwärts* »unsere erste Mannschaft«. Während ich dort spiele, sind sie ganz unten in der dritten Liga gelandet, nachdem sie in den vierziger Jahren zu den besten in der ersten Liga gehörten, das Hauspublikum ist immer noch da, genauso zahlreich und anhänglich, das »fanatischste des ganzen Landes«, werden wir verhöhnt. Die Mannschaft ist nicht gerade für polierten technischen Fußball berühmt, der Stil ist kämpferisch und muskulös, aus den Umgangsformen von Hinterhöfen wie dem unseren gewachsen, »amagerkanisch« bis zu den Gesten der Spieler, wenn sie ihre Meinung über den Schiedsrichter oder einen Gegner zum Ausdruck bringen: bis aufs feinste Haar also eine Verdichtung von Uns, das hier ist unsere Bestätigung. An jedem Sonntag, an dem die erste Mannschaft ein Heimspiel hat, sind wir von unserem Block eine ganze Völkerwanderung, Männer und Jungen mitsamt

»Adamsapfel«, immer »Adamsapfel« an der Spitze, bis zum Sundby-Stadion, eine Art Familienausflug, wo wir uns auf dem Hinweg erwartungsvoll gegenseitig aufgeilen und auf dem Rückweg entweder niedergeschlagen oder extrem aufgeräumt sind, so daß es den Rest des Tages im ganzen Block zu hören ist.

Während der Spiele sind wir kein Theaterpublikum, nicht nur schweigend beurteilende, höflich passive Zuschauer, sondern gewaltig engagierte Anhänger, Körper und Stimmen sind mit dabei, wir wollen nicht nur den guten Fußball genießen, sondern Uns auch gewinnen sehen. Habe immer mit dem *Vorwärts* gehalten, die Kämpfe anderer Klubs kann ich genießen, zu einer der beiden Parteien halten, wegen der Spannung, aber die hingebungsvolle Parteinahme, das Bindende kenne ich beim Fußball nur vom *Vorwärts:* In den vielen Jahren, die ich vom Fußball weg bin, sehe ich immer noch in den Montagszeitungen nach, wie es dem *Vorwärts* geht. Ja, Katrin, die Sonntagskämpfe im Sundby-Stadion sind hauptsächlich eine Männervorstellung, mit Genüssen und Erfahrungen, von denen die Mädchen bereits unten auf dem Hof ausgeschlossen sind. Ja, ja, es ist eine Welt voller bierdunstiger Bescheuertheit, aber für uns, die wir dort sind, gleichzeitig ein Erlebnis von Wärme, Bestätigung, Gemeinschaft. Was an Gutem zu uns Männern gekommen ist, ist durch diese Art Welten gefiltert gekommen, man kann nicht einfach einen roten Strich quer durch uns ziehen und so unsere guten Eigenschaften von unseren schlechten trennen. Dummerweise sind sie anders miteinander verbunden, los, *Vorwärts* Amager! Ja, ihr Linken, diese Art von Wahrnehmung mag wie eine Ablenkung vom täglichen Kampf aussehen (»Ablenkung«, ein anderes der Automatenwörter meines Mentors). Ja, ja, aber die Hingabe für den *Vorwärts* Amager als ausschließliche Verhinderung von zum Beispiel »Adamsapfels« Hingabe an die tägliche Militanz, die revolutionäre Partei, was weiß ich?

Stimmt, er engagiert sich mehr für den Fußball, während sein politisches Interesse augenscheinlich nach dem Bruch mit der DKP einschrumpft, er bekommt mehr Zeit dazu, aber wer kann sagen, ob er sich nicht die ganze Zeit etwas mehr von der Zeit gewünscht hat, als ihm die berufliche und politische Arbeit die Zeit dafür nahm? Außerdem: Worauf hätte sich sein politisches Interesse zu diesem Zeitpunkt eigentlich beziehen sollen? Von welchen reellen politischen Möglichkeiten wurde er eigentlich »abgelenkt«? Los, *Vorwärts!*

Glaube nicht mehr an die seelische Krämereigenschaft, die mit eifrigen Augen darüber wacht, daß das eine nicht von dem anderen nimmt. Wir, sozialistische Intellektuelle meiner Generation, betrachten zeitweilig die Welt als ein großes Ablenkungsmanöver von den wahren Absichten des Weltgeistes, durch das Geschlängel der Geschichte hindurch ist unser eifrig durchschauender Blick direkt auf eine jenseitige Reinheit gerichtet, aber der Durchschauende kann auch blind sein: Durch die Welt sieht der Blick ins Blaue. Was den *Vorwärts* angeht, kann man sich fragen, ob die Verdichtung von Identität um den Klub in diesem Viertel nicht auch die Gegensätze und Erfahrungen am Leben hat halten können, wo es sonst keine glaubwürdigen Möglichkeiten gibt, ihnen zugleich offen politischen Ausdruck zu geben? Kann mich trotzdem nicht dazu entschließen, sitze schließlich im Frühjahr bloß noch mehr in den Gegensätzen fest, es will weder zu Aufruhr noch zu persönlicher Mohrenwäsche und Selbstversicherung werden, wie ich mir vorgestellt habe. Los, zum Teufel, *Vorwärts* Amager!

Als der *Vorwärts* Ende der zwanziger Jahre die Klubfahne einweihen soll, ist es eine Selbstverständlichkeit, daß der Hauptredner ein Sozialdemokrat ist, doch nicht irgendeiner, der Agitator und Arbeiterdichter A. C. Meyer hält eine prachtvolle Rede. Die Fahneneinweihung selbst wird hingegen von einem General des *Dänischen Sportbundes* vorgenommen, und die Fahne ist nicht rot, sondern rot und weiß, nein, die Geschichte des *Vorwärts* ist nicht anders als die des Hauptstroms in der dänischen Arbeiterklasse, wie sollte sie es auch anders sein? So, mein Sohn, ist der Klub, der für Franke, und viele Jahre lang auch für mich, bedeutender war als selbst die Schule, so daß er zuletzt einer der besten Stürmer Europas wird, hoch über Wembley schwebend, so ist auch die reale Geschichte des größten Teils der dänischen Arbeiterklasse. Als A. C. Meyer unter der flatternden dänischen Fahne vor der alten Holztribüne im Sundby-Stadion seine Rede hält, ist die Gemeinschaftskantine, in der die Stifter des Klubs auf der Amagerbrogade essen gingen, schon seit langem geschlossen. Genau hier wird 1928 die alte kollektive Vereinigung definitiv niedergelegt, umgebildet zu einer Grundbesitzervereinigung.

6. 10. 77

Gestern abend mit Morten und Elsa, die auch hier wohnt, zu den Rockern und versucht, sie dazu zu überreden, keine Flaschen mehr gegen das Haus zu werfen, wenn sie spät am Abend vorbeifahren, zeigen ihnen, daß wir sie irgendwie verstehen und daß wir okay sind. Irgendwas an ihnen fasziniert mich, neulich traten sie in einem der Fluchtträume auf, wo ich vor dem Aufwachen wegflüchte, werde zu Hause im Block auf Amager von Rockern mit Fahrradketten durch den Keller verfolgt und wache in dem Augenblick auf, als sie mich fangen. Als wir auf ihren Hof kommen, bekommen wir denselben abweisenden Empfang wie Majken und ich letzte Woche, in der Scheune liegt ein Typ unter seiner Maschine und bastelt an irgendwas rum, obwohl es jetzt kalt ist, hat er nur eine blaue Jeansweste über dem nackten, ölverschmierten Oberkörper. Während wir unsere Sache vorlegen und uns Mühe geben, nicht böse oder auf andere Art aggressiv zu klingen, bleibt er unter dem Motorrad liegen, antwortet nur mit kurzen Grunzern. Erst als wir nicht mehr weiter wissen und uns nichts mehr einfällt, was wir noch sagen könnten, schiebt er sich unter der Maschine hervor und stützt sich auf die Ellenbogen. Er ist bedeutend jünger als wir, sieht uns kaum an. »Du, Fredo«, sagt er, »die sagen, wir schmeißen leere Flaschen gegen das Haus der Hippies.«

Der Hippies! Es ist fast zehn Jahre her, daß sich einer von uns als Hippie gefühlt hat, zweifle daran, ob Morten es je getan hat, das ist offenbar ihr Wort für Leute, die so aussehen wie wir, es klingt nicht wie etwas Sympathisches in seinem Mund. Tiefer in der Scheune entdecken wir erst jetzt den, der offenbar Fredo heißt. »Sagen sie das?« antwortet Fredo, dann sagt er auch nichts mehr. Elsa, weniger verlegen als wir anderen zwei, nimmt sich in dem Schweigen zusammen und sagt, ja, das meinen wir, und jetzt müssen wir das irgendwie regeln. »Wir machen euch ja auch keinen Ärger, warum solltet ihr uns belästigen?« Aus dem Wohnhaus sind noch zwei, drei Rocker dazugekommen, sie stehen hinter uns und sagen nichts, während wir mit Fredo argumentieren, er antwortet nur kurz angebunden und redet so ins Blaue: »Woher sollte ich das wissen?« oder: »Es wird ja soviel geredet!« Der erste Typ ist schon wieder unter seine Maschine geglitten, wenig später beginnen die Typen hinter uns, Elsa zu kommentieren. »Der Arsch ist ja ganz gut.« Etwas später: »Fräulein, drehen Sie sich mal rum und schauen Sie, was ich für Sie habe!« Elsa starrt weiter stur den Fredo an, sie sind nicht drohend, bloß gleichgültig, betrachten uns deutlich als einen Teil der Welt, mit der sie nur umgehen können, indem sie auf deren Schreckbilder anspielen.

Das ist nicht weit von Amager entfernt, so daß ich es gut verstehe, bin hier bloß endgültig auf der anderen Seite. Zum Schluß sind sie es leid, uns hier rumstehen zu haben. »Schick sie zu Luffe«, sagt einer hinter uns. Luffe ist nicht auf dem Hof, zeigt sich, wir können ihn in einem bestimmten der Hochhäuser finden, sagen sie. Wir gehen schließlich, sie haben sicher nicht damit gerechnet, daß wir unser Glück bei Luffe versuchen werden, aber wir haben den anderen im Haus versprochen, daß wir die Sache klären, und gehen dorthin. Auf der anderen Seite der Ringstraße finden wir schließlich das richtige unter den Hochhäusern, um durch die Außentür hineinzukommen, müssen wir auf einen Knopf zu der Wohnung drücken, in der Luffe angeblich wohnt. Über den

Knöpfen ist eine kleine Sprechanlage, wo man sich melden kann. Morten drückt auf den Knopf, erst geschieht nichts, dann kommt etwas, aber zu einem unverständlichen Knarren verzerrt. Mit überdeutlicher Stimme versucht Morten, den Zweck unseres Besuches darzulegen, dasselbe metallische Knarren als Antwort, währenddessen rütteln Elsa und ich am Türgriff, aber die Tür öffnet sich nicht. Schließlich erscheinen die Versuche von Morten, der immer lautere Vorträge für einen knarrenden Lautsprecher hält, während wir vergeblich an der Tür ziehen, sinnlos, wir gehen, während ein letztes Knarren hinter uns hängt. Sofort darauf hören wir eine Stimme oben aus der Luft, in einem offenen Fenster hoch oben können wir eine ältere Frau erspähen und gerade noch verstehen, daß sie uns fragt, ob wir etwas wollen. Nein, rufen wir, so laut wir können, die Fassade hinauf und gehen weiter.

In unserem eigenen Hof auf dem Feld diskutieren wir später die Entführung von Schleyer in Westdeutschland, sie dauert jetzt schon einen Monat, letzten Monat gab die japanische Regierung in einer entsprechenden Situation nach, die westdeutsche steht offensichtlich noch knochenhart fest. Hier im Hause sympathisiert niemand mit dem Terrorismus, trotzdem verwickelt sich Peter, der auch zu Hause ist, schnell in einen Streit mit Elsa. Es ist die Verantwortung der westdeutschen Regierung, wenn Schleyer stirbt, sagt sie, daß sie offenbar fest entschlossen ist, ihn zu opfern, beweist gerade ihre Unmenschlichkeit. Peter geht senkrecht hoch, sie sei gerade dabei, die irrsinnige Logik der Terroristen zu übernehmen, faucht er, auf genau diese Art trügen sie dazu bei, die Entwicklung zur Unmenschlichkeit des bürgerlichen Staates voranzutreiben. Als ob das Unmenschliche nicht schon die ganze Zeit dagewesen wäre, sagt Elsa, es bestehe ein ekelhaftes (mit Nachdruck e-kel-haf-tes) Mißverhältnis zwischen dem Interesse für das Schicksal dieses Arbeitgebervorsitzenden im Vergleich mit dem stillschweigenden Verschleiß zu einem zu frühen Tod, dem unzählige Arbeiter im Dienste der Betriebe eben dieser Arbeitgeber ausgesetzt seien. Von Anfang an ist von Diskussion nicht die Rede, es sind springende Markierungen einer viele Tage alten, nie zu Ende geführten Diskussion hier in der Wohngemeinschaft. Peter besteht immer noch darauf, daß die Terroristen nichts anderes als ein Haufen total verrückter Kleinbürger ohne die geringste Stütze in der Bevölkerung seien, mit einem Horizont, der sich allmählich völlig um die Befreiung einiger gefangener Kameraden mit allen Mitteln geschlossen hätte. Stimme sicher am meisten Peter zu, in meinen Ohren knarrt der Streit allerdings wie eine defekte Sprechanlage, keiner antwortet schließlich mehr auf das, was der andere sagt.

Morten, der Sohn eines alten kommunistischen Widerstandskämpfers und Arztes, erzählt, daß der Vater eines Tages, als sie zusammen eins getrunken hatten, ihm anvertraut habe, daß der Terrorismus auf gewisse Weise anziehend auf ihn wirke, obwohl er natürlich völlig davon Abstand nehme. »'42 waren wir auch in den Augen von großen Teilen der Bevölkerung eine kleine Bande verrückter Terroristen, das wären wir geblieben, wenn die Deutschen gesiegt hätten«, soll der Vater gesagt haben. Während Peter, weißglühend vor Selbstbeherrschung, beginnt, gegen diese Art Vergleiche zu protestieren, denke ich an die Zeit, als deine Mutter und ich zusammen mit einigen anderen ernsthaft überlegen, eine Sabotage gegen amerikanische Firmen hier im Lande zu beginnen, wenn die Amerikaner mit der Schweinerei in Vietnam weitermachen, wie weit waren wir damals davon entfernt, in denselben akzelerierenden Wahnsinn getrieben zu werden wie einige der deutschen Genossen, ist es nur das Ausbleiben weiterer amerikanischer Eskalation zu diesem Zeitpunkt, das uns daran hindert, so wie diese zu enden? In welche Art Maschine man seine Finger steckt, ist selten vorauszusehen. Während sie mir gegenüber weiterstreiten, kann ich mich nicht gegen das Gefühl heimlicher Mitschuld wehren, ich weiß nicht, was ich damit anfangen soll, es bewirkt nur, daß die Frage nach dem Terrorismus in mir zu einem bodenlosen, unüberschaubaren und erschreckten Wirrwar zusammenkriecht.

Nein, keiner von uns, der Generation der 68er in Dänemark, wird Terrorist, von uns, die nächstes Jahr sicher in einem Schwarm von Rückblicken und Erinnerungen zehnjähriges Jubiläum feiern können: Gedenkartikel und Mausoleen. Ach ja, wir sind selbst zur Geschichte geworden, in dem erstarrten veralteten Sinn, WIR, Ho-Ho-Ho-Chi-Minh, laufen durch die Straßen und Institutionen der späten 60er Jahre in einem neuen harten Rhythmus. WIR, die wir glauben, wir hätten den Rest hinter uns, in unserem aufgepeitschten Kühlwasser, während wir über Plätze und Universitätskorridore angelaufen kommen. WIR, mit unserer elektrischen Musik für Sinn und Körper und allen Gewändern und den leuchtenden Adventshoffnungen für die Zeit, der wir entgegenlaufen, WIR, die wir erleben, wie die nachgebende, erweiternde Bewegung in der Gesellschaft um uns herum, schon während der Wachstumsjahre gespürt, sich jetzt zu intensivieren, ins Explosive zu steigern scheint, WIR, die wir unterwegs ständig die ganze Zeit Weihnachtsabend als Revolution hinter der nächsten Ecke erwarten, ach, nicht hier, na schön, dann hinter der nächsten oder der nächsten dahinter. Erst allmählich dämmert es uns, daß wir eigentlich nicht besonders viele sind, daß wir eigentlich recht isoliert mitten in dem ganzen stromerfüllten Lärm um uns selbst sind: WIR sind ins Abseits gelaufen, haben trotzdem nicht vorauslaufen können in dem sicheren Glauben, daß der Rest schon von selbst folgen würde. Aber südlich der Grenze sind also welche, die fortsetzen damit, geradeaus weiterzulaufen, bis sie eines Tages unschuldige Menschen bei einer sinnlosen Entführung abknallen, das ist einer der Orte, an denen '68 beendet ist.

126

Etwas anderes ist der Hof auf dem Feld hier. Zu Beginn der 70er Jahre laufen Katrin und ich und unsere Freunde nicht mehr in den Straßen herum, die Zeit der großen Demonstrationen ist vorbei, wir sitzen still und lesen, schreiben oder hören zu, haben Marx und die Arbeiterklasse entdeckt, die einige von uns wenige Jahre vorher als völlig vom System aufgesaugt abgeschrieben haben. Als das Thylager 1970 zum letztenmal die junge dänische Studentenbewegung versammelt, reisen Katrin und ich vorzeitig nach Hause, zu ausgeflippt, finden wir. »Ausgeflippt« ist zu einem Schimpfwort geworden, »seriös« ein neues Glanzwort. Die nächsten Jahre studieren wir mit unseren Freunden seriös das »Kapital« und die sozialistischen Klassiker, Versammlungen und Diskussionen werden wieder in seriöser Ruhe durchgeführt, viele verlassen die linkssozialistische Partei und bilden kleine, seriös arbeitende, parteivorbereitende Gruppen, die der Keim zur revolutionären Partei der Arbeiterklasse werden sollen, jetzt geht es um den Kampf an den Arbeitsplätzen und seine Unterstützung. Wir haben keine Freunde mehr, unsere Briefe enden nicht mehr mit »liebe Grüße«, die Grüße sind jetzt »kameradschaftlich«, wir haben statt dessen Kameraden (ausnahmsweise kann die Variante »liebe und kameradschaftliche Grüße« benutzt werden, wenn hingebungsvolle Gefühle angedeutet werden sollen). Schon längst haben viele der Kameraden ihre ursprünglichen Studien aufgegeben und neue, politisch relevantere gewählt, es ist schon Lichtjahre her, daß Katrin und ich zusammen Kunstgeschichte studierten und ich meine unerlösten Künstlerträume hatte, in den 70ern gleite ich auch mehr oder weniger von der Kultursoziologie in die Arbeit als Mitarbeiter für berufspolitische Fragen bei der Zeitung. Jetzt halte ich es mit der Arbeiterklasse, ungefähr wie ich es als Kind mit dem *Vorwärts* Amager hielt.

Nein, trotzdem nicht ganz so, Politik und Geschichte werden in immer geringerem Grad etwas, was sich auch in der ersten

Person Einzahl äußert, während ich mich mit Leib und Seele und roten Fahnen in den Klassenkampf und in das, was ich als dessen Erfordernisse auffasse, begebe, reißt er sich gleichzeitig als etwas Selbständiges im Verhältnis zu mir und meinem persönlichen Dasein los. Meine Lektüre lehrt mich, daß in der kapitalistischen Gesellschaft die Verhältnisse so zusammengeschraubt sind, daß einige Gebiete im Dasein politisch entscheidender sind als andere: Die entscheidendsten verhalten sich meist direkt zu dem Hauptgegensatz, dem zwischen Kapital und Arbeit, Arbeiterklasse und Bourgeoisie, bloß daß ich mich als sozialistischer Intellektueller nicht einer existierenden revolutionären Arbeiterklasse habe anschließen können, die Arbeiterklasse bleibt für mich und meine Kameraden eine Angelegenheit, die sich etwas außerhalb befindet, das ganz und gar andere. Eine exotische Größe, durchgehend nur klassenweise und im Klassenkampf existent, wenn und falls sie sich überhaupt zeigen sollte und nicht zugleich als eigene Individuen. Wir sind immer noch im Abseits, aber wir nehmen uns zusammen, wägen und betrachten alles als Mittel im Verhältnis zu den Erfordernissen der Politik, diese allein bleiben für uns unmerklich gleichbedeutend mit dem, was überhaupt offiziell der Beschäftigung in diesem Dasein wert ist, für den solchermaßen eingestellten Blick wird das Leben von allem anderen als der Logik des Kapitals und den politischen Erfordernissen gereinigt, in meiner letzten Zeit in der Redaktion erfinde ich das Schimpfwort: Politomaten. Ohne ein anderes Leben als das der Politik sind viele von uns zu umherwandelnden Politomaten geworden.

Mein eigener Politomatenkopf ist nicht der kleinste. Muß in der Zeitung die Erste-Mai-Reportage machen, bin unzufrieden mit den Parolen und dem Grundansatz, also politisch ein beschissener Erster Mai, aber das Wetter war großartig, und auf den großen Parkwiesen ist es ein außerordentlich schöner gemeinsamer Ausflug gewesen, alle Parolenplänkeleien dahinter verdeckt, persönlich also ein guter Tag. Die zwei Enden kann ich nicht zusammenkriegen, ein Jahr früher hätte ich sie beide vielleicht noch nicht einmal entdeckt, das habe ich jetzt zwar, aber die Reportage wird komplett schizophren. Die anderen in der Redaktion verwerfen sie, mit Recht, finde ich, während wir mein Manuskript im Redaktionssekretariat diskutieren, fasse ich die Schizophrenie ausschließlich als persönliches Unvermögen auf, sitze auf einem strammen Arschloch und würde mich am liebsten um das Ganze gleichzeitig schließen. Dort sitzt etwas davon: Nach der großen Lockerung um '68, voller verirrtem Chaos, halte ich jetzt ein, damit ich es in korrekt zusammengepreßter Form zur rechten Zeit und am rechten Ort abliefern kann. Keine Lobgesänge mehr über die heiß dampfende, anmutig zusammensinkende, wenn ich es wagte, würde ich schreiben: weibliche (jetzt habe ich es also getan), Weichheit der Scheiße.

Stoße in Verbindung mit einem der wilden Streiks, über die ich an der Zeitung schreibe, auf einen Typ, der vor dem Streik nicht besonders politisch engagiert war. Der Streik in seinem Betrieb dauert lange, wird zu einer Art politischer Erweckung für ihn, er bindet sich an eine der politischen Kleingruppen, die in Verbindung mit dem Streik tätig sind, beginnt, auf Versammlungen zu gehen und aktiv an der politischen Arbeit teilzunehmen. Die Kleingruppe ist natürlich begeistert, und als ich ihn ein halbes Jahr nach dem Streik treffe, ist er schon tief in die Arbeitspolitik der Linken involviert, danach brauche ich ihn mehrere Male in Gesprächen als Beispiel für die weitreichende Bedeutung dieser Art Streiks und, im Zusammenhang damit, der Arbeit der Linken. Ein paar Jahre später höre ich, daß er aus dieser Kleingruppe hinausgegangen und mehr oder weniger versumpft ist, seine Frau hat ihm gesagt, daß er zwischen zu Hause und der Politik zu wählen hätte, sie will nicht, daß er jeden Abend auf Versammlungen rumhängt, von dem Neuen entfacht, hat er die Politik gewählt, sich also scheiden lassen. Nach einiger Zeit wird ihm seine menschliche und sexuelle Einsamkeit unerträglich, statt an politischer Arbeit teilzunehmen hängt er jetzt abends unglücklich in Kneipen herum, um Frauen aufzutreiben. Zuletzt sehen ihn seine Genossen bloß noch, wenn er ihnen zufällig in einer Kneipe über den Weg läuft.

Tief in die Politik geraten, vergesse ich, daß das ganze Dasein nicht in den Erfordernissen des politischen Kampfes aufgeht, wie sie von der Einrichtung dieser Gesellschaft diktiert sind. Das politisch Wesentliche fällt nicht notwendigerweise damit zusammen, was menschlich gesehen unmittelbar wesentlich ist, auch nicht für solche wie mich oder meine Genossen. Auch bei uns an der Zeitung geschieht es, daß einer von uns von Liebeskummer befallen wird, so daß er oder sie wochenlang kaum seine Arbeit schafft. Auch bei uns gibt es andere Seiten, bloß so merkwürdig als private zwielichtige Zonen abgespalten, im Verhältnis zu unserem tageshellen politischen Leben, im schlimmsten Fall sogar als kleinbürgerliche Abstrusitäten aufgefaßt, derentwegen wir uns schämen, als ob die Arbeiterklasse in dieser Hinsicht ganz anders als wir selbst wäre. Politik ist das einzige, worüber wir in den Büros und in der Kantine sprechen, das einzige außer dem Essen, dem Wetter, den üblichen Intrigen. Daß das halbe Leben eines der Redaktionssekretäre Aquarienfische sind, entdecke ich erst, als ich durch einen Zufall einmal zu ihm nach Hause komme, um etwas zu holen.

Solch ein Dasein kann man vielleicht für sich selbst als Person aufrechterhalten, so lange, wie die Person noch unterwegs ist, verhältnismäßig jung, so lange kann man vielleicht vergessen, daß es auch einen persönlichen Tod gibt und ein persönliches Leben, das davor gelebt werden muß, so lange kann man vielleicht so eine gesammelte Identität oder zumindest die Fiktion davon aufrechterhalten. Nach meinem dreißigsten Geburtstag bricht das alles zusammen, ich fühle bereuend, daß ich in eine Falle gegangen bin, wenn ich auch dazu beigetragen habe, sie zu bauen, und mitschuldig bin: Die Zeitung hat mich daran gehindert, mein Studium fertig zu machen, es ist die Zeitung, die an mir an der einen Seite zieht, wenn Katrin an der anderen zieht, so daß ich zu Hause in allen Nähten auseinandergehe, es ist die Arbeit dort, das Leben eines Linken im allgemeinen, das mir meine persönliche Fülle abgezapft, mich duftlos gemacht und komplett mit grauer Politik gefärbt hat. Zu Katrin beginne ich von der Linken mit diffus borstiger Verbissenheit zu sprechen, als ob diese mit ihren steifen Menschen und dummen Meinungen das große Tier wäre, das mich verschlungen hat.

Sind wir auch nicht so durch die erste Hälfte der 70er Jahre gestürmt, wie wir uns Ende der 60er Jahre außer Sinnen gelaufen haben, so setzt sich der Lauf trotzdem im Inneren fort, jedes Jahr neue Einsichten, neue Meinungen und schonungslose Liquidierung derer des letzten Jahres, weiter und weiter, so daß ich durch eine Art optischer Täuschung das Gefühl bekomme, daß sich die Welt um uns bewege und nicht umgekehrt. Später in den 70ern schließt sich endgültig der utopische Horizont, die Weltwirtschaftskrise schlägt durch, während die Arbeitslosigkeit wächst, die Sparmesser überall aufblinken und sich alles fester zuzieht, sprechen wir an der Zeitung lang und breit über die Krise des Reformismus wie über einen neuen Advent. In Wirklichkeit treten wir selbst auf derselben Stelle, eine Bewegung nach links erleben wir nicht, sprechen darüber aber selten als die eigene Krise der Linken, in Ermangelung eines Besseren organisieren wir einander immer straffer und sprechen statt dessen von der »Politikentwicklung« und der »Strategiedebatte« im Verhältnis zu einer Arbeiterklasse, die sich scheinbar irgendwo anders befindet und nicht viele Anzeichen macht, zu uns an den linken Flügel zu rücken, ob Krise oder nicht. Zwischen neuen wechselseitigen Kritiken, neuen Strategien, neuen politischen Ideen, neuen internationalen Hoffnungen und Niederlagen, wie Chile, wie Portugal, jetzt Italien, schreiben und diskutieren und sprechen wir miteinander im Kreis herum, in einer Vorstellung des ständigen »Abklärens«: Dieses »Abklären« wird mit der Zeit dazu führen, der Welt die Worte zu sagen, die sie dazu bringen werden, nach unserer Melodie zu tanzen.

Beginne, über Politik zu denken, wie schlechte Fußballtrainer über Fußball denken: Sie wollen ihre Mannschaft im voraus festlegen, in unserer Festgelegtheit wird das Ganze auch für mich zur Frage, ob wir die zentrale Perspektive des Kampfes abstecken können, die wasserdichte Strategie, die ganz wahren Parolen, nicht so sehr aus elitären Wünschen, Generalstab zu spielen, auch wenn sich solche Wünsche in steigendem Grad geltend machen, sondern meistens aus einem unerkannten, verzweifelten Wunsch heraus, die Isolation zu durchbrechen, zu der wir uns nicht so ganz selbst bekennen können, und aus Angst vor der Unüberschaubarkeit der Geschichte. In einem Artikel für die Zeitung kritisieren einige Genossen die Umweltbewegung, ihrer Meinung nach hat sie sich schändlich »von der Linken isoliert«. Liegt unsere Isolation wirklich daran, daß sich die Wirklichkeit von der Linken isoliert hat? Ich will den Artikel zurückschicken, einige der anderen bestehen aber darauf, daß er in die Zeitung kommt, obwohl ich an die berühmte englische Schlagzeile erinnere: Kontinent von England wegen Nebels abgeschnitten. Ich will raus, hinüber auf den Kontinent.

Vorigen Herbst auf einem Fest an der Zeitung explodiere ich, flambiert mit Alkohol, so daß die Stichflammen aus mir schlagen: Eine Kollegin vertraut mir an, daß ein Leitartikelentwurf, den ich über Demokratie und Sozialismus geschrieben habe, hinter den Stand, auf dem die Diskussion sich anderswo in der linken Bewegung befände, zurückfiele. »Zurückfiele!« Ist das Ganze ein Wettlauf? Ich verliere die Nerven, meine Wut richtet sich bald nicht nur gegen sie, sondern gegen alle, die in der Nähe sitzen, erst sind sie erschrocken, aber allmählich, je mehr die Sicherungen in meinem Kopf durchbrennen und ich immer unartikulierter werde, wird es leer in meiner Umgebung. Das bringt bloß noch die letzten Sicherungen zum Durchbrennen, während die Stichflammen ganz blau werden, eine ganze Stunde noch gehe ich herum und schimpfe immer lauter über alles und alle, zwischen Gesichtern, die einfach wegsehen. Als immer noch keiner auf mich hören will, hole ich zuletzt aus einem der Büros eine Schreibmaschine und schleudere sie zwischen die tanzenden Paare. Dann wird es einen Augenblick so still, daß ich, plötzlich klargeworden, deutlich jedes Wort des Schlagers verstehe, der auf dem Band abläuft, schließlich nehmen mich einige von ihnen ins Schlepptau und stecken mich in ein Taxi.

Einige Tage später, als ich in die Redaktion komme, ist man mit gegenüber schweigend und zurückhaltend. Die folgende Zeit gebe ich mein Bestes, daß sich daran nichts ändert, bin fast genauso gereizt und unausgeglichen wie zu Hause. Es ist stets dasselbe: Ich bin unleidlich und weiß es und bin mir selbst zuwider und deshalb doppelt unleidlich. Verbringe einen großen Teil der Zeit in einer Kneipe in der Nähe mit zwei, drei anderen Schluckbrüdern der Zeitung, sitze ansonsten allein und schreibe die üblichen Worte, aber es ist toter Stoff für mich, der Saft ist endgültig daraus abgetropft seit meinem letzten Anfall. Daß ich überhaupt dasitzen und sie mit schlaffer Automatik entleiben kann, fasse ich als Beweis dafür auf, daß unsere politischen Begriffe auch im Mund der anderen schlaffe Automatenwörter sind: Man steckt einen wilden Streik oder einen kleinen staatlichen Eingriff oben rein, und wenn man ansonsten mitbekommen hat, was man zur Zeit dazu so meint, kommen die Wörter flugs von unten hochgesprudelt. Um mich herum ist allmählich alles in die Binsen gegangen, Katrin und die linke Bewegung, das ist alles ein Aufwasch, auch den Linken gegenüber will ich mein Amager ausspielen. Die Arbeiterklasse ist nicht nur etwas von uns Verschiedenes, trotz unbestrittener Unterschiede nicht ausschließlich »Die da« im Verhältnis zu »Uns«: Es sind bloß Franke und »Adamsapfel« und alle anderen zu Hause im Block, die ich hinter mir gelassen habe und in der Zwischenzeit nicht mit irgendeiner Vorstellung von der Arbeiterklasse habe verbinden können. Ich werde schon diesen beschissenen Politomaten mit dem waschechten dänischen Proletariat eins auswischen, genau, einen Scheißdreck haben die verstanden. Los, *Vorwärts!* Welche Erleichterung für die anderen an der Zeitung, als ich nach Weihnachten Urlaub nehme, um meine Examensarbeit zu schreiben.

Sitze hier draußen auf dem Acker in der Spitze eines Keils, in den ich selbst hineingelaufen bin, während ich glaubte, daß die Welt so freundlich wäre, sich immer weiter zu öffnen. Den anderen im Haus geht es vielleicht nicht ganz so, aber auch bei ihnen merke ich, wie die Aussicht nach vorne, wenn auch vielleicht nicht abgeschnitten, dann doch beschnitten wird, der Schnaps, die Verzweiflungstaten, steile Kehrtwendungen beginnen in unserem Milieu zuletzt in beunruhigendem Umfang zuzunehmen: Allmählich sehen wir, daß wir genau da gelandet sind, wo die jüngsten der Rocker weiter draußen auf dem Acker sicher schon vorher waren. Wir haben nicht viel Persönliches dagegenzustellen, nicht einmal ein anwendbares Examen, wenn wir jemals überhaupt eins bekämen, viele, die letztes Jahr an der Uni fertig wurden, sind arbeitslos oder zermalmen einander im Kampf um eine freie Stelle. Was für die Rocker in dem Sinne natürlich war, daß es von Anfang an so gewesen ist, ist für uns Auflösung, Verwirrung darüber, daß der Gebärmutterzustand nicht ewig dauern konnte. Was dir bevorsteht, Alexander, weiß ich nicht, oder bin ich es nur wieder, der seine private Katastrophenstimmung als die ganze Welt auffaßt? Heute ist Freitag, und ich muß zum erstenmal heute abend zur Hausversammlung, zu Beginn der Woche rief Katrin an, und wir einigten uns darauf, dieses Wochenende zu überspringen, also morgen kommst du nicht zu mir. Obwohl es scheußlich und enttäuschend war, wenn du hier warst, fing ich schon an, dich vorgestern wieder zu vermissen: Jetzt stimmt es auch nicht, wenn du nicht hiersein sollst.

7. 10. 77

Sonntag vormittag und allein im Haus, die meisten sind irgendwohin gefahren, schon gestern. Habe gerade Majken zur S-Bahn gebracht, sie hat versprochen, ihre Eltern in Südseeland zu besuchen, hätte schon gestern abfahren sollen. Sie schaut bei mir rein, wenn sie spät heute abend zurückkommt, haben wir abgesprochen, als wir uns an der Station zum Abschied küßten. Die Hausversammlung am Freitag war freundlich und entspannt, an den Vorstellungen der späten 60er Jahre über Wohngemeinschaften gemessen, könnte man das gut als Resignation auffassen, die meisten wohnen seit damals in Wohngemeinschaften und haben so viele Zusammenbrüche erlebt, daß sie augenscheinlich aufgegeben haben, allzu hohe Forderungen aneinander zu stellen, die Hausarbeit ist scheinbar kein großes Problem, und wie wir um den großen Tisch in der Küche versammelt sind, ist mein Eindruck, daß sie (wie in älteren Ehen, wo die Partner dazu entschlossen sind, zusammenzubleiben, denke ich) in erster Linie versuchen, das Ganze zum Gleiten zu bringen, und soweit wie möglich die Ecken der anderen akzeptieren. Nur Ida, eine Psychologin, voll eifrigem Drang zum Organisieren, meckert ein bißchen darüber, daß sie so selten da sind und fast nie alle zusammen, da wäre es ganz nett mit mir, sagt sie: An meiner Schreibmaschine könne man zumindest immer hören, daß ich da sei. Krieche zusammen und denke an die Übersetzung. Hinterher bleiben wir um den Tisch sitzen, trinken Bier und klönen.

136

Sitze neben Majken und sehe plötzlich in ihre Augen, die in meine sehen, so daß es ganz unten in den Geschlechtsorganen zündet, werde von da an immer erregter, während wir dasitzen, zum erstenmal seit ich weiß nicht wie langer Zeit, abgesehen von Katrin einen Augenblick lang letzten Sonntag. Die Zündung ist gegenseitig, während wir die nächsten Stunden trinken und mit den anderen klönen, wird der stromführende Kreislauf zwischen uns aufrechterhalten, auch wenn wir in andere Richtungen sprechen, sprechen wir gleichzeitig zum anderen, wenn nicht mit dem Körper, dann mit Stimmführung und Blickrichtung, wir reiben uns heiß aneinander. Das kommt etwas überraschend für mich, auch wenn sie in meinen erotischen Träumen aufgetreten ist, sie haben ja nicht immer etwas mit dem wachen Ich zu tun, aber ich sitze da und überlasse mich meinem Gefühl, finde es schön, ohne zu wissen, was ich damit anfangen soll oder wo es hinführen wird, Vorstellungen, daß wir miteinander schlafen sollen, habe ich nicht in dieser präzisen Form, so weit kann und mag ich nicht denken, so weit wage ich es nicht zu denken, aber wie nach einer unausgesprochenen Absprache bleiben wir beide in der gegenseitigen Reibungswärme sitzen, als die ersten schon zum Schlafen in ihre Zimmer gegangen sind. Zuletzt sind nur wir beide und Morten übrig, und mir fällt plötzlich ein, daß die beiden einmal zusammen waren und es vielleicht für Morten noch nicht ganz vorbei ist: Mit einer fluchtartigen Schroffheit reiße ich mich los und sage gute Nacht.

Kurz darauf, während ich mit der letzten Zigarette dasitze, kommt Majken ohne weiteres herein. Sie versucht nicht, irgend etwas zur Erklärung zu sagen, die Situation erklärt sich von selbst. Ich bin überrumpelt und freue mich, als sie in meine Umarmung kriecht und ich in ihre, aber dann bekomme ich Angst, empfinde die Situation als Falle. Habe noch nicht, wie Mädchen, zu sagen gelernt: Nein, nicht jetzt, später! Möchte ja auch gern, wenn ich mir bloß die Panik aus dem Kopf schlagen könnte. Während ich damit kämpfe, ziehen wir uns aus und legen uns auf das Bett, der Kampf gegen die Panik bewirkt, daß sie sich noch weiter festgräbt: Die Erektion bleibt aus, dafür werde ich um so steifer am Körper, ochse und ochse mit allen Gliedern, ohne weiterzukommen, immer mehr in mir selbst verknotet. Plötzlich wird Majken unter mir schlaff. »Woran denkst du?« fragt sie, und ich weiß nicht, was ich antworten soll. »Verflixt noch mal, der will nicht«, presse ich hervor. »Nee«, sagt sie, und dann lacht sie ganz schwach. »Versuch mal, ganz ruhig zu liegen«, flüstert sie etwas später, kniet sich über mich und beginnt, mich am ganzen Körper zu küssen und zu lecken. Ich fasse es als Signal auf, wieder aktiv zu sein, habe schon die Hände um ihre Brüste, als sie mich bremst. Schließlich ist der Schwanz in ihrem Mund, ich schwelle, dann gleitet sie unter mich. Als ich erst kurze Zeit in ihr bin, kommen die Panik und meine inneren Bilder wieder, während ich wieder daliege und desperat schufte und der Schweiß an mir herunterströmt, werde ich wieder klein und schlapp in ihr. Schließlich schubst sie mich vorsichtig zur Seite, ich frage, ob ich ihr helfen soll, fertig zu werden, als sie den Kopf schüttelt, springe ich heraus auf den Fußboden und stampfe wie ein kleiner Junge mit dem Fuß auf. Unerwartet ist sie direkt hinter mir, steht dicht an meinem Rücken und streichelt mir über die Lenden. »Bist du müde?« fragt sie. »Ja«, sage ich, dann kriechen wir zueinander ins Bett und schlafen ein.

Samstag morgen wache ich von einem weiteren meiner Fluchtträume auf, aber dieses Mal einem glücklichen, ich mache bei einem großen Marathonlauf mit und laufe, nach Luft schnappend, Kilometer für Kilometer die Landstraße hinaus, auf einen Zustand zu, von dem ich weiß, daß er kommen wird, und er kommt auch: Ich laufe durch eine Grenze in mir, bekomme meine andere Luft, und als nichts anderes als ein heißer Kopf und ein arbeitender Körper kann ich ins Unendliche fortsetzen, ich bin frei, nichts hält mich mehr zurück.

Als ich aufwache, ist Majken nicht neben mir im Bett. Ich weiß nicht, wann sie es verlassen hat, sie sitzt schon mit ein paar anderen in der Küche und frühstückt. Als ich sie sehe, erwacht in meiner Haut die Erinnerung an ihre Hand über meiner Lende zuletzt, kurz bevor wir einschliefen, merke, daß ich immer noch Lust habe, mit ihr zu bumsen trotz des Fiaskos letzte Nacht (ich tue mich schwer mit dem Wort »bumsen«, auch wenn alle es jetzt brauchen, auf Amager sagten wir »vögeln«, kannte zwar auch bumsen, aber es klang so etepetete). Nach dem Lunch sind die anderen aus dem Haus, und wir sind plötzlich allein, Majken geht in ihr Zimmer und packt, um auch abzufahren, als ich zu ihr komme. Dieses Mal gelingt es uns, miteinander zu bumsen, nicht ohne Anstrengung zwar, einen kurzen Augenblick bin ich dabei, meine Erektion zu verlieren, bevor ich mich zum Bild ihres Körpers vor mir flüchte, und von da an bin ich so darauf konzentriert, es festzuhalten, um heil hindurchzukommen, daß ich zu schnell komme, so daß ich ihr dabei helfen muß, sich selbst zu befriedigen, aber es wird doch zu einer Art Beischlaf. Als wir es am Abend wiederholen, geht es ganz gut, ohne besonders hervorragend zu sein: Während wir hinterher daliegen, versuche ich, die früheren mißlungenen Versuche zu entschuldigen. Majken stellt sich verständnislos: Ich hätte nichts zu entschuldigen, sie sei es schließlich, die es gerne hätte versuchen wollen. Es ist das erste Mal, daß ich gebumst habe, seit dem Tag mit Rita im Frühjahr, habe natürlich einige Male seitdem onaniert, aber der Gedanke an Sexualität ist allzusehr an diesen Tag gebunden.

Wäre erleichtert und dankbar und glücklich über sie jetzt, wenn nicht die Bilder jenes Tages gleichzeitig näher gerückt wären. Brauche bloß das Bild an der Wand vorne anzuschauen, schon stürzt es über mich herein. Vielleicht sollte ich Majken heute abend, wenn sie kommt, erklären, daß es nicht geht, wir sollten lieber sofort damit aufhören. Ich fühle mich auch außerstande, richtig entgegenzunehmen, was ich immer noch als ihr freundliches Verständnis für meine versagende Potenz auffasse, es kränkt auf irgendeine Art immer noch meinen Stolz (soviel habe ich offenbar noch übrig), daß sie die Stärkere und Verständnisvollere war und ich der Schwache, sie wird auf diese Art zu mütterlich für mich, etwas in mir verlangt, daß ich auch etwas für sie geleistet habe, bringe es nicht über mich, in etwas, was ich deutlich als ein Defizitverhältnis zu ihr auffasse, zu stehen. Ich werde offenbar nicht besser: Halte ich mich von Majken weg, kann ich diesen ganzen Teil von mir auf Abstand halten.

Zu rastlos, um heute weiterzuschreiben, die vergangenen Tage ist es ansonsten ohne Mühe gegangen, glatt vom Morgen bis zum Abend, auch wenn es mir immer noch schwerfällt, mich selbst von damals zu verknusen, werden alte Gefühle und Stimmungen zum Leben erweckt, und plötzlich kann ich, auf eine Art, die ich früher nicht beherrscht hätte, diese vergangene Person beschreiben. Es entsteht so eine Art Vertrautheit, gegen die mein Widerwille kaum ankommt, aber heute bin ich also zu rastlos. Die letzte halbe Stunde habe ich hier gesessen und versucht, dich nach dem Gedächtnis zu zeichnen: Das läßt sich nicht machen, ich kann deine Züge nicht für mich festhalten. Ich habe es auch mit Katrin und Rita versucht: Das läßt sich auch nicht machen. Pflege mich sonst an Gesichter immer gut zu erinnern und zeichne sie nach dem Gedächtnis, aber heute geht es gar nicht, ich fühle mich unangenehm allein im Haus, weiß nicht, was ich mit mir selbst anfangen soll. Jetzt gehe ich rüber und schaue mir an, wie die Flugzeuge starten und landen, es gibt besonders viele am Sonntag.

9. 10. 77

Das ist Rita, ich fühle es an meinem Schwanz«, sagt einer der großen Jungen auf dem Hinterhof eines Tages, als wir mit einem Fußball herumlaufen und stehengeblieben sind, um einer weiblichen Gestalt nachzusehen, die am entgegengesetzten Ende auf den Toreingang zukommt. Ich bin zwölf Jahre und werde diese Bemerkung nie vergessen, die mir plötzlich klarmacht, daß ich nicht der einzige bin, der beim Anblick von Rita diese Art Gefühle bekommt, denn sie ist es wirklich, wie sich zeigt, als die Gestalt näherkommt und ich sie auch im Schwanz fühle. Muß wieder weit zurück, um weiterzukommen, während meines Laufs gestern abend begannen die Bilder hervorzustürzen, irgendein Deckel ist dabei, sich zu öffnen. Kann mich jetzt Rita nähern.

Rita ist nicht viel älter als Franke und ich, für uns bisher bloß eine der Gänse, aber unser Blick auf die Gänse und auch die Bedeutung des Wortes ist in den letzten Monaten anders geworden, die Verachteten sind plötzlich imstande, geheimnisvolle Gefühle in der Herzgrube und in den Geschlechtsorganen auszulösen. Rita hat schon Brüste, die man sehen kann, ihr langes, rotes Haar ist in einem blanken und glatten Pferdeschwanz gesammelt, der hinter ihr schwingt, wenn sie selbstbewußt vorbeigeht, von der schlanken Taille wippen der weite Rock und der Unterrock darunter um die Nylonstrümpfe an ihren Beinen. Ach ja, ich kann sie fühlen, aber habe bisher geglaubt, sie sei meine besondere Entdeckung.

Der kleine Altersunterschied hat die ganze Zeit bedeutet, daß sie eine Klasse über Franke und mir auf die Højdevangschule ging, jetzt ist der Unterschied zu einem Abgrund geworden, sie gehört in jeder Hinsicht in eine ganz andere Klasse, es liegt tief unter ihrer Würde, etwas mit uns zu tun zu haben. Am frühen Abend, wenn wir mit dem Fußball herumlaufen, sehe ich sie auf hohen Absätzen und mit richtigem Make-up in den Jugendklub des Blocks trippeln, wo sie sich von den richtigen großen Jungen umschwärmen läßt, Franke und ich sind noch nicht ganz dreizehn und dürfen überhaupt noch nicht in den Klub. »Rita«, stöhne ich hinterher im Dunkeln und drücke in dem oberen Etagenbett mein Kopfkissen, während ich vor Zärtlichkeit überschwappe. »Rita«, sage ich japsend, wenn ich mausestill liege und an mir bis zum Erguß rumfummele bei dem Gedanken an sie in einem der Hüfthalter, die ich in Annoncen in den Illustrierten meiner Mutter gesehen habe. Es vergehen einige Monate, bevor ich Franke gegenüber andeute, wie schön ich Rita finde, ihm geht es ganz genauso, wie sich zeigt.

Majken kam gestern abend nicht mehr rein, das meiste des Nachmittags gestern verbrachte ich damit, die Aussicht aus meinem Fenster zu zeichnen, die Depression klang nicht ab, aber ich bekam Lust, mir ein paar ordentliche Bleistifte zu kaufen, habe nichts anderes als einen Filzschreiber, der das Ganze dunkler und konturierter macht, als es ist. Experimentiere damit, die Aussicht auseinanderzureißen, indem ich das Licht von je einem anderen Winkel aus auf das Ackerland und die Hochhäuser dahinter fallenließ, aber konnte mit einem Filzschreiber das Licht nicht so weich und unterschwellig schleichend hinkriegen, daß es wirklich in entgegengesetzte Richtungen floß. Gegen Ende des Nachmittags kam Morten nach Hause, obwohl er nicht mehr mit Majken zusammen ist, saß ich trotzdem mit einem schwarzen Gewissen da, als die anderen allmählich nach Hause kamen, war es eine Befreiung. Setzte mich nach dem Laufen in mein Zimmer zum Lesen und um auf Majken zu warten, gegen Mitternacht schlief ich ein, ohne daß sie gekommen war, fast erleichtert darüber, nicht mir ihr sprechen zu müssen. Heute morgen konnte sie mir gerade noch erzählen, daß sie erst nach Mitternacht gekommen war und daß überall das Licht aus war. Freute mich unvermutet darüber, sie zu sehen, aber das nützt ja nichts. Es ist, als hätte ich eine Binde vor den Augen, wenn ich versuche, vorwärts zu denken, wird es schwarz bis in die Geschlechtsorgane.

Muß noch weiter zurück, bis vor die Jahre, in denen Rita das Blut dorthin laufen läßt, jedesmal, wenn ich sie auf dem Hof oder auf der Straße sehe und sie mich nachts hinter den Augenlidern bis zu den winzigen Knarrgeräuschen des Etagenbetts verfolgt. In mir verschwindet das Geschlechtsleben nicht, nachdem wir in einem frühen Alter Doktor gespielt haben und Franke von Annis Mutter eine runtergehauen bekommen hat, als sie uns in einem Kellerhals überrascht, als er ein Stöckchen tief in die Anni gesteckt hat: Die folgenden Jahre habe ich im halbwachen Zustand Phantasien, wo andere Kinder auf dem Fließband Klapse von Maschinen bekommen, die immer größer und komplizierter werden, selbst bekomme ich keine Klapse, das Erregende ist, daß andere das Hinterteil in die Maschinen bekommen, am besten die drei Prinzessinnen des Königs: Sie sind so fein. Schließlich liege ich in den frühen Morgenstunden im Bett und suche die Maschinen bewußt auf, ein kitzelndes Wohlbehagen, von einer Art, die ich sonst nicht kenne, breitet sich im Körper aus, es ist schön, auf dem Bauch zu liegen und das eregierte Glied an der Haut unter mir zu merken, wenn ich drücke, einen Erguß bekomme ich, glaube ich, nicht, wenn, dann habe ich es jedenfalls vergessen. Woher diese Maschinen kommen, weiß ich auch nicht, von meinen eigenen Eltern bekomme ich keine Klapse. Als ich lesen gelernt habe, stoße ich in der Schulbibliothek auf eine Serie über ein englisches Internat, Präfekte, die die ganze Zeit die kleineren Schüler abstrafen, mit starren Augen und einer merkwürdigen Hitze lese ich die ganze Serie in meinem Etagenbett.

Unten im Hof ist es ein beliebter Zeitvertreib der etwas größeren Jungen hinunterzugehen und zusammen »Schwanz zu spielen«, das geht in einem Raum neben dem Heizungskeller vor sich, sie stehen mit der einen Hand gegen die Mauer gestützt, während sie die andere um das entblößte Glied geschlossen haben und sie vor- und rückwärtspumpend bewegen, dann geht es darum, so schnell wie möglich einen großen Klecks an die Wand vor sich zu machen. Hinterher kommen sie von dem Keller hoch, lächeln das bühnenbewußte Lächeln der Selbstzufriedenheit, während sie demonstrativ die Hose bei vollem Tageslicht zuknöpfen. Es kann bei seltenen Gelegenheiten und in Ermangelung Besserer vorkommen, daß einer oder mehrere der Großen uns mit in den Keller einladen, dann holen wir auch unseren Schwanz hervor und pumpen an dem kleinen, runzeligen Stumpf, bis die Großen schließlich ihren Klecks an die Wand abgeliefert haben. »Ah!« sagen wir hinterher den Großen nach. Endlich sind wir eines Tages auch so groß, daß wir uns auch geltend machen können und unseren Klecks vorzeigen können. Viel später, während wir auf den Matratzen im vierten Stock liegen und uns verstecken, sind Franke und ich immer noch dazu imstande, in der Gegenwart des anderen zu onanieren, wenn wir so rumliegen und uns am Gerede über Weiber, wie sie jetzt heißen, aufgeilen, jetzt sind wir den Gänsen entwachsen.

War gerade mal pinkeln, während ich dort stand, tauchten einige unbekannte Erinnerungsbilder auf, sie sind undeutlich und flackernd, und ich bin ihrer nicht sicher, sie sind jedenfalls seit damals gut begraben gewesen. Es ist nicht unten im

144

Keller, sondern oben in einem der Speicherräume, ganz hell und warm von Sonne, wann es ist, weiß ich nicht, aber wir sind noch nicht so groß, vielleicht elf bis zwölf Jahre alt. In dem warmen Sonnenlicht liegen Franke und ich auf einigen Säcken in einer innigen Umarmung, wo wir uns gegenseitig einen runterholen, das Bild begleitet von der Empfindung seines warmen Samens auf meinen Händen in wenigen Augenblicken und einer Sicherheit, daß das hier nicht das einzige Mal ist: Vielleicht ist das Bild eine Zusammenfassung mehrerer Situationen. Kann es nicht festhalten, wenn ich versuche, hinter den Schimmer zu sehen, geht es aus, und es wird dunkel, kann nicht einmal feststellen, ob es eine wirkliche Erinnerung ist, irgend etwas bekommt mich bloß dazu, es zu glauben. Es könnte auch ein bisher unterdrückter Wunschtraum sein, in diesem Fall, von wann? Damals? Später? Vielleicht erst nach Frankes Rückkehr aus dem Ausland? Von vor kurzem? Die Kindheit wird auch rückwärts gefüllt. Hat es eine Bedeutung, ob es das eine oder das andere ist? Unter allen Umständen ist der Deckel fest zugeschraubt, habe keine unmittelbaren Gelüste nach dem Fleisch meines eigenen Geschlechts seither gehabt, im Gegenteil immer spontan mit Widerwillen auf Annäherungen von Männern reagiert. Auch wenn ich jetzt als aufgeklärter Mensch meine Reaktionen beherrschen kann, sind diese an sich nicht mit der Zeit aufgeklärter geworden.

Ein spätes Schockerlebnis: Bevor ich deine Mutter traf, sitze ich in einer Kneipe, und das, was ich als eine schöne und anziehende, wenn auch etwas nuttige Frau auffasse, setzt sich neben mich, nach ein paar Bieren haben wir längst angefangen, uns Küßchen zu geben und die Beine aneinanderzureiben. Lege die Hand auf ihren Schenkel und beginne, sie zu streicheln, außer mir vor angestauter Geilheit, fahre dann plötzlich mit einem unkontrollierten Gebrüll zusammen, das alle, die in der Nähe sitzen, dazu veranlaßt, zu mir hinzusehen: Ich habe ihren großen, steifen Schwanz in der Hand. Ich verliere völlig die Fassung, während mein eigener Schwanz schneller als schnell zu einem absoluten Minimum einschrumpft, nach dem ersten Gebrüll kann ich nicht mehr über die Lippen bekommen, die Situation ist zu irre, als daß ich eine Erklärung abgeben könnte, sitze bloß wie angeschmiedet mit bebendem offenen Mund, bis ich die Kraft bekomme herauszustürzen. Noch mehrere Wochen danach bin ich impotent.

Der Deckel ist fest zugeschraubt, auch wenn die Augenblicke von vorher immer noch mit einem Gefühl des Unbehagens rumoren, so daß ich mich überwinden muß, es hinzuschreiben, aber die kindlichen Phantasien von Schlägen setzen sich bis in die Pubertät fort, aus Herzenslust spiele ich »Schwanz« mit den anderen oder onaniere im Etagenbett, das leider die Eigenschaft hat, meine Geschwister wach zu knirschen, weswegen es am besten tagsüber im Bad geht. Habe mir in aller Heimlichkeit einen Stapel besonders ausgewählter Nummern der Illustrierten meiner Mutter zusammengesammelt: In ihnen treten besonders aufreizende Frauen in Annoncen für Unterwäsche auf. In diesen Jahren gieße ich Eimer von Samen über meinen privaten Harem, während ich mir vorstelle, ich ziehe ihnen die Unterwäsche herunter und ficke sie heftig und hart, und einige Male, wenn ich auf einem Handtuch auf dem Terrazzofußboden mit einem besonders erregenden Bild vor mir liege, stelle ich mir vor, daß ich ihnen auch zuerst ein bißchen den Hintern versohle, nicht weil ich ihnen irgendwie weh tun will, im Gegenteil stelle ich mir ihren erregten Genuß dabei vor. Manchmal gebe ich mir selbst einen kleinen Klaps hintendrauf, während ich daliege, sozusagen, um meine Einbildungskraft anzufachen, und oft stelle ich mir dann vor, daß das Modell vor mir Rita ist, dichte mir mit zusammengekniffenen Augen ihr Gesicht auf den Körper des Modells, während die liebevollen Klapse, die ich

146

mir selbst gebe, welche sind, die ich ihr gebe, auf eine irgendwie paradoxe Weise aus einer überströmenden verliebten Zärtlichkeit heraus: Sie ist so prinzessinnenhaft fein und schön.

Es dauert nicht lange, bis wir Jungen mehr als nur unter uns »Schwanz« neben dem Heizungskeller spielen. Wenn richtige Weiber, auch eine wie Rita, ganz außerhalb unserer Reichweite liegen, so können wir uns doch statt dessen mit den gleichaltrigen oder etwas jüngeren Mädchen im Block versuchen. Es kommt vor, daß man eine oder zwei von ihnen mit in den Keller hinuntergelotst bekommt, dann können wir uns paarweise mit dem Jungen zuoberst tief stöhnend hinlegen: Oben unter ihrer Bluse umklammern wir die winzige Brust und stellen sie uns viel größer vor, unten in der Hose fummeln wir einen Finger in sie hinein und stellen uns vor, das sei der Schwanz, währenddessen reiben wir uns heftig auf ihnen, bis uns in der Hose einer abgeht. Was Mädchen davon haben, ahne ich nicht, es fällt mir im nachhinein schwer, überhaupt ihre Motive zu durchschauen, warum sie sich auf diese hastigen Vorstellungen einlassen: Bin viele Jahre lang davon ausgegangen, daß Frauen auch Menschen sind, das heißt wie Männer, mit denselben Gedanken und Gefühlen, mit denen mein Kopf sie einrichtet, habe allmählich diesen Kinderglauben jetzt verloren, und im Hof auf Amager sind auch längst nicht alle Mädchen wild darauf, in den Keller zu kommen, es sind nur ganz bestimmte. Wir fassen sie als willig auf und darum im Grunde verächtlich, kann nicht mehr glauben, daß es ein Genuß für sie gewesen ist, das war es kaum für uns: Wie wenn wir onanieren, ist es schlecht und recht Notdurft unter elenden Bedingungen. War es ein bißchen Anerkennung, die sich diese Mädchen im Dunkel des Kellers eintauschen wollen, eine Anerkennung, die nur bis zu unserem Erguß dauert, worauf sie in noch höherem Grad von ihnen genommen wird, dafür, daß sie uns dazu verholfen haben? Währenddessen schwärmen wir für die Unberührbaren und Unnahbaren, für Rita.

Bin jetzt vierzehn und gehe abends in den Jugendklub, Rita ist dort mit einem älteren Typ zusammen, der Benny heißt, sie tanzen Jitterbug, bei den etwas Älteren eine andere der großen Kulturen des Blocks, und machen einige Male bei Turniertänzen im Tivoli mit. Das weiß der ganze Block: Sie sind das große Paar des Blocks. Wenn sie richtig loslegen zu dem hüpfenden Grammophon im Klub, hängen wir anderen bloß mit Stilaugen herum, das lange, rote Haar, das jetzt offen ist, fliegt um ihren Kopf, es knittert und braust von ihren Nylonsachen, und Benny wirbelt sie im Arm herum und läßt sie Purzelbäume in der Luft schlagen, so daß wir einen Schimmer von ihrem Höschen und ihrem Strumpfband erhaschen, was uns Jungen, die drumherumstehen, zum Austausch frivol anerkennender Blicke veranlaßt. Für die meisten von uns ist und bleibt sie unsere große heimliche Liebe, der ständige Gegenstand von Onanie und Anbetung, mir wird schwindlig, wenn ich daran denke, wieviel Samen sie, über meinen eigenen hinaus, überall im Dunkel der Wohnungen verursacht haben muß. Sie weiß es nicht, und trotzdem weiß sie es in dem Selbstbewußtsein, das sie aus unseren saugenden Blicken gewinnt, die ihr, in der Schule und zu Hause, ständig folgen und sie dazu veranlassen, sich wie in einem Spiegelkabinett zu bewegen, wo ihr alle Spiegel erzählen, daß sie begehrt und die Schönste ist.

Eines Abends ist Benny nicht im Klub, Franke und ich stehen herum und sehen sie an, während sie mit einigen der anderen Mädchen spricht, wir erzählen uns, wie sooft vorher, alles, was wir uns vorstellen können, mit ihr zu machen. »Du traust dich ja nicht mal, zu ihr zu gehen und sie zu fragen, ob sie mit dir tanzen will!« sagt Franke, dieser Satan, plötzlich, als ich mich in meiner Phantasie, was ich alles mit Rita machen

148

könnte, gerade in die höchsten Höhen geschwungen habe. Das wage ich auch nicht, aber Franke bezieht alle in der Nähe stehenden Kameraden mit ein, fährt mit infamer Resolutheit mit seinen Herausforderungen fort, so daß es zum Schluß nicht mehr darum geht, sich zu trauen, jetzt bin ich dazu gezwungen: Während alles im Kopf totenstill steht, kann ich nichts anderes mehr, als steif durch den Raum zu ihr zu gehen und sie zu fragen, ob sie nicht ein bißchen tanzen wolle, mit dem ständigen Risiko, daß mir das nächste Wort im Hals steckenbleibt. Komischerweise sieht sie mich freundlich an und sagt sofort ja, ich tanze nicht so schlecht Jitterbug, nicht mit anderen, wir lernen so was in dem Jugendklub, wie wir auch Fußball draußen auf dem Hof spielen lernen, aber mit Rita geht es völlig schief. Ich wirbele sie von mir weg und ziehe sie zu mir hin, schicke sie weg in die entgegengesetzte Richtung und soll sie hinter meinem Rücken herumziehen, während ich selbst eine halbe Drehung mache, schon hier geht es nicht mehr, die Scheißplatte hüpft in den Rillen, ich verliere den Überblick und den Rhythmus, und daraufhin bin ich ganz rausgebracht. Jedesmal wenn wir einen Versuch machen, wieder in den Tanz zu kommen, springt die Nadel auf der Platte, und auch wenn sie nicht springt, verliere ich unter allen Umständen trotzdem schnell die Kontrolle, sinke innerlich über dieser Anstrengung zusammen, gebe allmählich auf und wünsche mich selbst zur Hölle: Als die Platte halb abgelaufen ist, fragt sie, ob wir uns nicht setzen sollen. Gelähmt, wie ich bin, verstehe ich diese Bemerkung nicht als Wink, mich augenblicklich zurückzuziehen, sondern folge ihr wie ein mechanisches Schaf und setze mich neben sie. So war es nicht gemeint, sie sagt kein Wort zu mir, und ich kann überhaupt nichts zu ihr sagen, nach einer schweigsamen Ewigkeit fällt mir schließlich ein, ihr zu sagen, daß ich mal aufs Klo müsse, und veschwinde nach Hause, um an diesem Abend nicht mehr zurückzukehren.

Näher bin ich Rita in der Zeit, die wir zusammen groß werden, nie gekommen, danach schiebe ich sie in mir weg, wie eine Wunde, die verdeckt werden muß, aber sie bleibt irgendwo in mir lebendig, ist das erste Bild, an dem die folgenden Mädchen gemessen werden: Mein Traummädchen muß mindestens genauso schön sein, wie sie meiner Meinung nach war. Aber ich kann weder mit ihr onanieren noch sie länger verehren, der Gedanke an sie läßt die Niederlage in mir wieder hochkommen, macht den Schwanz schlaff und läßt das Herz fast vor Angst lauter schlagen. Überrumpelnd, wie ich mich an jedes Detail, als ich es soeben hinschrieb, erinnern kann, habe überhaupt erst jetzt diesem Erlebnis Worte verliehen, das bisher ein halbvergessenes Unbehagen war, ein teilweiser Bildausfall in der Erinnerung, die Worte müssen irgendwo gewesen sein, bereit, abgerufen zu werden: Sie kamen von selbst wie anderes heute auch.

Es sind allerdings andere Mädchen im Block außer Rita, eine, die wir Dicke Else nennen, ein etwas kräftig gebautes Mädchen mit früh entwickelten Brüsten, auch etwas älter als wir, bei den Jungen im Block dafür berühmt, es mit allen zu tun, darum von allen mit einer Deutlichkeit verachtet, die sie vielleicht gerade dazu zwingt, sich immer wieder ein bißchen sofortige Anerkennung von uns mit ihrem Körper zu erkaufen. Wir hätten dankbar sein sollen, viele von uns bekommen ihre erotische Feuertaufe durch ihren entgegenkommenden Körper, aber wir ekeln uns hinterher vor uns selbst, finden darum, daß sie ekelhaft ist. Gedankenlos habe ich sie hinterher als »Nymphomanin« beschrieben, ein stupider Ausdruck, der sich zu Filmen mit enormen, willigen Mösen in unseren eigenen Köpfen verhält, ohne Sinn dafür, daß es vielleicht um etwas ganz anderes geht. Eines Tages, als es regnet und nicht recht viele andere unten im Hof sind, komme ich auch mit der Dicken Else in den Keller. Als ich mir erst einmal Mut gemacht habe, geht es glatt und fast ohne Worte, ich

frage bloß, ob wir nicht vor dem Regen in den Keller unter-
schlüpfen sollen, sie willigt ohne weiteres ein und geht selbst
zuerst.

Schon auf dem Weg in den Keller ist meine Hose fast dabei
zu platzen, sobald wir durch die Kellertür sind, küsse ich sie,
heftig und abrupt, stecke gleichzeitig die Hand unter ihren
klamm dampfenden Islandpullover und umklammere die
eine ihrer großen Brüste. In dem Raum neben dem Heizungskeller zieht sie selbst ihren Slip aus und knöpft die
Straps am Strumpfhalter auf, bevor wir auf den nackten Ze-
mentboden trudeln. Ich bin außer mir vor Erregtheit, weiß
aber nicht, wie ich ihn in sie hineinstecken soll, gehe immer
auf ihr Schambein los, aber die Schwanzspitze findet nicht
den Weg von selbst hinein, wie ich mir vorgestellt habe. Sie
führt mich schließlich in sich ein, während sie passiv unter
mir liegt und stöhnt, quetsche ich mich in ihr hin und her,
ohne einem Erguß näherzukommen, es ist, als ob die ganze
donnernde Energie in mir festgefahren wäre, muß am Ende
aufgeben, ziehe mich aus ihr heraus und gehe, ohne viele
Worte zu machen, nach Hause. Erst oben im Badezimmer
bin ich dazu imstande, mir selbst zu einem befriedigenden
Ende zu helfen. Was sie gedacht und gefühlt und gemerkt
hat, ahne ich nicht einmal, jedenfalls nicht nymphomane
Wollust, aber ich bin äußerst zufrieden mit mir selbst, wenn
ich auch nicht viel davon hatte, habe ich es doch versucht und
mich außerdem dazu fähig erwiesen, ganz lange zu vögeln,
damit prahle ich hinterher Franke und den anderen gegenüber. Das ist das erotische Debüt deines Vaters. »Sie hat genau das gekriegt, was sie nötig hatte«, sage ich selbstzufrie-
den zu den Kameraden. So eine Nutte! Darauf sehe ich Dicke
Else nie mehr an, unappetitlich, wie sie mir vorkommt, obwohl ich mich manchmal in der Phantasie wieder über sie
werfe, um nach einem Erguß aufzuwachen aus Erleichterung
darüber, daß es nur Phantasie gewesen ist.

Danach kommen andere Mädchen, phantasiere ausschließlich darüber, sie heftig und lange zu vögeln, mein erotischer Stil ist schnell, draufgängerisch, etwas überfallartig. Einige Mädchen erschrecke ich offensichtlich mit dieser Art, empfinde sie als kalt, leidenschaftslos, möglicherweise sogar frigide, selbst schmeichle ich mir, meine erotische Art als Ausbruch von Leidenschaftlichkeit aufzufassen. Es gibt andere Mädchen, die mich offensichtlich als den guten Liebhaber schätzen, für den ich mich selbst allmählich halte. Wenn ich sie, nachdem ich ihn abgefeuert habe, frage: »War's gut?«, dann sagen sie jedenfalls: »Ja!« Ich ficke sie, und sie mögen es, von mir gefickt zu werden, so sehe ich das in meinem Selbstvertrauen. Entdecke, als ich mich nach anderen Milieus als dem Block orientiere, daß ich zeitweilig Mädchen aus anderen Milieus gegenüber gerade das leicht brutal Ungehobelte, das mir vom Hinterhof her anhängt, als einen besonderen Charme brauchen kann. Fasse meine Sexualität als solide und kerngesund auf, die mit dieser Form von Charme zusammenhängt. Mit einem der Mädchen, mit denen ich eine kurze Zeit zusammenwohne, bevor ich Katrin treffe, experimentiere ich manchmal herum und fessele sie, wenn ich es ihr mal richtig geben soll, das fassen wir beide offensichtlich als extra erregendes Raffinement auf: Ich bestätige mich selbst darin, daß ich ein richtiger Mann bin, der es ihr besorgen kann, während sie es als eine richtige Frau genießt, es von mir besorgt zu kriegen, natürlich. Ich bewähre mich, keine sichtbaren Risse hier. Rita habe ich längst hinter mir und nichts anderes mehr als eine unbestimmte Angst davor, irgendeine Art Riß zu zeigen, davon zurückbehalten. Das ist der Mann, mit dem deine Mutter mehr als sieben Jahre zusammenleben wird.

10. 10. 77

Als Franke 1967 als Profi an einen belgischen Klub verkauft wird, ist in der Zeitung ein Bild von ihm und seiner Verlobten, die er jetzt heiraten wird. Das Bild überrumpelt mich, sieh mal einer an, aber ich fühle nichts anderes als eben überrumpelte Überraschung: Die Verlobte ist Rita. Eine tolle Puppe, im Mini mit übereinandergeschlagenen Beinen in einem Sessel, direkt in die Kamera lächelnd, auf der Sessellehne Franke mit einem liebevollen Arm um ihre Schulter, während er sie anschaut. Identifiziere die Frau sofort ohne jeden Zweifel, obwohl ich weder sie noch Franke je wiedergesehen habe, seit ich aus dem Block weggezogen bin. Da war sie schon längst aus meinen Träumen und Gedanken verschwunden. Seit sie mit vierzehn von der Schule gegangen ist, bedient sie beim Feinkosthändler auf dem Englandsvej, wenn ich für meine Mutter einkaufen gehe, kommt es vor, daß ich sie sehe, es kann immer noch Reflexe in meinen Geschlechtsteilen auslösen, aber nicht anders, als wenn ich sonst irgendwie Rassefrauen sehe. Sie ist attraktiv, aber auf eine Art, die ich jetzt vulgär und nuttig finde. Die Art Mädchen, für die ich mich neuerdings interessiere, sind von einer anderen Sorte. Sie ist außerhalb meiner Interessensphäre, wie ich außerhalb der ihren bin: Die Typen, mit denen wir sie auf der Straße sehen, sind ständig sehr viel älter.

Wieso Franke sich mit Rita verlobt und sie später heiratet, weiß ich immer noch nicht mit Sicherheit, seine Position als

Berühmtheit des Blocks hat sicher dazu beigetragen, ihr die Augen für ihn zu öffnen. Franke ist vom *Vorwärts* zum *Kopenhagener Ballklub* gegangen und hat schon im vorigen Jahr seinen ersten Landeskampf gespielt, als sie sich verloben, ist der Verkauf ins Ausland nur eine Frage der Zeit und eines ausreichend guten Angebotes. Nein, ich behaupte nicht, daß Rita Franke ausschließlich heiratet, weil er berühmt geworden ist und plötzlich bestimmte soziale Zukunftsperspektiven hat, bewußt berechnenden Zynismus kann ich überhaupt nicht mit ihr verbinden, innerhalb ihrer Umgebung und ihrer Reichweite wird Franke eben plötzlich eine Attraktion und gleichzeitig eine soziale Möglichkeit, und so was ist ganz und gar nichts rein Äußerliches im Verhältnis zu dem Sitz zarter Gefühle, Liebe steht nicht außerhalb von allem anderen, erst recht nicht, wenn man selbst in einem Feinkostgeschäft steht. Ich bin mir sicher, daß Rita sich tief und aufrichtig in Franke verliebt, als er allmählich auf diese Weise für sie als mehr als einer der kleinen Jungens im Block sichtbar wird, ja, als etwas ganz anderes als alle anderen Kerls aus dem Block. Er dagegen hat es nicht nötig gehabt, die Augen geöffnet zu kriegen, ich erinnere mich, daß in seiner Gebärde auf dem Zeitungsbild eine Art stolzer Verdutztheit lag: Schau mal einer an, was ich da erwischt habe! Das mag natürlich eine Übertragung meiner eigenen unmittelbaren leicht ungläubigen Reaktion sein (»Hat der Franke sie tatsächlich erwischt?«), aber ich glaube es nicht, obwohl es nicht unwahrscheinlich ist, daß Frankes Ausdruck eher bedeutet: Ist sie nicht toll, und sie gehört natürlich mir! Viel später sehe ich das Hochzeitsfoto auf einem Tischchen in ihrer letzten Wohnung, das glückliche Brautpaar vor der Højdevangskirche, sie im Schleier, aber mit tiefem Ausschnitt und frechem Minirock, er im dunklen Anzug, aber mit einem modischen Chinakragen, sie hat ihre Schönheit, er seinen Fußball, Schluß mit Lagerverwaltern und Feinkosthändlern. Neben Franke stehen »Adamsapfel« und Frau Eskildsen und sehen aus, als ob der Sohn die Prinzessin und das halbe Königreich bekommen hätte, ja, Rita hat einen Franke und Franke hat eine Rita bekommen, und all das wäre sicher nie ohne den Fußball gegangen.

Es gibt in den frühen Jahren des *Vorwärts* eine Geschichte, die ich unwillkürlich mit der Frankes in Verbindung setzte, als ich sie fand. Der größte Spieler, den der Klub je hatte, jedenfalls vor Franke, hieß Knud Kastrup. Was ich dir über die frühe Geschichte des Klubs erzählt habe, setzt sich irgendwie in der Geschichte über ihn fort, wie es sich danach in der Geschichte über Franke fortsetzt. Als der Klub 1920 in die *Kopenhagener Ballspiel-Union* geht, wird er als außerordentlicher Teilnehmer in der A-Klasse plaziert, direkt unter der obersten Klasse, der Meisterklasse, es gibt noch keine dänische Liga. Nicht zuletzt wegen Kastrup gewinnt der *Vorwärts* fast alle seine Spiele, kann aber als außerordentlicher Teilnehmer nicht aufrücken, Kastrup hingegen ist inzwischen in das Rampenlicht der Presse gekommen, wird dazu aufgefordert, sich aus Rücksicht auf seine weitere Karriere als Spieler in einem der Großklubs der Meisterklasse anzumelden, was soll er tun? Bei seinen alten Freunden bleiben und damit im Namen der Gemeinschaft seine eigene weitere Verwirklichung als Spieler opfern? In einen Großklub gehen und die Gemeinschaft mit den Freunden im Namen der Selbstentfaltung opfern? Wo ist die Balance zwischen der kollektiven Solidarität und der individuellen Entfaltung, wenn das eine nicht mehr so ohne weiteres glatt im anderen aufgeht? Kastrup fühlt sich in die Enge getrieben, voller widersprüchlicher Gefühle geht er nach der Saison zur Klubleitung und fragt: »Was soll ich tun?« Nicht ohne Rührung finde ich in den alten Klubprotokollen ein Lehrstück in gegenseitiger Solidarität: Der Klub will nicht der »Hemmschuh in der weiteren Entwicklung Kastrups sein«, sagt die Leitung (sich anstatt mit »wir« feierlich mit der dritten Person bezeichnend), die Klubleitung findet, er solle es in einem Großklub versuchen, dafür verspricht Kastrup seinerseits, daß er nach einigen Jahren in dem großen Klub wieder zurückkehren und das, was er gelernt hat, weitergeben wird. Von diesem Herbst an spielt Kastrup für den *Voran,* dort kommt er sowohl in die Stadtmannschaft als auch in die Nationalmannschaft, aber 1925, am 15. Geburtstag des *Vorwärts,* meldet er sich wieder in seinem alten Klub an, vom Kopenhagener Stadion kehrt der Spieler der Nationalmannschaft wieder zurück auf den Fußballplatz auf Amager.

Aber Kastrup zieht einige andere Spieler aus den großen Klubs mit sich in den *Vorwärts,* und die Geschichte wiederholt sich in einer neuen Variante. Bis dahin hat der Klub nämlich nur Spieler eingesetzt, die in ihm aufgewachsen sind, die Leitung hat darum Bedenken, fürchtet, daß die Kameradschaft im Klub unter dem Einzug der fremden Spieler in die erste Mannschaft leiden wird. Wieder steht das Interesse am Spiel selbst anscheinend im Kontrast zu sozialen Rücksichten und Bindungen. Man kann es bloß nicht so eindeutig auf diese Art aufstellen, der Kameradschaft im Klub liegt ja gerade die Leidenschaft für den Fußball zu Grunde, der am liebsten so gut wie möglich sein soll, die Leidenschaft kann fremde Spieler gut gebrauchen, wenn sie bloß gut genug sind. Im Klub einigt man sich also darauf, sie aufzunehmen, rückt kurz darauf in die Meisterklasse auf und wird selbst Großklub. Als Franke viele Jahre später nach einigen Saisons in der ersten Mannschaft des *Vorwärts* in den *Kopenhagener Ballklub* überwechselt, um in die erste Liga zu kommen, beklagt der Klub den Verlust, aber Franke hört kein einziges Wort des Vorwurfs, jeder im Klub kann es verstehen, in der dritten Liga kann Franke nicht die Möglichkeiten entfalten, die er, wie alle sehen, hat. Hinterher behält er das beste Verhältnis zum Klub, dieser faßt ihn immer noch als einen der seinen auf, und als er 1974 von dem westdeutschen Klub, in dem er zuletzt spielte, zurückkehrt, besteht weder bei ihm noch im Klub der geringste Zweifel darüber, daß Franke jetzt wieder in der ersten Mannschaft des *Vorwärts* anfangen wird. Bloß endet die Geschichte nicht so glücklich wie die Geschichte mit Kastrup, der in den Jahren vor dem Krieg immer noch in der ersten Mannschaft des *Vorwärts* spielt, fast bis er vierzig wird, eine lebendige Inkarnation der Geschichte des Klubs. Der nach Hause zurückgekehrte Franke ist nämlich verbraucht, ehe er dreißig ist, ein Knieschaden zwingt ihn dazu, der Knorpel im Knie ist abgenutzt, die Knochen sind in direktem Kontakt miteinander.

Die letzten paar Jahre in Westdeutschland kann er zeitweise das Bein kaum um 90 Grad biegen, ohne starke Schmerzen zu bekommen, sein Klub (besser gesagt: der Klub, der ihn hat) kann sich diese Schmerzen nicht leisten, so ein teurer Spieler, wie er ist, der Klubarzt gibt ihm einige Spritzen, dann muß Franke wieder aufs Spielfeld. Die Operationen werden auf die Saisonpausen verschoben, hinterher ist keine Zeit für eine ordentliche Erholung da, bevor die nächste Saison beginnt. Im letzten Jahr ist er oft mehrere Stunden hintereinander kaum imstande zu gehen, wenn er nach einem Kampf erst einmal zu Rita nach Hause gekommen ist. Am Schluß kann er nicht mehr, der Kuckuck des Arztes, wie er es mit kritischer Ironie nennt (»Ich sollte bloß ein paar Kuckucks gedrückt kriegen, dann war wieder alles geritzt«, sagte er, wenn er später davon erzählte), wirkt nicht. Vergeblich wartet der Klub ab, er erholt sich so weit, daß man ihn noch durch einige Kämpfe mitschleppen kann, so daß man das lahme Pferd weiter an einen anderen Klub verkaufen kann, dann gibt man allmählich auf und läßt Franke wieder zurück nach Dänemark fahren. Er selbst kann nicht aufgeben, für ihn wäre das unmittelbar dasselbe, wie sich selbst aufgeben. Jetzt soll der *Vorwärts* mit ihm in der Mannschaft rauf in die erste Liga, proklamiert er in den dänischen Zeitungen.

Im letzten halben Jahr, in dem Franke in einer großen blöden Ruhrgebietsstadt festsitzt, ohne etwas zu tun zu haben, wird er unerträglich und aufbrausend Rita und ihrem Kind gegenüber, hat sie erzählt. Nach allem zu urteilen beginnt er hier mit seiner Trinkerei. Rita hat beschrieben, wie er sich in ihrer Wohnung in einen Sessel setzen und sich vom frühen Morgen an einen ansaufen kann, bis er sich des Abends vors laufende Fernsehen setzt und sie ihn ins Bett tragen muß. In die Stadt mag er sich kaum noch hinschleppen: Außerhalb des Lebens, das er in den späteren Jahren gelebt hat, gibt es in seinen Augen wohl nichts, nach der Euphorie der großen Spiele und deren Verlängerung bis in die konstante Aufmerksamkeit der Medien zeigt sich erst einmal nur die jähe Leere, Stille, Abstinenzen, lauter Nichtsein. Sportsendungen und Sportseiten machen ihn krank, trotzdem verschlingt er das Ganze mit Stielaugen und spricht von nichts anderem, ausgenommen, wenn er bloß dasitzt und brütet oder Rita und das Kind ausschimpft, ungefähr wie ein kleines Kind, das das Gesicht in den Händen versteckt, um nicht zu sehen, und trotzdem wie verhext durch die Finger starrt, denke ich. »Die Wahrheit ist«, sagt Rita, als ich meiner Empörung über die Ausnutzung Frankes durch den westdeutschen Klub Luft mache, »die Wahrheit ist, daß sie ihn ausnutzen konnten, weil er selbst ganz wild darauf war.« Sie erzählt es nicht ohne Bitterkeit und Anklage: sauer darüber, daß er sich in der zweiten Mannschaft in Form spielen muß, und über Trainer Salz' unentwegten Hohn (jetzt konnte er es endlich Franke geben), wenn das Knie ihn für eine Zeit außer Gefecht setzte, drängelt Franke selbst sofort darauf, wieder in die erste Mannschaft zu kommen, die letzte Zeit in Westdeutschland ist er es auch selbst, der immer noch seine Hoffnung auf die Spiele setzt, die ihm den Wechsel in einen anderen Klub ermöglichen werden, und als er nach Hause kommt, läßt er sich also sofort als die große Hoffnung feiern, die dafür sorgt, daß der *Vorwärts* aufrücken wird, er kann nicht anders.

Habe dir erzählt, wie die englische Arbeiterklasse ihren Fußball bekommt, aber unter dem wirtschaftlichen und ideologischen Zugriff der Bourgeoisie, habe erzählt, wie der *Vorwärts* Amager schnell in die offizielle Sportbewegung integriert wird, später wurde der Spitzensport in immer höherem Maße in die internationale Kulturindustrie integriert, und all das war schon Geschichte, als Franke seine Karriere begann. Hätte die Geschichte anders verlaufen können, so daß die Möglichkeiten sich auch für Franke anders hätten abzeichnen können? Von der linken Bewegung kommen einige meiner politischen Genossen, sie wedeln mit ihren neuesten Entdeckungen in dem Schlackenhaufen der Geschichte: die Arbeitersportbewegung! Mein Mentor meinte, aus dieser Perspektive sollte ich etwas mehr herausholen. Wäre eine Arbeitersportbewegung, wie sie sich in den Jahren zwischen den Weltkriegen entfaltete, eine mögliche Alternative gewesen, hängt zum Beispiel auch die Geschichte des *Vorwärts* damit zusammen, daß es in der Expansionszeit des Klubs keine selbständige Arbeitersportbewegung in Dänemark gab? Hätten sich für Franke dann andere und bessere Möglichkeiten ergeben? Hätte ich dann nicht hier gesessen? Die Geschichte des Fußballs und des *Vorwärts,* von Knud Kastrup und Franke Eskildsen, mir kommt es allmählich so vor, als ob diese Geschichten eher erklärten, warum die Vorstellung von einem selbständigen Arbeitersport, unabhängig von dem offiziellen, im voraus zur Niederlage verurteilt war. Gibt es eine besondere proletarische Form des Hochsprungs? Was unterscheidet einen proletarischen Eckstoß von einem großbürgerlichen? Wie sieht ein kleinbürgerlicher, der zwischen beiden schwankt, aus? Die Fragen sind ins Blaue hinein gestellt, aber es handelt sich um eine Absurdität von dieser Art, an der die Versuche, einen selbständigen Arbeitersport zu machen, letzten Endes scheitern.

Sport kann im täglichen Leben der Arbeiterklasse wichtig

sein, saugt Bedeutungen aus diesem Alltag in sich auf, man kann in Arbeiterklubs bloß keinen Hochsprung oder Fußball machen auf eine fundamental andere Art als in den Klubs im *Dänischen Sportverband* zum Beispiel, es bleibt derselbe Sport, zugänglich für alle. Auch die Arbeiter kommen in erster Linie aus Interesse für den Hochsprung, Fußball und so weiter. Die Versuche in den zwanziger und dreißiger Jahren, den Sport als Massenphänomen zu politisieren, müssen notwendigerweise einen äußerlichen Charakter im Verhältnis zur Sportausübung selbst bekommen: politische Schulung neben dem Training, Verteilung von politischem Material neben den Wettspielen, die ganze Zeit daneben. Sowohl in der großen deutschen Arbeiterbewegung als auch in der kleineren dänischen kann man darüber hinaus nicht viel anderes damit dem offiziellen Sport gegenüber anfangen, als halbherzig die Dämpfung des Wettbewerbs zugunsten einer auf Nützlichkeit ausgerichteten Auffassung des Sports als Körperpflege in erster Linie zu proklamieren, aber nur in der Floskel der Turnoberlehrer von dem gesunden Körper in der gesunden Seele ist der Sport jemals lauter nützliche Pflege des Körpers gewesen. Sport ist gleichzeitig Unentschiedenheit, dramatische Spannung, Überwindung von Widerständen, Sensationen, eben all das, was der Wettstreit hervorbringt, nicht zuletzt nachdem das Dasein sonst trivial und die Arbeit inhaltsleer durch das monotone Nichts des Fließbands geworden sind.

Die Entfaltung eines Läufers als Läufer geschieht im Wettstreit mit anderen, ebenbürtigen Läufern, die Entfaltung einer Fußballmannschaft als Fußballmannschaft erfordert das Vorhandensein eines Gegners, der ihr einen ordentlichen Kampf bieten kann, auch die Arbeiterklasse muß sich hier auf Qualitäten einstellen, die nicht in unmittelbarem Verhältnis zur Klasseneinteilung der Gesellschaft im übrigen stehen. Also beginnt auch der dänische Arbeitersport im DAI Landeskämpfe zu veranstalten und an Arbeiterolympiaden teilzunehmen, die originaltreue Kopien der offiziellen sind, bloß auf einem niedrigeren Niveau. Also geschieht auch hier ein Abwandern der Besten in die Klubs, die im *Dänischen Sportverband* organisiert sind: Ob Arbeiter oder nicht, kann man sich dort als Läufer oder Fußballspieler mit den anderen Spitzenleuten des Landes messen, genauso wie die Arbeiterklasse als Publikum den Spitzensport des *Dänischen Sportverbands* als den spannenderen und sensationelleren vorziehen muß. Sowenig wie der Fußball der 6. Liga im Amager-Stadion eine Alternative zu den Großkämpfen im Kopenhagener Stadion ist, handeln Entspannungsübungen, Jogging und Trimmen von derselben Sache wie der Fußball. Das Interesse dänischer Sozialdemokraten und deutscher Kommunisten an einem besonderen Arbeitersport vor dem Krieg ist in Wirklichkeit besonders von dem parteilichen Interesse bestimmt, die Truppen in »unserem Lager« zusammenzuhalten, eine Ausnutzung des Sports im ideologischen Kampf. Es ist das Denken der Politomaten: Im ganzen Dasein sieht es nur mehr oder weniger geeignete Instrumente zur Durchführung der Politik, aus genau diesem Grunde kann es nicht auf ihnen spielen, die intensive, vom Augenblick bestimmte Musikalität von Spannung und Entladung, Überrumpelung und Befreiung, die von einem Fußballengel ausgehen kann, ist diesem Denken fremd.

Franke bleibt allerdings nicht dort oben, hoch über dem Rasen, hängen: Ohne Flügel fällt er am Ende, er ist von dieser Welt, von dieser Gesellschaft, hätte die Geschichte ganz anders sein können, fast alles hätte dann anders sein müssen, und das wird dann nicht nur eine veränderte, sondern eine vollkommen andere Geschichte. Versuche ich mir vorzustellen, was anders hätte sein können, melden sich keine Bilder: Das, was gewesen ist, und das, was ist, bindet die Augen in einem verfilzten Wirrwarr. Ohne Tuchfühlung mit dem, was

Franke und sein Publikum bewegt, wird der Arbeitersport zu dem, was er wurde: nichts. So kann man sich nicht hinausziehen, ohne unmerklich wieder hereingezogen zu werden, bis zum Hals und innendrin gibt es auch Entrücktsein und Ekstasen, untrennbar. Ja, wenn Franke und seine professionellen Kollegen es verstanden hätten, sich politisch den Klubs und deren Menschenhandel gegenüber zu organisieren, dann hätte er vielleicht noch mit Knorpel in den Knien nach Hause zurückkehren können, wenn sie darüber hinaus sich hätten erkämpfen können, daß die Klubs ihnen eine Ausbildung geben müssen, während sie ihre besten Jugendjahre ausnutzen, dann hätte er vielleicht eine etwas bessere Landung gehabt. Das könnte sich durchführen lassen, hier und jetzt, als mögliche Fortschritte. Aber es zieht bloß eine kleine Spur zwischen vielen anderen sich widersprechenden, versuche ich, das eine gegen das andere abzuwägen, ertrinke ich in den Zwischenrechnungen der Zwischenrechnungen: Ich kann nicht durch das alles als durch ein Ganzes hindurchfinden, habe ständig irgendwas in der Hand, aber nicht alles.

Franke bleibt nicht dort oben, keine liebenswerten Engel befreien ihn zuletzt aus seinem Pakt und behalten ihn liebevoll da oben, er hat den Preis zu bezahlen. Seine Rückkehr zur ersten Mannschaft des *Vorwärts* wird kurz und enttäuschend für alle Beteiligten. »Ich bin in der besten Form seit je«, versichert er den Zeitungen vor der Saison, »das Knie dürfte jetzt wieder ganz in Ordnung sein.« In den ersten Spielen ist damit wohl auch nichts verkehrt, aber es fällt Franke schwer, sich dem Spiel anzupassen, oder wie der Trainer der Presse erklärt: »Die anderen in der Mannschaft haben noch nicht gelernt, wie sie ihm zuspielen müssen.« Selbst nach den ersten Kämpfen sind die Erwartungen immer noch da, die Schuld dafür, daß sie noch nicht sofort alle erfüllt werden, wird an allen möglichen anderen Stellen, bloß nicht an Franke gefunden. Erst in jenem Frühjahr wagen sie im Sundby-Stadion der Tatsache ins Auge zu blicken, daß er es in Wirklichkeit ist, der nicht besonders gut spielt und durch den Einfluß seiner bloßen Anwesenheit damit droht, der ganzen Mannschaft das Zusammenspiel kaputtzumachen. Die anderen spielen ihm die ganze Zeit zu, ohne daß dabei etwas herauskäme, er verrichtet eine immense Arbeit auf dem Spielfeld, hat aber auf eine merkwürdige Art den Anschluß verloren, wirkt ausgebrannt. Der Knieschaden beginnt, ihm wieder zu schaffen zu machen, einige der letzten Frühjahrsspiele muß er direkt auf der Bank absitzen, auch er kann nicht ohne weiteres nach Amager zurückkehren.

Früh im selben Herbst sehe ich eines der letzten Spiele Frankes im Sundby-Stadion, nachdem wir wieder in der Nähe wohnen, gehe ich ab und zu mal sonntags vormittags dahin. Die ganze erste Halbzeit läuft Franke wie ein Wilder, verfolgt hartnäckig die Verteidiger des Gegners, wenn sie den Ball erobert haben, sprintet unentwegt in die eine Stellung nach der anderen, ruft nach dem Ball, wenn der *Vorwärts* angreift, durchgehend vergeblich: Die Mannschaft hat nicht mehr das große Vertrauen zu ihm, nicht ohne Grund, soweit ich sehe. Wenn ihm endlich einer zuspielt, kann er, besonders, wenn er im Hintergrund ist, für Augenblicke exzellente Details machen, ein den Gegner täuschendes Abfangen des Balls im Flug, das dann in der Luft zu einer verblüffenden, genau berechneten Flanke wird, so daß das Publikum in überrumpeltes Gebrüll ausbricht, eine perfekte Ballannahme, bei der er das Bein hoch in die Luft nach dem Ball hebt, ihn oben abfängt und ruhig ganz runter auf den Rasen führt, ihn fast auf der Fußspitze balancierend, diese Art Sachen. Aber seine Art zu spielen ist durchgehend merkwürdig farblos und unpersönlich, als ob die Jahre im Ausland vielleicht zwar seine Technik entwickelt, ihn aber gleichzeitig all dessen beraubt hätten, worauf ursprünglich das Etikett »Amager« klebte:

163

Er spielt nicht mehr wie einer vom Hinterhof, paßt schon allein aus dem Grund nicht mehr hierher.

Im Sturm ist er nicht viel wert. Den ganzen letzten Teil der ersten Halbzeit hat der Gegner die meiste Zeit den Ball. Franke tummelt sich merkwürdig allein vorne rum, läuft vergeblich langen Bällen hinterher, wenn er nicht vorher schon ins Abseits gelaufen ist, läuft in Stellungen, wo man ihm nicht so leicht zuspielen kann, ruft trotzdem nach dem Ball, zögert dann ratlos, wenn er ihn bekommt, bis er ihm in der Regel wieder abgenommen wird, die Gegner haben auch keinen Respekt mehr vor ihm. Das Publikum wird allmählich leicht gereizt über ihn. »Bei dem ist auch der Lack ab«, sagt mein Nebenmann. Schon am Ende der Halbzeit beginnt er mit seinem schlechten Knie zu humpeln, am Anfang der zweiten geht er hinaus. Das ist das letzte Mal, daß ich Franke spielen sehe, einige Kämpfe später wird er direkt von dem Trainer rausgenommen, bevor die Saison zu Ende ist, hört er nach einigen Kämpfen in der zweiten Mannschaft, wo er jedesmal rausgehen muß, ganz auf zu spielen. »Kommst du mit?« rufen sie auf den Spielfeldern, Franke kommt nicht mit, ist nicht zu finden.

11. 10. 77

Ich komme auch nicht mit. Hinter der einen Ecke die nächste, hin und her, auch wenn ich hinter mich sehe, läuft mein Wissen die ganze Zeit ins Nichtwissen, Klarheit ins Dunkel, das Verstehen in ein: Nichtverstanden! Ich bin ein Intellektueller, habe Sprache und Begriffe, versuche die ganze Zeit, muß die ganze Zeit den entgegengesetzten Weg versuchen: Fäden finden und sie festhalten, aber sie sind verwickelt, nicht einer ist der endgültige. Habe auch an ein anderes Bild gedacht: Vielleicht ist das hier weniger ein Dribbling als ein Spiel ohne Ball, wo ich die ganze Zeit in Stellung laufe, um zu entdecken, daß das Spiel sich währenddessen in andere Richtungen entwickelt. Auf jeden Fall: Während es in Franke schließlich bloß als Kurzschluß beim Amoklaufen endet, wie bei einem, der in Panik in alle Richtungen gleichzeitig laufen will und darum auf der Stelle in die Luft gesprengt wird, sitze ich immer noch hier und schreibe mich um Ecken herum. Zugegeben: Ich erlebe gleichzeitig eine steigende Wollust, während ich mich in der Sprache, die sich um mich, in mir ausbreitet, verliere.

Glaubte am Montag, daß Majken davon ausgeht, daß wir abends wieder bumsen sollten. Den ersten Teil des Abends waren wir wieder in der Sprache der Augen und der Körper zusammen, während noch einmal um uns herum Westdeutschland diskutiert wurde (Schleyer hat am Wochenende selbst an die Öffentlichkeit geschrieben, den Staat darum angefleht nachzugeben und sein Leben zu schonen). Genoß die Situation rundum, bis ich wieder sehen konnte, was sich abzeichnete, und die Angst wieder mit ihrem gespannten Unbehagen hochstieg in mir: Ich sagte hastig, daß ich etwas zu arbeiten hätte, und ging schnell in mein Zimmer. Als Majken später hereinschaute, stotterte ich so schnell und hektisch, daß es unbeabsichtigt abweisend klang, meinen Mangel an Lust hervor, bevor sie überhaupt den Mund aufbekommen hatte. Total idiotisch, und sie zog sich schnell zurück. Während ich ins Bett ging: Selbstvorwürfe, reagierte so, als ob sie gekommen wäre und gefordert hätte, daß ich nur ja sofort meinen Schwanz hervorziehen und mit ihr bumsen sollte, vielleicht wäre es auch ganz in Ordnung gewesen, wenn wir uns bloß ein bißchen zu zweit unterhalten hätten, vielleicht war sie in Wirklichkeit hauptsächlich deswegen gekommen. Bevor ich einschlief, gingen mir, schwankend zwischen Angst und Lust, allerlei Phantasien durch den Kopf, wie wir uns gegenseitig hätten aufgeilen können, ohne daß es deswegen unbedingt zu einem regulären Beischlaf gekommen wäre, ich Schafskopf.

Hinterher ein Traum, an den ich mich nur als an in zwei scharf getrennte Teile erinnere: Während mir andere dabei zuschauen, kann ich ganz hoch hüpfen, schlage ich oben ein bißchen mit den Armen, bin ich sogar geradezu imstande, mich dazu von der Stelle zu bewegen wie eine Art Luftgänger. Jedesmal, wenn ich wieder die Erde berühre, stoße ich mich bloß ganz leicht ab, dann bin ich wieder oben und schlage mit den Armen, es ist ganz euphorisch, muß bloß aufpassen, daß ich nicht zuviel flattere oder mich zu heftig abstoße, aber plötzlich bin ich so hoch über einige elektrische Leitungen gekommen, daß ich Angst bekomme. Hier trifft das Loch ein, vielleicht habe ich mich zu heftig abgestoßen, was weiß ich. Im zweiten Teil gehe ich auf der Erde herum in einem Frack mit einem mächtig blutenden Verband um den Kopf: Mein eines Ohr ist abgeschnitten. »Wie van Gogh«, denke ich schon im Traum.

Nahm mich dann gestern nach dem Abendbrot zusammen und fragte Majken, ob sie nicht mit mir einen Spaziergang machen wolle, immer noch mit einem blöden Gefühl wegen der Episode am Vorabend. Sie hätte eigentlich keine Zeit, sagte sie, sie müsse noch irgend etwas für heute fertig lesen. Ob es stimmte, weiß ich nicht, es gelang mir trotzdem, sie auf einen kleinen Spaziergang mit rauszukriegen, so daß ich meinen fast täglichen Dauerlauf zu dieser Tageszeit ausfallen ließ. Draußen auf dem Feldweg sagt sie rundheraus: »Du, was ist eigentlich los mit dir?« Sie hat irgend etwas gespürt, ohne herauszukriegen, was, jetzt findet sie, daß ich es sagen soll. Ich sage, daß ich sie nicht habe verletzen wollen und sie gestern abend auch nicht rausschmeißen wollte. »Es ist die Scheidung mit Katrin«, entschuldige ich mich, nicht ganz wahrheitsgemäß, »ich kann es nicht über mich kriegen, so kurze Zeit danach ein neues Verhältnis anzufangen«, erkläre ich, etwas wahrheitsgetreuer. »Wer hat denn von Verhältnis gesprochen«, fragt sie, »ich hatte bloß Lust, mit dir zusammenzusein?« Ihrer Auffassung nach ist ein Verhältnis etwas, was unter gewissen Bedingungen entweder entsteht oder nicht entsteht, keine Forderung, die man sofort aneinander stellt. »Bis auf weiteres können wir ja einfach zusammen bumsen, wenn wir beide dazu Lust haben.« Ich gebe ihr darin recht, im Prinzip, aber sage trotzdem: »Wir können nicht vermeiden, daß es ein Verhältnis wird, wenn wir weiterhin zusammen bumsen, darauf kann man sich von vornherein gefaßt machen.« Statt direkt zu antworten sagt sie: »Ich verstehe einfach nicht, wovor du dich fürchtest.« Und ich kann nichts anderes antworten als: »Tja.«

Wir sind nicht über die Felder zu den Rockern gegangen (unser letzter Besuch hat sich offensichtlich trotzdem bezahlt gemacht: keine Flaschen mehr gegen das Haus in den letzten Tagen), wir sind den Weg in die andere Richtung auf die Fußgängerüberführung zu und zwischen die Hochhäuser gegangen. Das Halbdunkel zwischen den Fassaden ist voll von ramponierten Fahrrädern, Pappkartonresten und alten Zeitungen, die plötzlich vor dem Wind herrutschen, verlassenen Rollern, über die wir fallen, und ansonsten einer merkwürdigen Stille, nur von einem kleinen Kind unterbrochen, das ganz für sich spielt, einem Motorrad, das immer wieder aufheult, einem startenden Auto. In dem Schweigen, das zwischen uns entsteht, bekomme ich ein starkes Gefühl, daß das hier auch nicht im Verhältnis zu uns draußen auf dem Feld innerhalb der Welt ist, dieselbe unwirkliche Ungezügeltheit umschließt alles, zieht hier wie dort ihre verschiedenen Streifen. Es gelingt uns nicht, uns näherzukommen, während wir weitergehen, bin außerstande, ihr zu sagen, worum das Ganze geht, muß einfach die unentschiedene Beklemmung zwischen uns stehenlassen. Aber ich habe sie sehr gerne. Als wir hierhin zurückkommen und sie schnell in ihr Zimmer verschwindet, um zu lesen, weiß ich nicht, ob es das Ende von etwas bedeutet, was kaum angefangen hat.

Mich spät am Abend mit Morten, so einer Art Vaterfigur hier und in der Redaktion, unterhalten. Wo der Sozialismus für die meisten von uns etwas ist, wozu wir in der Verlängerung von 1968 gekommen sind, hat er ihn die ganze Zeit von seinem kommunistischen Zuhause mitgehabt, wo bei uns etwas von dem unsicheren Bedürfnis des Konvertiten sein kann, sich als ganz richtig und orthodox hervorzutun, ist sein politischer Standpunkt von Anfang an selbstverständlich gewesen, in die frühesten Kindheitserinnerungen eingesponnen: Er ist ohne jedes Wehwehchen darüber, daß er aus einer Arztfamilie stammt, faßt die Arbeiterbewegung nicht als etwas außerhalb seiner selbst auf. Bei der Zeitung, mitten im Auf und Ab der Meinungen, ließ seine augenscheinlich ruhige Festigkeit viele sich abwechselnd an ihn anlehnen und ihn als kleinen beschissenen Funktionär (unter der hohen Dylanfrisur ist er nicht besonders groß) zum Teufel wünschen. Gleichzeitig oder gerade darum demonstriert er auf eine fast überdeutliche Art eine Spaltung bei den meisten von uns: In seinen Liebesgeschichten kann er sich überhaupt nicht zurechtfinden, schon während wir zu einigen vor dem Fernsehen im Gemeinschaftsraum sitzen, sieht er aus wie ein Totalschaden. Ich habe die Gespanntheit von dem Spaziergang mit Majken noch in den Gliedern, kann mich gleichzeitig nicht gegen die Schuldgefühle wehren, die der Anblick von ihm in dem Zustand auslöst: Gehe ohne weiteres davon aus, daß er so verletzt ist, weil Majken mit mir gebumst hat.

Als das Fernsehen aus ist und ein allgemeiner Aufbruch stattfindet, frage ich ihn aus meinem schlechten Gewissen heraus, wie es mit Hanna ginge, dem Mädchen, mit dem er sich nach der Geschichte mit Majken angefreundet hat. »Zum Verrecken«, erzählt er ohne weiteres: Sie stelle die ganze Zeit auf eine allzu heftige Art Ansprüche an ihn, er könne das gar nicht aushalten, Mädchen, die sich so verhielten, verlören für ihn ihre Anziehungskraft, aber das mache sie oft bloß im selben Maß, wie er sich zurückziehe, noch beständiger, er fühle sich total beschissen. Während wir sprechen, wird mir völlig klar, in welche Maschine er geraten ist, ein Mädchen, das ihn ohne weiteres haben möchte, kann er nicht als eine auffassen, die etwas wert ist, ein Mädchen, das etwas wert ist, ist eine, die offensichtlich nicht so ganz findet, daß er etwas wert ist, und der gegenüber er sich deswegen anstrengen muß. Majken (er nennt sie selbst) hatte ihn erst richtig am Haken, als sie selbst das Verhältnis aufs Spiel setzte, so ist es eben, er sieht, wie es passiert, aber ahnt nicht, was er damit anfangen soll, kann sogar mit ein paar psychoanalytischen Brocken kommen, spricht von seinem großen, starken Vater, dem Freiheitskämpfer, dem hervorragenden Kommunisten, und dem kleinen Morten, der sich die ganze Zeit hat hervortun müssen, um im selben Maß wie der Vater sich der Liebe seiner Mutter würdig zu erweisen, und sich die ganze Zeit zu klein gefühlt hat: Frauen, die etwas wert sind, lassen ihn zu kurz kommen, wie er es bei der Mutter erlebt hat. Beginne hinter seiner politischen Fähigkeit etwas anderes zu ahnen, daß die Linke, der er sich anschließt, sich der DKP des Vaters gegenüber behaupten können muß, aber dann beginnt das Ganze wieder vor mir zu flimmern. Seine klare Deutung und mein allzu klares Verständnis und die Intimität zwischen uns brechen in dem unmittelbaren Erlebnis zusammen, daß wir hier mit unseren mehr als dreißig Jahre alten Körpern sitzen und nichts anderes in ihnen haben als ein Geschrei nach unserer Mama, der warmen Daunenhülle des Mutterleibes. Es fällt mir plötzlich schwer, Verständnis mit ihm zu teilen, Geschrei können wir nicht teilen, ohne den Rest zu wecken.

Hinterher in dem schwach neonblauen Dunkel, während ich versuche einzuschlafen, denke ich an Franke und seine Familie. Weiß nicht genug, um mir eine feste Vorstellung davon bilden zu können, was von hier aus in das offene Geschrei des Amoklaufens münden wird, weiß nichts von Frau Eskildsen, obwohl sie eine vertraute Gestalt ist, mit der ich in meiner Kindheit fast jeden Tag etwas zu tun hatte, sie ist einfach da, führt, groß und stark, die Familie, aber ist trotzdem irgendwie hinter diesem Knirps von Mann versteckt. Es ist ganz deutlich »Adamsapfel«, der in dieser Familie bestimmt, will Franke irgendwas erreichen, geht er zum Vater, ich immer zur Mutter. Vielleicht ist Franke der Liebe seiner Mutter im selben Grad sicher gewesen, wie er die seines Vaters bewahren konnte, vielleicht hat er damit auch in den Augen der Mutter über den Vater triumphiert, ein richtigerer Mann als der Vater. Weiß es nicht, weiß nur, daß er kraft des Fußballs allmählich deutlich über den Vater Oberhand bekommt, auf diese Weise kann er vielleicht noch eine Zeitlang im Mutterleib bleiben. Einen Vater, einen Riesen, kann man ehren und fürchten, aber man kann nicht mit ihm konkurrieren, man kann ihn direkt besiegen, aber dann muß man ihn gleichzeitig auch totschlagen. Im Gegensatz dazu ist in jedem Sport ein Element der Brüderschaft, nicht notwendigerweise moralisch, sondern im buchstäblichsten Sinne: ein Zusammenrotten von Brüdern. Auch wo der Kampf am härtesten, am brutalsten ist, ist es ein Wettstreit zwischen Generationsgenossen, der Sportheld oder die siegende Mannschaft bleibt trotz aller unkameradschaftlichen Leidenschaften letzten Endes gleichaltriger Kamerad, im Gegensatz zum übermächtigen Vater, dessen Alter ihn schon außer Gefecht setzt. Schon für die Jugend des alten Athen werden die Wettspiele Teil eines Kampfes für die Unabhängigkeit vom Vaterriesen, der seinerseits den kämpfenden Jünglingen einen schmachtenden Blick zuwirft, die totalitären Perser haben hingegen in der Antike keine Olympischen Spiele, habe ich irgendwo gelesen. Ist Franke, im Triumph hoch über Wembley schwebend, ein nachträglicher Freund der griechischen Jünglinge?

Der Schlosser John Eskildsen auf Amager hat in dem Fall ausreichend Motive, sich erst einmal entthronen zu lassen, solange der Sohn sich wirklich in der Schwebe halten kann, aber als Franke schließlich aus dem Ausland zurückkommt und ihm alles schiefzugehen beginnt, setzt »Adamsapfel« sich wieder richtend auf seinen Thron: »Trottel«, nennt er Franke jetzt, enttäuscht oder heimlich rachsüchtig oder beides. Ich kann mir gerade Frau Eskildsens kopfschüttelndes Echo vorstellen: »Was soll denn man bloß aus dir werden?« Oder sehe ich bloß meine eigene Mutter?

Mit genau so einem Gesicht läuft meine Mutter die meiste Zeit herum, während ich im Sommer zu Hause wohne und bevor ich hierhingezogen bin. Neben unseren Vätern, hinter ihnen, sind unsere Mütter, sie gebären uns, wir kommen nie ganz frei von ihnen, nur technisch wird die Geburt vollzogen. Es ist unsere Mutter, die wir als kleine Jungen begehren und um die wir mit unseren Vätern kämpfen, es ist unsere Mutter, die wir sogenannten Mannsbilder in den Frauen vorzufinden erwarten, mit denen wir zusammen sind. Es ist nicht nur die äußerliche Unterdrückung unseres Vaters, es ist auch das Bild unserer Mutter von einem richtigen Mannsbild in uns. Wenn Katrin und ihre Schwestern in der Frauenbewegung mit uns gekämpft haben, in welchem Maße sind sie sich darüber im klaren gewesen, daß sie gleichzeitig durch uns und unsere harte sowie zerbrechliche (Gußeisen, Glas) Männlichkeit, wenn nicht mit einer älteren Mitschwester, dann doch mit dem Schatten von ihr, in unseren Köpfen gekämpft haben? Das entschuldigt nichts, natürlich nicht. Die Männergesellschaft, wie sie es nennen, bewegt sich bloß nicht durch uns allein. Einige sind oben, andere unten, ja, es ist notwendig zu kämpfen: Keiner ist jedoch draußen und steht einfach nur dem gegenüber, als bloßes Opfer. Nicht nur von unseren Vätern allein sind wir Jungen und später Männer.

Einige Monate später, nachdem Katrin aus dem Krankenhaus mit dir nach Hause gekommen ist und alles eines Abends mit dem üblichen Krach geendet hat, werde ich plötzlich sehr krank, eine Halsentzündung. Es ist spät, wir haben das Licht ausgemacht und wollen in dem Doppelbett schlafen, als das Fieber in mir steigt, der Hals röchelt, jedesmal, wenn ich atme, der Schweiß bricht aus, ich winde mich unruhig im Bett. Katrin liegt wach und kann wegen mir nicht einschlafen, erhebt sich abrupt und macht Licht: Ob ich nicht auf dem Sofa schlafen könne, sie möchte gern etwas Schlaf bekommen, bevor sie in wenigen Stunden aufstehen und stillen muß? Sie selbst bestreitet es später, aber in meinen Augen und Ohren ist sie böse, ich verliere völlig die Besinnung: Will sie, dieses böse Weib, mich, der ich so krank bin, aus dem Bett schmeißen? Ich heule und schreie, nenne sie das

Liebloseste und Egoistischste, was ich je erlebt hätte, bin schon längst aus dem Bett gefahren, stehe zitternd und selbstmitleidig da und stampfe mit dem Fuß auf, die Augen voller Tränen, und dann entfährt es mir: »Morgen gehe ich nach Hause zu meiner Mutter und bleibe da, bis ich gesund bin, ich werde dich nicht mehr in deinem Schönheitsschlaf stören.« Reiße dann das Laken und die Bettdecke an mich, gehe ins Wohnzimmer und knalle die Tür hinter mir zu. Natürlich fahre ich am nächsten Tag nicht nach Hause zu meiner Mutter, aber ich bin Monate danach noch bitter, fühle heute noch die Kränkung in mir hochkommen, während ich davon erzähle.

Ich meine, daß ihr Benehmen an jenem Abend mir etwas gegen sie in die Hand gibt, aber Katrin nennt mich bloß »kindisch«, wenn ich es wieder einmal als Geschütz gegen sie brauche, als ultimativen Beweis für ihren gefühlskalten Mangel an Liebe zu anderen beziehungsweise mir. Ihr Vorwurf ist genau, ich bin erwachsen und kindisch gleichzeitig, ungleichzeitig mit mir selbst: Meine Gegenwart ist gefüllt von etwas, was in der Vergangenheit zurückgelassen wurde und sein ungleichzeitiges Leben im Schatten der Gegenwart lebt, wenn es dann plötzlich hervorbricht, dann als »kindische« Reaktionen. Das geht mir nicht allein so, so geht es den meisten, aber wie unangenehm das kindische Benehmen anderer auch immer sein mag, kann ich nicht ohne weiteres mehr dessen Verurteilung teilen. Da, wo das Benehmen kindisch ist, kommt etwas ans Licht, was ein besseres Schicksal verdient, als bloß ins Dunkel zurückverwiesen zu werden, mit dem Stempel »kindisch« von der Umgebung als auch hinterher von einem selbst versehen. Die Angst, sich kindisch und unbillig zu benehmen, und die eindeutig verurteilenden Reaktionen auf so was sind, meine ich allmählich, selbst Ausdruck von etwas immer noch Kindischem: die Angst von Kindern, nicht groß genug zu sein, ihre Verachtung denen gegenüber, die es nicht sind. Sei bitte ein großer Junge, und ich bin ein großer Junge, der sich hinterher wegen seiner Drohung, nach Hause zu Mama zu gehen, schämt, auch wenn ich meine Anklagen gegen Katrin aufrechterhalte. Erst diesen Sommer, als ich die ganze Zeit bei meinen Eltern bin, entdecke ich, was in solchen Szenen liegt.

Habe bisher meine eigene Kindheit als im großen und ganzen unproblematisch und glücklich aufgefaßt, andere können eine unglückliche Kindheit gehabt haben, nicht ich, der nie geschlagen wurde oder sich auf eine andere Art besonders unterdrückt, sondern auf viele Arten geliebt und geschätzt fühlte, vielleicht sogar auf Kosten meiner Geschwister, ich bin der kluge Kopf der Familie, wie Franke die Hoffnung seiner ist, auch wenn keiner von uns es wohl bewußt so auffaßt. Der einzige ernsthafte Schatten sind die ständigen Streitigkeiten meiner Eltern oder, besser gesagt, die ständigen Streitigkeiten meiner Mutter mit meinem Vater: Klein und knochig steht sie da und schreit an der großen Gestalt meines Vaters empor, tagelang, er nimmt es augenscheinlich nur hin, mit hängenden Schultern und traurigem Gesicht, in dem alles herunterhängt. Jeder kleine Ärger oder Verdruß wird gegen ihn gerichtet, wird Anlaß zu tagelangen Drohungen, uns zu verlassen, sich umzubringen. Darin liegt natürlich eine Masse Frustration über ein isoliertes Dasein, Tag und Nacht in einer kleinen Wohnung eingesperrt, während er draußen in der Welt ist, aber darin liegt mehr, was alle Anlässe weit übersteigt. Die ehelichen Stärkeverhältnisse waren von Anfang an zu ihrem Vorteil entschieden, Anfälle von plötzlichem haßerfüllten Zorn gegen meinen Vater sind eine terroristische Waffe, und ich fühle immer mit ihm, nehme Partei für ihn, versuche von klein an, ihn zu trösten, wenn er wie eine verwachsene Kinderleiche herumläuft. Fühle mich also unmittelbar als Vaters Junge im Verhältnis zu meiner Mutter, und als einziger in der Familie wage ich, ihr zu widersprechen.

Komischerweise bekomme ich dafür ihre Liebe: Sie betet mich an.

Das hat sich nicht geändert, obwohl sie älter geworden sind, während ich im Sommer bei ihnen bin, streiten sie sich in regelmäßigen Abständen, wie, als wir noch klein waren. Bin aber demgegenüber gleichgültig, nicht nur, weil es mir so geht, wie es mir eben geht, sondern weil ich schon in der Pubertät angefangen habe, mich nicht mehr in ihre Streitigkeiten einzumischen. Die bedrückende Angst von damals, die Angst, was denn wohl mit uns passieren würde, wenn meine Mutter wegginge oder sich erhängen würde, ist längst der Gleichgültigkeit gewichen, es wiederholt sich ja bloß ständig, und es ist trotzdem nie was geschehen, finde allmählich bloß, daß meine Mutter sich bescheuert anhört und daß mein Vater blöd genug ist, sich damit abzufinden, auch wenn ich immer noch zärtliches Mitgefühl für ihn empfinden kann. Nein, mein großer Vater wurde kein sichtbarer Vaterriese vor meinen Augen. Während ich in meinem alten Zimmer sitze, höre ich sie eines Tages im Sommer streiten, sie schimpft darüber, daß mein Vater Katrin nicht angerufen und geregelt hat, daß du zu ihnen auf Besuch kommen und mich sehen kannst, und es endet fast damit, daß sie meinem Vater vorwirft, daß ich da gelandet bin, wo ich jetzt sitze. Kann es plötzlich trotzdem nicht mehr aushalten, in meinem Kopf wird es weißglühend, ich stürze zu ihnen hinein und fege die Kaffeekanne meiner Mutter in den Schoß. Während ich hinterher in den Straßen des Villenviertels herumlaufe, geht mir auf, nicht gradweise, sondern in einem Satz, wie wenn man ein Kaleidoskop schüttelt: In Wirklichkeit habe ich meinen Vater nie respektiert, von Anfang an nur tiefe Verachtung für ihn gespürt, mit den Augen meiner Mutter ihn als Trottel aufgefaßt. Ihre ständigen Versuche, es auf die Spitze zu treiben, mit immer wilderer Heftigkeit, ist vielleicht ein langer Schrei danach gewesen, daß er damit aufhören solle, immer nach-

175

zugeben, daß er sich als Mann in dem Sinne zeigen solle, den sie respektieren konnte. Eben weil ich mich ihrer ganz sicher fühlte, habe ich mich gegen sie wenden können und umgekehrt. Ich werde ein Mann, wie sie es verlangt, statt meines Vaters, aber aus diesem Grund nicht frei von ihr, im Gegenteil an die Wiederholung ihrer grenzenlosen Liebe gebunden, auf diese Weise bleibe ich in ihrem Mutterleib.

Sehe schließlich auch, wie es einen Faden durch mein Leben gezogen hat, immer von einer heimlichen Angst geführt, wie mein verachteter Vater in meinem Verhältnis zu Mädchen zu enden, empfindlich gegen das geringste Gefühl von Unterlegenheit, dafür hemmungslos in der Forderung nach ihrer unbedingten Liebe und Hingabe, jedesmal panisch, wenn ich sie nicht bekam oder fand, daß ich sie nicht bekäme, wie damals, als du in Katrins und mein Verhältnis kamst und ihre Liebe fordertest und als sie aus allen Streitereien heraus tatsächlich ihre Liebe zurückzog, obendrein in gewissem Maß zu Recht, wie ich selbst fand. Mamaaa, hat es die ganze Zeit in mir geheult. Man hat keine andere persönliche Schwere als seine Vergangenheit, aber sie ist nicht immer das, als was sie sich selbst ausgibt. Katrins Pochen auf Veränderungen traf genau die Stelle, die weder sie noch ich voraussehen, geschweige denn überschauen konnten. Auch sie wollte mir meinen Mutterleib abnehmen, das konnte ich nicht ertragen.

12. 10. 77

Muß letzte Nacht von Majken geträumt haben (sie war gestern abend nicht zu Hause), auf jeden Fall früh aufgewacht mit heftiger Sehnsucht nach ihr, plastisch an das Empfinden ihres nackten Körpers gegen meinen Rücken geknüpft, während sie mir über die Lende streichelt. Die Erektion muß ich schließlich wegonanieren, hinterher unmöglich einzuschlafen, Zweifel darüber, wie ich die Sache mit ihr angreifen soll, früh auf und einen langen Dauerlauf. Als ich schließlich zum Frühstücken nach Hause komme, liegt auf dem Küchentisch ein Zettel von Majken, nicht wegen dem, weswegen ich Herzklopfen bekomme, sondern weil Katrin angerufen hat. Als ich Katrin im Büro anrufe, fragt sie, ob ich dich heute nicht holen und morgen wieder abliefern kann: Sie und Per wollen heute abend ausgehen, sagt sie, er ist vor einer Woche in ihre Wohnung gezogen. Ich bin froh und überrascht, auch jetzt noch. Bevor ich dich hole, will ich dir etwas erzählen, was schon in mir rumspukte, als ich gestern schrieb:

Niemand kann schweben, natürlich nicht, aber jetzt will ich dir etwas Merkwürdiges erzählen: Ich bin dieser Niemand gewesen. Genau wann, weiß ich nicht mehr, jedenfalls bevor ich in die Schule komme, erinnere mich aber genau, wo und wie. Bin zum Spielen nach unten geschickt worden, aber es regnet draußen, verstecke mich, weil ich keinen habe, mit dem ich spielen könnte, auf dem obersten Absatz der Treppe, von wo man auf den Speicher kommt. In meiner Einsamkeit

177

ist von hier aus nichts mehr unmöglich, ich habe es noch nie jemandem erzählt, kaum selbst seither daran gedacht, aber ich habe es die ganze Zeit als eine Erfahrung in mir gehabt, ein Wissen von etwas sonst Ungeahntem: Ich beginne zu schweben. Ein schwindliges Gefühl in dem widerhallenden Terrazzoschacht, wenn ich durch ihn hinabschwebe, von dem einen Absatz zum nächsten, ohne die dazwischenliegenden Stufen zu berühren, ohne mir weh zu tun. Das dürfte sich eigentlich für ein Kind in meinem Alter und von meiner Größe nicht machen lassen, aber ich kann, kann es einfach, indem ich mit dem einen Bein absetze, wenn ich damit auf einem Absatz lande, in den Beinen ein prickelndes Gefühl, ein bißchen, wie wenn sie eingeschlafen sind, aber eindeutig angenehm, dasselbe Prickeln gleichsam auch im Gesichtssinn, als ob die Wirklichkeit einen Millimeter aus dem Lot gekommen wäre und darum ein winziges bißchen flimmerte. In einer ohrenbetäubenden Stille, nur von dem kleinen Kratzen des Fußes an jedem Absatz unterbrochen, komme ich durch alle Stockwerke hinunter, immer schneller mit jedem Absatz. Ich bin nichts anderes als dieses Schweben wie im Fieber, bis ich an der Haustür lande und mit dem Knie hart auf dem Terrazzofußboden aufschlage.

Ja, wenn ich mich so peinlich realistisch daran erinnerte, würde ich es ohne weiteres einen kindlichen Traum oder eine Phantasie nennen, aber ich erinnere mich daran als an etwas Wirkliches, bestimmt als realisierten Traum oder Phantasie. Habe auch ein Gefühl, daß ich meine Schwebeübungen auf der Treppe mehr als einmal halte, die Erinnerungsbilder haben nicht alle dasselbe Licht, der fast stumme Film, den ich sehe, wirkt wie aus mehreren unterschiedlichen zusammengeschnitten. Die Frage, ob es Traum oder Realität ist, ist auch vielleicht unwichtig: Ich habe die Erinnerung in mir, daß alles gelingen kann und daß nichts die Bäume daran hindert, plötzlich in den Himmel zu wachsen, die Welt und ich sind eins, kein erlebter Abstand, kein Widerstand in mir oder um mich, es ist der Mutterleib.

Unter Fußballspielern spricht man mitunter von einem Fieberkampf, dem Tag, an dem einem alles gelingt, man ist nahezu imstande, sich selbst an den Haaren hochzuheben, »sich selbst zu übertreffen«, anders als im Gefecht, wo man sich »abwürgt«, also keine verbissene Leistung, sondern fast spielende Allmacht: Als Franke im Wembley-Stadion aufs Spielfeld kommt und fast sofort sein Tor macht, spielt er hinterher einen Fieberkampf von der Art, wo alles als Geschenk erlebt wird, als Gnade, wenn man diese Art Wörter zu verwenden wagt (kann gerade meinen Mentor vor mir sehen, wenn ich angefangen hätte, von diesen Dingen zu ihm zu sprechen). Habe von dem Tor erzählt, das Franke und ich einmal vor langer Zeit im Sundby-Stadion gemacht haben: Man kann schon in Augenblicken zu mehreren diese Gnade zwischen sich erleben, jede Mannschaft kennt die euphorischen Augenblicke, wo alles ohne weiteres zwischen den Spielern gelingt, als ob die Seelen und das Spiel in eins zusammengeschmolzen wären, und jede Mannschaft weiß auch, wie es ist, wenn man so einer Mannschaft plötzlich gegenübersteht, wo man plötzlich fühlt, man spielt gegen Götter. Das Fußballpublikum kennt es auch: Plötzlich geht es der eigenen Mannschaft genauso, wie man dem Geschehen vorgreifend träumt, die Spannung der Vorlust und die Erfüllung der Endlust lösen rhythmisch einander ab, treiben einander höher und höher in einen Schrei durch den Körper und über das Spielfeld. Solche Augenblicke gibt es, aber Fieberkämpfe dieser Art, die einen ganzen Kampf hindurch dauern, sind normalerweise nur etwas, was man für sich erlebt.

Den Kampf meines Lebens spiele ich schon in der Jungenmannschaft, an einem Samstagabend auf dem Platz des B 1903 am anderen Ende der Stadt. Zu Beginn führen wir mit einem Tor, bei dem wir Glück hatten, der Tormann der anderen verpaßt einen halbvermasselten unsauberen Schuß von Franke, ein anderer aus unserem Angriff schubst den Ball ins Tor, danach ist das Spiel in den Händen der anderen in einem langen endlosen Druck, aber über dem ganzen Spiel befinde ich mich, der Mittelstürmer, völlig unmöglich in meiner Allmacht. Das Spiel hat noch nicht lange angefangen, als ich weiß, daß wir gewinnen werden, und dieser Tag wird mein großer Tag, denn ich bin die Unüberwindbarkeit selbst: Das leicht febrile Surren erfüllt mich, wo der Ball ankommt, bin ich natürlich schon, und wo ich ihn hinhaben will, hat er sich, natürlich, schon hinbewegt, fast bevor ich überhaupt dazu gekommen bin, es zu wünschen. Keiner kommt an mir vorbei, die unmöglichsten Bälle nehme ich mit, unser Strafraum ist unter meiner souveränen Kontrolle, auch wenn ich den Ball direkt vor unserem Tor bekomme, traue ich mich, damit zu dribbeln, meiner Unberührbarkeit völlig sicher. Die anderen in der Mannschaft haben es längst gemerkt, sie haben, genausowenig wie ich damals, Worte dafür, aber sie haben die Erfahrung, wie es bei so einem Ereignis zugeht, betrachten mich mit einer Mischung von Ehrfurcht und ruhiger Sicherheit, mit der ich selbst einen von ihnen betrachtet hätte, wenn es sein großer Tag gewesen wäre. »Mach bloß weiter so«, sagt der Trainer in der Pause, »dufte, Mann«, sagt Franke bloß, mit der Hand auf meiner Schulter.

Der Höhepunkt kommt zu Beginn der zweiten Halbzeit, unser Torwart hat sich weit im Straffeld verlaufen, plötzlich ist der Mittelstürmer der anderen allein frei mit dem Ball vor dem Tormann, ich bin von hinten noch nicht ganz an den Gegner herangekommen, als er zu einem Schuß ansetzt, und kann ihn nicht daran hindern zu schießen, aber während er abdrückt, bin ich schon an ihm und dem Torwart vorbeigelaufen, über den der Ball jetzt hinweggesegelt ist, während ich zurück auf das Tor zustürze, spüre den Ball über mir, drehe mich einige Meter vorm Tor um, in einem höheren Sprung, als ich hätte schaffen können, und bekomme ihn rückwärts hoch übers Tor geköpft. Ich wußte es: Schon als ich loslief, wußte ich, das wird kein Tor. Fühle mich bloß bestätigt, während ich rückwärts in unser eigenes Tor taumle.

In Wirklichkeit ist Allmacht sicher ein schlechtes Wort für diese Art Erlebnisse, die man vielleicht für gelogen hält, wenn man nicht selbst zum Beispiel Fußball gespielt hat: Es geht nicht darum, daß ich zum Beispiel mit meinem mächtigen Ich einer Welt gegenüberstehe, die sich gehorsam meinem Willen fügt, sowenig wie damals auf der Treppe wächst mein Ich mit mir selbst. Ja, selbstverständlich füllt mich selbstbewußte Selbstzufriedenheit, aber als Nebeneffekt. Das Entscheidende läuft vorher ab, es ist eine Welt und dann ein Ich, es ist ein und derselbe ungebrochene Strom. Seit den letzten Tagen beginnt mir aufzugehen, wie Franke und ich nie ganz aus unserer Mutterleibsallmacht herausgeschlüpft sind, unsere fürchterliche Angst, sie ganz zu verlieren, die Versuche, sie mit unserer Willenskraft in großartigen Beherrschungsphantasien durchzutrumpfen. Aber man kann sich eben nicht fundamental selbst an den Haaren hochziehen durch einen reinen Willenskraftakt. Was ich im Stadion des B 1903 auf dem Lyngbyvej erlebe, ist reell etwas anderes, wenn es mir auch eine Zeitlang phänomenal den Mutterleib zurückgibt, es ist die Auflösung des Willens, die sich durch mich hindurch abspielt, ich reite bloß darauf, wenn ich es gleichzeitig spiele, Beherrschungsversuche würden mich gerade da ausschließen, wo es sich im Gegenteil darum dreht nachzugeben, sich hinzugeben, und dann haben wir, worüber ich mir die ganze Zeit sicher war, als der Kampf vorbei ist, mit 1 : 0 gewonnen.

13. 10. 77

181

Komme gerade aus Amager und der Kindertagesstätte, wo ich dich abgeliefert habe, morgen ist schon Samstag, und ich soll dich wieder abholen und das Wochenende über bei mir behalten. Auf dem Weg nach Hause: den Englandsvej hinunter, um den Bus an der Ecke Sundholmsvej zu nehmen, auch, um auf diese Weise den Weg am Block meiner Kindheit vorbeizulegen. Merkwürdig eindruckslos, ihn wiederzusehen, nach diesen ganzen Wochen des Schreibens, nur ein schwacher Augenblick, ein kurzer Gedanke daran, daß Eskildsens immer noch dort wohnen, läßt mich die Augen zusammenkneifen, sonst ist es, als ob seine ganze Bedeutung in dieses hier hinübergesaugt worden wäre. Zurück bleibt nur ein Häuserkarree wie so viele andere, wo ich, wie man sehen kann, einmal gewohnt habe. Vielleicht lag es auch daran, daß ich mich aus einem anderen Grund froher und leichter als seit langem fühle, als ich vorbeikomme: Es ist so gutgegangen, als ich dich hatte. Als ich dich abhole, hat Katrin dir gerade eine Tüte mit Spielzeug von zu Hause gegeben, und du bist nicht so unverhohlen traurig darüber, mich an ihrer Stelle in der Tagesstätte zu sehen, so wenig gehört dazu, und dann habe ich offensichtlich auch keine Zeit gehabt, Erwartungen aufzubauen, stelle mich darauf ein, dich zu nehmen, wie du bist. Hier angekommen, fühle ich mich ruhiger, weil du dich offensichtlich geborgener fühlst, und du fühlst dich vielleicht geborgener, weil ich mich ruhiger fühle, der Kreis dreht sich für den Rest des Tages und heute morgen auf jeden Fall in der entgegengesetzten Richtung wie die letzten Male. Nein, selbstverständlich nicht in lauter Idyll, es hat auch ein paar Zusammenstöße und Tränen und Zähneknirschen gegeben, aber nicht so dramatisch und in das eingelagert, was wir Ende der 60er Jahre gute Vibrationen nannten. Als ich dich hier heute morgen in der Tagesstätte verlasse, weinst du und klammerst dich an mich, so daß ich mich schließlich von dir freimachen muß, weil ich die ganze Zeit den Blick der Erzieherinnen auf mir fühle und weil wir lernen müssen, die Trauer zu ertragen, Abschied voneinander zu nehmen, wir beide. Sie ist doch nicht größer, als daß mich dein Weinen und An-mich-Klammern gleichzeitig auch froh machte.

So vieles strömt in solch einem Gefühl plötzlicher Leichtigkeit und Freude zusammen: Als ich dich gestern abend ins Bett brachte, geschah auch etwas, was vielleicht dazu beigetragen hat, mich heute froh zu machen, obwohl es von Tod und Unheimlichem handelt. Ich will dich in mein Zimmer tragen, aber das Licht ist nicht an, und der Schalter befindet sich auf der anderen Seite. Während ich die Tür schließe und das Dunkel sich um uns schließt, wird dein kleiner Körper plötzlich steif wie ein Brett in meinen Armen, dir entfährt solch ein Schrei, daß ich im Dunkeln mitten auf dem Fußboden stehen bleibe. Versuche, dich zu beruhigen: Du hättest Angst vor dem Löwen, entlocke ich dir irgendwie, »Löwen leben in ganz anderen Ländern«, antworte ich, ehe ich mich auf den Schalter zu bewege. Erst dann geht mir auf, daß du wirklich besinnungslos vor Angst bist. Bevor ich das Licht angemacht bekomme, ist der Schreck von deinem Körper in meinen gesickert, und ich bin durch ein dunkles Loch in die Zeit gesunken, wo ich selbst klein bin, außer mir vor Schrecken.

Bin mit ins Krankenhaus gekommen, nicht ganz so klein wie du, wohl ein Jahr älter. Erst im Krankenzimmer, wo Großvater ganz still in einem großen, weißen Bett liegt und Großmutter daneben sitzt und seine Hand drückt, während Menschen in weißen Kitteln hinein- und hinausgehen. Ich bin dort mit Vater und Mutter, sie steht auf und weint, während er traurig aussieht, keiner hat Zeit, sich um mich zu kümmern. Großvater soll sterben, verstehe ich, und plötzlich verstehe ich es richtig, als etwas anderes als ein Wort und einen exotischen Zustand, mir geht das Sterben auf: Ich kann auch sterben, ganz plötzlich aufhören zu sein, nie mehr sein. Der Gedanke verbindet sich mit den Weißbekittelten, von denen ich vermute, daß sie dem Großvater das Sterben bringen, und dann können sie es ja genausogut mir bringen und mein Leben nehmen, was sollte sie daran hindern? Der Schreck läßt mir das Blut stocken, stehe lange neben meinem Vater, drücke seine Hand, hart, ohne daß er es offensichtlich merkt, ganz erfüllt von einem panischen Schrei wegen der Tatsache meiner eigenen anwesenden Sterblichkeit, aber der Schrei kann nicht herauskommen, es ist, als ob die ganze Atmosphäre ihn mir tief in den Hals zurückstopft. Mit einer langen Verspätung kommt er dann trotzdem, ich brülle plötzlich los, und gleichzeitig steigt die Übelkeit in mir auf, und ich übergebe mich am Sterbebett meines Großvaters. Weiß nicht, was dann passiert, nur daß meine Mutter und meine Großmutter schreien, als könnten sie nicht noch mehr ertragen, und alles wird zu einem verwirrten Wirrwar von Armen und Kitteln, die mein Geheul nicht zum Aufhören kriegen, jetzt, wo es einmal richtig ausgebrochen ist.

Auf dem nächsten Bild allein mit meinem Vater draußen auf dem Krankenhausflur, er versucht, mich zu beruhigen, streichelt mir übers Haar, aber viel zu schnell und zu mechanisch, sicher fieberhaft bei dem Gedanken an den ganzen Lärm, den ich mache. Schließlich gebe ich auf, werde still und sinke wieder zusammen, sitze jedenfalls auf einem Stuhl im Flur auf seinem Schoß, habe den Schrei und die Übelkeit wieder in den Hals zurückgestopft und den Mund fest verschlossen, so daß er nicht mehr herauskommen kann. Meinem Vater er-klären, was das alles bedeutet, kann und will ich nicht, starre statt dessen mit steifem Blick durch das Fenster auf einen fensterlosen Giebel, auf den die Sonne stark scheint. Während ich so dasitze, fühle ich mich nicht bei meinem Vater ge-borgen, er ist bedrohlich und fremd, können er und Mutter die Weißgekleideten mit dem Sterben kommen und den Großvater mitnehmen lassen, dann können sie sie auch mit dem Sterben zu mir kommen lassen. Ich starre in den son-nenhellen, pulsierenden Giebel gegenüber, hake mich darin fest, so daß dessen Bild in mir festbrennt und sich ohne wei-teres hier nach fast dreißig Jahren wieder abrufen läßt. Ir-gendwann muß mein Vater allein mit mir nach Hause gegan-gen sein, erinnere mich jedenfalls daran, wie Mutter mit Großmutter nach Hause kommt und erzählt, daß Großvater jetzt tot sei. Sie sind sehr leise und traurig, und ich begreife, daß sie es trotzdem nicht waren, die die Weißbekittelten das Sterben zu Großvater haben bringen lassen.

Bestehen bleibt die Tatsache, daß das Sterben existiert und auch mich treffen kann, etwas Unüberwindbares: Ich bin nicht hier, um immer hierzusein. Sitze abends am Eßtisch und habe Abend für Abend Angst, daß es käme, mich von hinten mitnehmen könne, krümme mich daher Abend für Abend über den Tisch und tue, als ob ich einschliefe, anders kann ich auf meine Angst vor dem Sterben nicht reagieren, ich weiß ja, daß es Phantasie ist, daß niemand hinter mir aus der Wand kommt, darum kann ich auch nichts davon meinen Eltern sagen. Jeden Abend erlöst mein Vater mich, wenn er mich direkt vom Abendbrot ins Bett trägt, lange vor meinen jüngeren Geschwistern, einige Male verfolgt mich das Unbe-stimmte mit vagen Schreckvisionen ganz bis hinter die Au-genlider, aber meistens ist das Bett eine Rettung, in das ich mich lege, um mich davon wegzuschlafen: Vor morgen kann mir nichts passieren. So werde ich für den Rest meines

Lebens einer, der früh aufsteht und früh zu Bett geht. Später verschwinden diese wachen Alpträume, und die Welt öffnet sich wieder endlos für mich, gerade bis zur Pubertät, dann kommen die Todesvisionen und die Angst und die Übelkeit eines Tages wieder, füllen mich danach tagelang hintereinander, wo ich plötzlich zwischen den anderen auf dem Hof oder in der Schule weit weg bin. Zu diesem Zeitpunkt beginne ich, mich von dem Hinterhof zu entfernen, und zeichne ganz viel, um festzuhalten, ähnlich wie mit der Giebelmauer mir gegenüber viele Jahre vorher, glaube ich jetzt. Aber später habe ich wieder meine Sterblichkeit vergessen, je mehr ich mich allmählich in der Welt vorwärtsbewegt habe, sie ist so schwer festzuhalten, und dazu bedarf es zum Beispiel deines kleinen steifen Körpers im Dunkeln, bevor all das für eine kurze Sekunde in mir wieder hervorbricht, und schon als ich den Schalter berühre, um das Licht anzumachen, weiß ich, daß meine Antwort, daß hier keine Löwen lebten, total daneben ist: Die Art Löwen, von denen du redest, leben hier.

Die Gefühle verdoppeln sich, während ich dich im Licht ausziehe, in dieser Art Gebrochenheit, die Schluckbeschwerden macht. Verstehe dich plötzlich so, wie ich dich sonst im Alltag nie verstehe, aber es ist ein Verständnis, das eher Abstand als unmittelbaren Kontakt bedeutet, eine Art Nähe gerade kraft des Abstandes zwischen uns. Hilflos stecke ich in meiner Erwachsenengestalt und habe mit meiner Kindheit die Reichweite dessen erfaßt, was in dir vorgeht und warum trotzdem eine unüberwindbare Kluft zwischen uns besteht: Wir können nur darüber sprechen, als ob es um Löwen der Sorte ging, die sich außerhalb Afrikas nur im Zoologischen Garten eingesperrt aufhielten, mir gegenüber wirst du nie dem Schrecken Worte geben, von dem deine inneren Löwen in Wirklichkeit handeln, bei dir nicht einmal notwendigerweise mit einem präzisierten Bild speziell des Todes verbunden. Ich kenne, aus Büchern, die Namen für einige dieser Schrekken, aber gerade jetzt sind es nicht Namen, die durch mich hindurchlaufen, es ist gerade das verdrängte Erlebnis namenlosen Schreckens und der Panik, das auch einen Teil meiner Kindheit ausmacht, die ich bisher als Erinnerung an ein Idyll in mir trug, als Teil meiner Lügen über mein eigenes Selbst. Nachdem ich dir den Schlafanzug angezogen habe, krieche ich wie gewöhnlich neben dich auf die Matratze, und plötzlich habe ich wieder soviel Angst vorm Sterben wie damals, als ich fast genauso klein wie du war, hier sind wir gleichgestellt, und vielleicht kann die gemeinsame Wärme unserer Körper, wenn sie dicht aneinanderliegen, uns beruhigen, wenn die Wörter es also gar nicht können. Ich bin nicht anders als du und deine Löwen, Alexander: Ich habe Angst zu sterben, also will ich leben, denke ich hinterher, merkwürdig befreit.

In den letzten Jahren, als ich mit Katrin zusammen wohne, fange ich auch an, Todesvisionen zu bekommen, auch wenn ich sie damals als die Situation auffasse, in der ich gelandet bin, nicht als etwas, was zurückkehrt. Trotzdem endet es damit, daß ich versuche, mir das Leben zu nehmen. Franke springt einfach bloß aus dem Fenster und stirbt sofort. Ich brauche hinterher vierzehn Tage, um mich zusammenzunehmen, und als ich endlich das Glas Pillen schlucke, geschieht es auf eine Art, daß ich hinterher mit dem Leben davonkomme. »Die, die wirklich Selbstmord begehen wollen, die sterben auch«, sagt der Arzt im Krankenhaus, und darin hat er recht, glaube ich allmählich. Ich wußte ja ganz gut, daß Katrin ein paar Stunden später in die Wohnung kommen und einige Sachen holen würde, auch wenn ich jetzt erst dazu imstande bin, es mir selbst gegenüber zuzugeben. Nach der Geschichte mit Franke und Rita haben wir uns endlich entschlossen auseinanderzuziehen, und bis ich etwas gefunden habe, wohnt sie mit dir bei ihren Eltern, während ich allein in der Wohnung bin. Im Kopf und allen Sinnen betäubt, wie nach einer mächtigen Explosion, habe ich mich bloß in der Wohnung herumgetrollt, ohne einen Versuch zu machen, etwas anderes zum Wohnen zu finden, auch das muß ich Katrin gegenüber noch eingestehen, der letzte idiotische kleine Anlaß. Mit meinem Selbstmordversuch will ich in Wirklichkeit nur die Würde retten, die darin besteht, ihr gegenüber zu demonstrieren, daß ich selbst auch finde, daß ich genausowenig wert bin, wie ich mich in ihren Augen und denen der Umwelt auffasse. Ja, selbstverständlich habe ich auch Lust zu sterben, nicht mehr zu denken, fertig mit diesen Spannungen, dieser Unlust in mir und um mich herum: der definitive Rückzug in Mamas Bauch, verlockend und verführerisch. Bloß muß die Angst vor dem Tod trotzdem irgendwo in mir gewesen sein als eine unübersteigbare Grenze. Die Wahrheit ist, daß ich durch meinen Versuch zu sterben bloß die Möglichkeit zum Leben retten will.

Erinnere mich an eine Einzelheit jetzt, die seitdem verdrängt worden war: Ich habe das meiste einer Flasche Whisky getrunken, aber bevor ich die Pillen nehme und mich ins Bett lege, nachdem ich mich in meiner Betrunkenheit mechanisch ausgezogen habe, sogar versucht habe, meine normale Abendtoilette durchzuführen, wozu das auch immer gut sein sollte, bevor ich mich also ins Bett lege, gehe ich tatsächlich heraus und sorge dafür, daß die Korridortür nicht abgeschlossen ist, so daß sie offensteht für jeden, der herein will: Vielleicht ist das Ganze letzten Endes doch ein infamer gegen Katrin gerichteter Trick, eine Art, sie zurückzubekommen, auch wenn ich es gewesen bin, der am meisten Druck ausgeübt hat, daß das Verhältnis so schnell wie möglich aufgelöst wird?

Hinterher, als Katrin mich gefunden hat, nachdem es also wie geplant verlaufen ist, wenn auch nicht bewußt, dann doch halbwegs bewußt, hinterher erwache ich im Krankenhaus

188

mit einem gigantischen Katzenjammer und geschwollener Zunge, alle Umrisse um mich herum ausgefranst, umgeben von einem schwach vibrierenden Lichtrand, das einzige Mal, wo ich wirklich eine Farbe gesehen habe, die man als grün-lilablau bezeichnen kann. Es ist früh am Morgen, nach und nach sehe ich ein, wo ich bin und was passiert ist, eine Krankenschwester kommt in mein Einzelzimmer, will mir aber nichts geben, nicht einmal eine Pille gegen die stechenden Kopfschmerzen. Werde, als sie gegangen ist, von starkem Ekel und Übelkeit befallen, einer gigantisch vergrößerten Reumütigkeit. Krieche in Embryostellung unter der Bettdecke zusammen, ziehe sie ganz über den Kopf, schlafe nicht, denke auch nicht, verschwinde bloß in dem unbeweglichen Ekel ohne Bilder, höre schwache Geräusche vom Flur draußen oder wenn jemand zu mir hereinkommt, bleibe aber liegen, wie ich liege, wie ich in aller Zukunft liebenbleiben möchte. Erst viel später ist plötzlich jemand da, der mir die Bettdecke vom Kopf wegzieht, ein Arzt steht vor mir und fragt, ob ich wüßte, warum ich hier sei. Sage bloß ja und bitte darum, in Frieden gelassen zu werden, und sie lassen mich in Frieden, und ich bleibe immer noch so fast den ganzen Tag liegen, versuche ein einziges Mal, etwas von dem zu essen, was sie mir bringen, kann es nicht durch den schmerzenden trockenen Hals runterkriegen, stehe ein anderes Mal auf, um aufs Klo zu gehen, und Brechreiz schnürt meinen ganzen Unterleib zusammen, ohne daß ich etwas herauskriege, dann bin ich wieder im Bett unter der Bettdecke, wo ich einschlafe, bis ich gegen Abend in ein Zimmer verlegt werde, wo auch andere liegen. Schaffe es nicht, sie anzusehen, bleibe immer noch liegen, wie ich liege, während sie herumgehen und sich unterhalten und später sich hinlegen und schnaufen und prusten und schnarchen. Dann schlafe ich auch wieder ein und wache erst am nächsten Morgen auf, als eine Frau im weißen Kittel mir erzählt, daß ich jetzt endlich mein Frühstück zu essen hätte.

Frühstücke und beginne an den folgenden Tagen, allmählich mit den anderen zu sprechen, aber in mir will sich keine Erleichterung einstellen, der Kopf ist mit Watte, die in einer Schicht Blei eingelagert ist, gefüllt, die Bilder und Erinnerungen daran hindert, an die Oberfläche zu kommen, die einzige Bewegung in mir ist, wenn ein hysterisches Weinen in mir hochkommt und platzt, plötzlich und mir selbst unverständlich, ohne jede Kontrolle, bloß ein einzelnes Aufheulen, nicht feucht und warm und ruhig und mit Tränen, sondern trocken und mich schüttelnd, während ich den Kopf auf dem Kissen auf- und abhämmere, um diese Explosion in mir zu bremsen. Jedesmal kommen sie und geben mir irgendwas, was mich wieder ruhig und still macht, der Druck in Kopf und Schläfen nimmt eine Zeit ab, die Leere wird für einige Zeit mehr angenehm apathisch als gespannt. Einige Male versucht der Arzt, mit mir zu sprechen, ich will nicht mit ihm sprechen, seine Medizin möchte ich gerne, danke, aber mit mir selbst will ich nichts zu tun haben, unter keinen Umständen. So vergeht ein Teil des Sommers, der Tag, an dem Franke Rita und ihr kleines Mädchen erwürgte und hinterher aus dem Fenster sprang, einen Punkt des Verschwindens, wo alle Fäden zusammenlaufen und wegbleiben, hat mein Körper auf der anderen Seite wieder herausbekommen, aber mich selbst hätte ich am liebsten gleichzeitig verschwinden sehen, habe Schuldgefühle, weil ich nicht einmal die Kraft dazu hatte, es durchzuführen. Weiß schließlich sogar, daß ich überhaupt nicht den Willen dazu gehabt habe.

Als ich in die Küche kam, nachdem ich dich gestern abend ins Bett gelegt hatte, sprachen sie über die neue Situation in Westdeutschland: Jetzt haben einige andere ein Flugzeug gekapert und wollen die Passagiere dazu brauchen, die Freigabe der gefangenen Terroristen zu erzwingen, Schleyer wird immer noch als Geisel gehalten, in der sechsten Woche, auch in der Politik diese Verdrängung der Sterblichkeit im Dienste einer sogenannten höheren Sache, die totale Verdrängung des Weges zum Ziel, der darum auch zu einem abstrakten und mörderischen Prinzip reduziert wird, deutlich bei diesen Terroristen, aber schon merkbar in der idealistischen Aufopferung von beliebigem persönlichen Leben für eine politische Sache: Bedeutet das eigene Leben nichts Persönliches für einen, kann das der anderen auch seine Bedeutung verlieren, nein, nie mehr, heute bin ich froh, und morgen werde ich dich wieder abholen.

14. 10. 77

Draußen quillt der Rauch: Jetzt hat er endlich das Stroh gesammelt und brennt es ab, der Mann auf dem Feld, und dann an einem Sonntag. Als wir heute morgen drüben bei den Flugzeugen waren und den Weg zurück über das Feld abkürzen wollten, jagte er uns schroff weg. Ich bleibe hier in meinem Labyrinth. War gerade bei Katrin mit dir, es ist immer noch nachmittags, und eigentlich wollte ich vor dem Abendbrot noch einen Dauerlauf machen, aber ich habe Lust, hier noch weiterzukommen. Als ich dich gestern in der Wohnung abholte, waren Katrin und Per noch nicht aufgestanden, fläzten sich noch im Bett herum, alles war durcheinander, während du im Schlafanzug herumliefst und spieltest. Es gelang mir, den Ansatz zur Gereiztheit darüber, daß sie nicht aufgestanden waren, zu ersticken, garniert mit Entrüstung darüber, daß sie dich bloß, ohne dich anzuziehen, hatten rumlaufen lassen. Die Rechnung der Kleinigkeiten sitzt immer noch tief von damals in mir, als ich mit deiner Mutter verheiratet war, die Spuren bleiben, sinnlos geworden, haften, lange nachdem ihre Geschichten vorbei, überstanden sind. Dahinter kommt dann nichts.

Hinterher sind wir freundlich, fast entspannt, meine gute Stimmung hält sich, spreche mit Per, während Katrin dich fertigmacht, du bist immer noch ihr Kind, er immer noch der Neuhinzugezogene, in Wirklichkeit vielleicht mehr draußen als ich, vielleicht sogar eifersüchtig, während Katrin und ich zwischendurch alltäglich-vertrauliche Nebenbemerkungen auswechseln. Könnte jedenfalls gut ganz schön eifersüchtig werden, wenn ich dort in seiner Unterhose säße, also unterhalte ich mich munter mit ihm, fast, um ihn zu beruhigen, mit dem Gefühl, oben zu schwimmen, zum erstenmal seit langer Zeit: Man kann sich so gut selbst leiden, wenn man sich generös fühlt. Strenggenommen geht es ansonsten dieses Wochenende wohl gar nicht besser, dich hier zu haben, als früher, auch nicht so gut wie letzten Donnerstag, dieselben Mißgeschicke und Probleme und ein großer Kampf, als du schlafen sollst (»Ich will nach Hause«, heulst du, noch einmal), aber meine Abhängigkeit davon, daß alles reibungslos verläuft, ist kleiner geworden, gehe der Unduldsamkeit nicht mehr so ins Netz, bloß weil sich Probleme zeigen und wir ihnen abwechselnd in die Falle laufen. Es ist keine Resignation, es ist eine andere Art Liebe zu dir. Ich bin allmählich besser dazu imstande, dir meine Liebe zu geben, ohne notwendigerweise gleich die deine dafür demonstriert zu bekommen: Nehme nicht einfach unser Verhältnis in Angriff, sondern versuche statt dessen, mich dribbelnd darin zu bewegen, im Vertrauen auf die Bewegung, die dadurch entsteht. Es gibt nichts, was gemeistert werden muß, wir sind hier zusammen mit der Zeit, und die ist kurz, während sie sich durch uns bewegt und an das stößt, was wir waren. Schluß mit dem Kuhhandel der Liebe, wo man gibt, um zu bekommen, und sich die intimste Zärtlichkeit die ganze Zeit mit der Eingesperrtheit des Selbstschutzes verbindet. Majken ist dieses ganze Wochenende weg, aber nachdem ich dich gestern abend ins Bett gelegt habe, beschloß ich, meine Unsicherheit zu überwinden und zu versuchen, mit ihr am Montag zu sprechen, ihr zu erzählen, daß ich mich nach ihr sehne.

Den ganzen Weg nach Hause in der S-Bahn dachte ich daran, daß es jetzt notwendig ist, es dir zu erzählen, damit ich hier weiterkomme: Als ich vor mehreren Wochen von deiner

Geburt erzählte und davon, wie Katrin mit dir aus dem Krankenhaus kam, habe ich dir nicht die ganze Wahrheit erzählt. Die banale Wahrheit ist auch, daß ich, während ihr im Krankenhaus wart, noch woanders rumbumste, oder es zumindest versuchte, ich unterschied mich nicht von dem Klischee, nach dem die Männer fremdgehen, wenn die Frau im Krankenhaus liegt, um zu gebären. Unmittelbar ändert es nichts an dem, was ich früher erzählt habe, meine Gefühle für Katrin und das Erlebnis, dich zu bekommen, werden deswegen nicht gleich heuchlerisch. Natürlich ist das beschissen fremdzugehen, wenn die Frau mit dem neuen gemeinsamen Kind im Krankenhaus gefangen liegt, aber diese Erbärmlichkeit begehe ich nicht, weil es nicht wahr wäre, daß ich voller Liebe Katrin gegenüber und Freude über dich bin, davon stimmt jedes Wort, wir sind bloß nicht so einheitlich, wie wir so gerne glauben möchten, wir sind porös und voller Löcher: Anders als bei richtiger Schizophrenie pflegen wir uns bloß trotzdem durchmanövrieren zu können. Versteh mich nicht falsch, ich bin nicht darauf aus, mich zu entschuldigen: Wie auch immer wir eingerichtet sind, ich beging einen Vertrauensbruch Katrin gegenüber, die davon ausgehen mußte, daß mir gerade zu diesem Zeitpunkt jeder Gedanke an Fremdgeherei fernlag. Versuche bloß, daran festzuhalten, daß das eine nicht notwendigerweise die ganze Wahrheit über das andere enthält.

Unter den gegebenen Umständen bin ich physisch außerstande, mit der Frau, an der ich mich versuche, zu bumsen, ziehe mich ohne Lust schnell zurück und gehe, rein technisch gesehen, mit unangetasteter Tugend nach Hause. Das kann ich dann als Gewissensqualen Katrin gegenüber beschönigen, das ist noch nicht mal so direkt falsch, aber auch hier liegt noch mehr dahinter: Es war auch die Angst davor, nicht mit einer Frau schlafen zu können, nicht zuletzt unter diesen Umständen. Ich weiß nicht, ob ich, wenn ich meiner Potenz sicherer gewesen wäre, fast schon mit runtergezogener Hose die Flucht ergriffen hätte. Ich habe in dieser Periode Angst vorm Bumsen, die gespaltene Unsicherheit mir selbst gegenüber, unter Katrins ständigem Druck hat sich schon ganz in den intimen Geschlechtsteilen festgesetzt: Ich kann ihn allmählich einfach nicht für ausreichend lange Zeit zum Stehen kriegen, ohne ein Minimum an Selbstverherrlichung, die einen Schwanz dazu kriegt, sich emporzuranken. Zu der Geschichte von den Kämpfen zwischen Katrin und mir gehört auch die Geschichte von unserem immer schlechter werdenden Sexualleben. Meine wacklige Potenz liegt nicht daran, daß ihre Schwangerschaft sie weniger attraktiv gemacht hätte, daran liegt es nicht, auch ohne Schwangerschaft wäre dieses fatale Wackeln eingetroffen, dieses Wackeln, das, als Katrins Krankenhausaufenthalt mir die Möglichkeit dazu gibt, mich dazu führt, Bestätigung bei einer zufälligen Frau zu suchen, wo ich allerdings bloß gerade das und nichts anderes bestätigt bekommen kann.

Die ersten Jahre, als Katrin und ich zusammen wohnen, gibt es in dieser Hinsicht keine Probleme, wir sind direkt aufeinandergesprungen wegen dieser wahnsinnig aufgepeitschten Sexualitätsfixierung, wo sie die große, gierige Möse ist und ich der Schwanz bin, der unentwegt darin eingetunkt werden muß, so geht es die ersten Jahre, wir sprechen nicht über unser Geschlechtsleben, das erleben wir einfach als etwas Natürliches auf diese Art. Nach einigen Jahren ist die Flamme jedoch langsam heruntergeschraubt worden, routiniert und ritualisiert bumsen wir auf die Art, die sich von Anfang an als die Art etabliert hat, in der wir bumsen. Es kommt mir vage so vor, als ob bei Katrin langsam der Funken verlöschte, und ich fühle genauso vage, daß es daran liegt, daß ich dabei bin, meine sexuelle Aura zu verlieren. Es liegt noch in mir, daß ein Mann seine Frau wild machen können muß, versuche, sie und mein Selbst während des Aktes mit halbsadistischen Initiativen und Phantasien anzumachen, aber das macht das Ganze noch ferner, kann weder sie noch mich selbst damit erreichen. Wir sprechen überhaupt nicht darüber, es ist mir nicht, wahrscheinlich auch ihr nicht, so bewußt, daß es ganz an die Oberfläche gelangte, als ein Stein des Anstoßes, es ist tief unten auf der Ebene der Impulse, während wir miteinander schlafen, wo die Sprache der Körper austrocknet. Selbstverständlich handelt es auch, ganz banal, vom Einerlei des erotischen Alltags, aber nicht bloß davon, ich glaube, daß ihre Gefühle für mich so sehr an die praktische Grundlage gebunden sind, daß sie bei mir nicht mehr richtig zünden kann, wenn sie, wofür ich aber auch vollkommen blind bin, täglich mit mir wegen der praktischen Dinge kämpfen muß: Sex ist also auch nicht die Wahrheit, der Urgrund des Ganzen, es gibt keinen Urgrund. Mit mir verhält es sich bloß umgekehrt so, daß das sexuelle Akzeptiertwerden die Grundlage für Sicherheit und Generosität im Alltag ist, so daß meine nur halb bewußten Frustrationen auf diesem Gebiet eine schlechte Grundlage für Verbesserungen auf dem praktischen Gebiet sind: noch einer der schiefen Kreise, die in einem unüberschaubaren Muster ineinandereingreifen.

Zu dem Zeitpunkt, als Katrin in die Frauenbewegung geht, beginnt sie, ihren Beischlafstil zu ändern, will allmählich am liebsten in einer Seitenlage bumsen. Es wird zu zahllosen, schweigsamen Ringkämpfen: Sie versucht die ganze Zeit, auf der Seite zu liegen zu kommen, ich versuche ständig, sie zurückzudrängen, auf den Rücken oder auf den Bauch zu legen, so daß ich sie richtig ficken kann, von außen muß das grotesk ausgesehen haben, durchgehend landen wir irgendwo dazwischen, jeder in seinem Rhythmus weiterkämpfend, hinkend und nicht sehr der Lustintensität förderlich, so, wie ich es an meinem zuweilen plötzlich einschrumpfenden Schwanz merken kann. Dann bricht Katrin eines Tages schließlich das Schweigen zwischen uns, erklärt nach einem Jahr steigenden Unbehagens, das in diesen stummen Ringkämpfen seinen Höhepunkt findet, daß sie die Art, wie ich bumse, überhaupt nicht gut findet, nicht mehr. Sie bringt schon seit langem nicht mehr dieses Komm-bloß-und-fickmich-doch-wenn-du-kannst, das sie die ersten Jahre eingenommen hat und lange, bevor sie mich traf, faßt es jetzt als etwas Aufgezwungenes auf, etwas, womit sie meinte, sie könne sich bei Männern Anerkennung verschaffen, ja, sie hat vielleicht auch früher ihre eigenen sexuellen Phantasien beherrscht, aber allmählich fühlt sie es als einen demütigenden Übergriff, auf diese Weise zu bumsen, der im übrigen im einschneidenden Widerspruch zu ihren frauenpolitischen Auffassungen steht. Als sie plötzlich einen der üblichen Ringkämpfe abbricht, indem sie sich steil im Bett hochsetzt und diese Tirade abliefert, die sie sich deutlich seit mehreren Tagen zurechtgelegt hat, bin ich erst sprachlos, meine ganze Männlichkeit klatscht an mir herunter zusammen: Was sie meint, verstehe ich ganz gut, mit meinem Kopf finde ich auch nicht, daß Frauen gedemütigt und bezwungen werden müssen, weder sexuell noch auf andere Art, aber wenn ich nicht fühle, daß ich ihre Sexualität habe, wird mir trotzdem angst und bange, fühle meine Identität von einem richtungslosen Dunkel bedroht.

Sitze erst mit eingeschnürter Kehle und höre ihr und ihren Erklärungen zu, ihre Aufrichtigkeit als solche und daß wir überhaupt dazu imstande sind, das Problem zum Gegenstand eines Gesprächs zu machen, schafft indessen Nähe. Meine Zärtlichkeit, mein Kopf und meine Angst versuchen in der folgenden Zeit, einander zu finden und meine Geschlechtsteile mitzunehmen, während wir weiterhin darüber als über ein gemeinsames Projekt sprechen. Es kommt eine neue Glut zwischen uns in diesen Monaten, wo wir nicht bloß darüber sprechen, sondern zusammenfinden, indem wir uns mit neuen Methoden vortasten und indem wir das, was wir zu finden meinen, langsam und behutsam miteinander deutlicher entwickeln. Beginne tatsächlich auch, den Zipfel von vielem zu ahnen, eine zärtliche Hautnähe, nicht sofort auf den Orgasmus hinsteuernd, sondern in sich selbst ruhend, entgegengesetzt fast allen meinen früheren sexuellen Erfahrungen, und mir wird klar, daß in meiner bisherigen aggressiven Sexualität die ganze Zeit ein Wunsch nach Hingabe, nach einem Zusammenfließen mit dem anderen gelegen hat, aber daß die Aggressivität, von der ich geglaubt habe, daß ich sie brauchte, um diesen Punkt zu erreichen, mich hauptsächlich gerade daran gehindert hat, so weit zu kommen. Eines Tages, als wir bumsen, läuft alles oben an mir über, die Zärtlichkeit für sie arbeitet sich höher und höher im Körper herauf, während ich sie überall küsse und fast außerstande bin, das Glied in ihr zu bewegen, und ihr Körper ist Antwort über Antwort, wie mein eigener es auf ihre Zärtlichkeit ist, höher und höher hinauf, bis der Kopf so explodiert, wie ich es vorher nie erlebt habe, was mich hinterher dazu veranlaßt, darüber nachzudenken, ob ich überhaupt jemals in meinen fünfzehn Jahren Sexualleben einen richtigen Orgasmus erlebt habe: Erguß ja, aber Orgasmus, wie das hier, nein. Hinterher liegen wir bloß eng umschlungen und rollen auf dem Bett hin und her, sprachlos, glücklich satt und glücklich außerstande, voneinander zu lassen. Ein Gipfel von zumindest derselben Höhe, wie ich ihn auf eine ganz andere Art zusammen mit Franke an jenem Maiabend im Sundby-Stadion erreichte, und vielleicht, alles in allem, nicht ganz verschieden davon. Katrin und ich haben ein Tor zusammen gemacht, die Gnade erlebt, wir waren zwei und trotzdem eins über jeden Verstand hinaus, nicht ein Haar zwischen uns, schwebend in Leichtigkeit und Licht.

Es gelingt uns, das zusammen zu erleben, nicht jedesmal, wenn wir bumsen, und nur einmal auf diese mirakulöse Art,

198

aber mehrere Male nahe dran, und das geschieht in der Periode, als wir dich zeugen. Es ist schon oft passiert, daß wir gebumst haben, ohne daß sie die Pille genommen hat, sie macht ihr Beschwerden, Kopfschmerzen und Unwohlsein, meint sie. Zeitweise hat sie sie monatelang nicht genommen, ist aber deswegen nie schwanger geworden. Wir haben uns manchmal damit geneckt, ob es an meinem tauben Samen oder an ihrer unfruchtbaren Gebärmutter liege, und ich habe das Gefühl, daß sie jedesmal bloß wieder zu den Pillen zurückgekehrt ist, weil sie bombensicher sein wollte, kein Kind mit mir zu kriegen. Aber jetzt, wo wir wirklich alle beide ein Kind wünschen, wird sie sofort schwanger: Als ob ihr Wunsch, keine Kinder zu kriegen, sie die ganze Zeit geschützt hätte, ob mit oder ohne Pille.

Auf die Dauer schaffe ich es trotzdem nicht, keiner von uns tut es vermutlich: Nach deiner Empfängnis ist es, als ob wir zu schnell und zu direkt auf unser Ziel zugesteuert wären, die Weichheit in unserem neuen Geschlechtsleben löst trotzdem nicht die alten Knoten in uns auf. Auch wenn sie uns die Existenz anderer Möglichkeiten in uns erleben läßt, ist sie in ihrem Inneren von unseren Geschichten beschwert: Was jubilierend im Kurzschluß eines Gipfelerlebnisses endet, ist nicht notwendigerweise solide in seinen Fundamenten, auch nicht hier. Bei Katrin, die immer empfindlicher allen meinen maskulinen Zügen gegenüber wird, nicht zuletzt kraft des Gegengewichts, das ihr die Frauenbewegung gibt, hat das Erlebnis des Problematischen an Männern und ihrer Geschlechtlichkeit, an mir und meiner Geschlechtlichkeit, zu einer allmählichen Entsexualisierung ihres Verhältnisses zu mir und anderen Männern geführt: Jede sexuelle Zuwendung aktiviert für sie sofort die ganze alte Scheiße, es gibt irgendwie keine anderen Möglichkeiten als das. Der Alltag zwischen uns ist ohne jede Erotik, die Sprache dafür ist für sie bis ins geringste Detail belastet. Ihre neue Art mit der großen Weichheit ist nicht bloß eine Lösung, sondern für sie auch eine Art, damit zurechtzukommen, eine Art idealisierender Umzäunung des Geschlechtslebens, die vielleicht bloß im übrigen der Aufrechterhaltung der Entsexualisierung dient. Auf dieser Grundlage kann man vielleicht ganz gut einmal ganz high werden, aber was geschieht mit all dem, was dabei nicht zu seinem Recht kommt? Außer mir vor Angst, sie zu verlieren, bin ich jedenfalls zu schnell wieder abgesackt, beginne, trotz aller Erlebnisse, klamm und heimlich mich nach anderen handfesteren Formen von Sexualität zu sehnen. Mit schlechtem Gewissen, offiziell sind wir ja dabei, uns wieder neu aufeinander einzustimmen.

Die körperlichen Veränderungen, die mit ihr während der Schwangerschaft geschehen, sind unmittelbar von geringerer Bedeutung für mich, vielleicht hätten sie mehr bedeutet, wenn ich nicht schon in der Geschichte eingefangen gewesen wäre, die bereits vor deiner Geburt angefangen hatte und in deine Empfängnis mündete, mein Appetit ist nicht von Katrin abgelenkt, habe bloß nicht die Kraft, ihr zu sagen, daß ich allmählich wieder Lust dazu habe, auf andere Arten zu bumsen als in diesen unendlich langen, weichen Schmuse- und Streichelsequenzen, daß ich auf die Dauer nicht alle Lustgefühle dabei habe integrieren können, daß ich angefangen habe, mich ein bißchen dabei zu langweilen. Ja, habe kaum die Kraft, es mir selbst gegenüber ganz klar zuzugeben. Habe bloß ein undeutliches Gefühl, daß sie es ist, die mir ihre Lösung über den Kopf zwingt. Daß sie auch schwanger ist, macht sich für mich unmittelbar am meisten auf die Art bemerkbar, daß sie ihre Schwangerschaft sozusagen dazu braucht, mich auf ihre Art festzulegen, und das macht es mir schwerer, mit meinen heimlichen Wünschen herauszurücken. Während sie immer verbitterter darüber wird, daß ich mich ihrer Meinung nach nicht genug in ihre Schwangerschaft vertiefe, so daß sie »ganz allein damit ist«, wie sie sagt, laufe ich schließlich mit einer halberstickten Frustration darüber herum, daß wir immer nur auf eine Art, die ich also als »ihre Art« auffasse, bumsen sollen. Es rächt sich bis in die Schwanzspitze. Die letzten Monate bumsen wir fast nicht, ich bin impotent. Jedesmal, wenn wir es versuchen, zerreiße ich mich zwischen der Gereiztheit darüber, es schon wieder auf ihre Art machen zu müssen, und der bekämpften Lust, auf meine eigene Art die Sache in Angriff zu nehmen. Kann mich nicht mehr hingeben, immer mehr in mir selbst verschlossen und um das Problem, daß nicht ein Tropfen Blut in meinen Schwanz laufen will. Der Hahn ist zugedreht, ist schon längst bei mir abgemeldet, zu einem fremden Element geworden, während ich mich auch nicht mit mir selbst einigen kann auf das, was ich will.

Untreue ist kein Thema, über das Katrin und ich laut sprechen würden, von Anfang an ist es eine stillschweigende Absprache, daß es keinen Grund dafür gibt, die kleinen unumgänglichen Seitensprünge schlimmer zu machen, indem man hinterher sich partout lang und breit darüber auslassen müßte, davon wird keiner glücklicher, damit wird nur der Pfadfindermoral Genüge getan. Habe in den ersten vielen Jahren unserer Ehe meine Seitensprünge bei zufälligen Anlässen gehabt, wie sie gewiß die ihren hatte, aber was mich angeht, auf jeden Fall zufällig und unbedeutend, nicht der Rede wert, auch jetzt nicht. Aber daß ich mich, wenn also auch vergeblich, mit einer Frau einlasse, während Katrin im Krankenhaus liegt, um dich zu bekommen, ist hier nicht ohne Bedeutung. Der große neue Durchbruch von Gefühl für Katrin im Zusammenhang mit der Geburt und das verzweifelte und unerfüllbare Bedürfnis nach sexueller Bestätigung stehen völlig unvermittelt nebeneinander, nicht nur als normale menschliche Porösität, sondern als ein Riß, schon zu groß, um nicht destruktiv zu sein. Auch hier muß sich der eine Teil von mir vor dem anderen schämen, der Teil, der außer Gefecht gesetzt wurde, beginnt indessen, seine eigenen Wege zu gehen. Von all den zerstörerischen Kämpfen über die praktischen Dinge bleibt das Sexuelle, nachdem sie mit dir nach Hause gekommen ist, merkwürdig unabhängig, in dem ganzen Schlamassel halten wir die Illusion aufrecht, daß wir trotz allem etwas daran tun, aber den Deibel tun wir, ich tu' es jedenfalls nicht, wir machen bloß weiter wie bevor sie ins Krankenhaus kam, einige Male kann ich es durchführen, andere Male nicht, und es wird immer seltener, auch weil ich fürchte, nicht zu können, und trotzdem nicht viel davon habe, wenn ich kann. Während wir uns über alles mögliche andere streiten, kommt das hier bloß nie ans Licht. Sowieso schon mit mir unzufrieden, ist Katrin ohne besonderes Interesse an einem Sexualleben mit mir, und genauso unzufrieden mit mir selbst, wie allmählich mit allem anderen, bin ich nicht der, der in diesem Punkt wegen irgendwas die Nase zu weit vorstreckte.

Nach etwa einem Jahr beginnt mir die Selbstkontrolle zu entgleiten, stürze mich, sobald ich eins getrunken habe und die Gelegenheit sich ergibt, auf die nächstbeste Frau, unterschiedslos und zwanghaft, eine erneute Pubertät. Selten kommt dabei was raus, und die wenigen Male, wo es der Fall ist, bin ich immer noch mehr oder weniger impotent, sowohl aus Gewissensnot als auch aus Angst, impotent zu sein, und das treibt mich dazu, es später wieder zu versuchen, wie ein Selbstmordpilot. Zu der Geschichte meines Verhältnisses zur Zeitung gehört in dieser Hinsicht auch, daß mein Benehmen bei solchen Gelegenheiten einigen weiblichen Kollegen auf die Nerven zu gehen beginnt und daß ich hinterher verzweifelnd einverstanden mit ihnen in ihrer Verurteilung bin. Eines Abends überfalle ich fast ein Mädchen in einer Kneipe, zu besoffen, um Notiz davon zu nehmen, daß ihr Typ neben ihr sitzt, er steht auf und knallt mir dermaßen eins in die Fresse, daß mein Nasenbein bricht. Als ich nach Hause komme, erkläre ich Katrin, daß ich in meinem Büro gefallen bin. »Du bist schon wieder stinkbesoffen«, antwortet sie bloß, »ich fahre in diesem Zustand nicht mit dir in die Unfallstation.« Erst am nächsten Tag komme ich dahin, nach einer Nacht voller Wunschträume nach Kastration, von meinem Schwanz befreit, würde alles ein bißchen leichter sein: Mit einem angsterfüllten Reuegefühl, groß genug für die ganze dänische Nation, fühle ich, daß ich, weit mehr, als sie ahnt, ihre schlimmsten Vorstellungen über Männer, besonders über mich, bestätige. Aber all das ist etwas, was sie höchstens ahnt, ohne etwas zu sagen, wir haben genug an unseren anderen Auseinandersetzungen, sie hat sich schon deswegen von mir zurückgezogen und ist vielleicht auch nicht besonders daran interessiert herauszufinden, was eigentlich los ist. In Wirklichkeit will sie, unterstreicht sie mehrere Male, lieber mit Frauen zusammensein, das sei auf andere Art angenehm und problemlos, und während ich in der Stadt versumpfe und ihr Urteil praktisch bestätige, füllt sich die Wohnung mit ihren Freundinnen.

Glaube eigentlich nicht, daß etwas Sexuelles zwischen ihnen ist, werde aber letzten Sommer, als Katrin dich mit ins Ferienlager auf Femø nimmt, trotzdem völlig paranoid. Kann es, obwohl ich mit aller Macht versuche, meine Phantasien in Schranken zu weisen, nicht lassen, mir das Ganze als ein riesiges lesbisches Hurenhaus vorzustellen mit Katrin als der glücklichen Königin. Ja, ich fühle mich auch peinlich berührt davon, daß so was alles in meiner Phantasie zu rumoren beginnen soll, aber so ist es eben: Hänge zu Hause rum und fühle mich schrecklich ausgeschlossen, im Stich gelassen, obwohl sie ja gerade verreist war, damit wir beide ein bißchen voneinander und der täglichen Hölle zwischen uns wegkommen sollten. Die Abende verstreichen damit, daß ich versuche, Frauen aufzutun, und in jedem Fall bin ich, ob es gelingt oder nicht oder wenn es gelingt, ob es dann gelingt oder nicht, gleichzeitig deswegen aggressiv auf Katrin: Es ist ihre Schuld, daß es mir so geht. Sie ist von mir weggereist. Sie hat allmählich jeden Grund dafür, sich von mir scheiden zu lassen, und ich habe vielleicht auch Angst davor, daß sie mit ausreichender Kraft nach Hause kommt, um sofort eine Scheidung durchzuführen, ohne Rücksicht auf die Probleme zu nehmen, die dann mit dir entstehen. Als sie endlich nach Hause kommt, machen mich meine Schuld- und Angstgefühle ihr gegenüber am ersten Abend ganz steif, in einer Art vorgreifendem Selbstschutz. Habe gewünscht, daß sie mir sofort um den Hals fällt, sobald sie mit dir zur Tür hereinkommt und mir sagt, daß sie sich nach mir gesehnt hat, und sie entdeckt hat, wie sehr sie mich vermissen kann. Das tut sie nicht in erwartetem Ausmaß, spricht statt dessen warm und eifrig von all euren Erlebnissen auf Femø, während du, der sich in deinem Alter natürlich noch nicht sofort nach vierzehn Tagen Abwesenheit bei mir geborgen fühlen kann, zutraulich auf ihrem Schoß sitzt. Während ihr dort sitzt, werde ich immer kälter und feindseliger, obwohl ich nicht das geringste Recht habe, euch etwas vorzuwerfen. Katrin merkt es, sagt schließlich, daß sie sich tatsächlich darauf gefreut habe, nach Hause zu kommen, aber daß es nicht besonders erfreulich sei, zu solch einem sauertöpfischen Typ heimzukehren. Das stimmt, und um aus meiner mürrischen Erstarrung herauszukommen, fädele ich einen Streit über ein Detail ein: Sie habe sich nicht genug Zeit genommen, mit mir zu telefonieren, sage ich anklagend.

16. 10. 77

Habe gestern mit Majken sprechen wollen, sie war nicht zu Hause, zog statt dessen den Trainingsanzug an und machte einen langen Dauerlauf den Ringvej entlang, mit rastlosem Körper, weil ich einen Beschluß gefaßt hatte, den ich nicht in die Tat umsetzen konnte. Es wurde ein langer Lauf, und während ich lief, erlebte ich etwas, von dem ich überhaupt nicht weiß, wie ich es erklären soll oder was es bedeutet. Eigentlich geschah nichts, wenn ich mich an das Äußere halten soll, und eine unmittelbare Verbindung zu all dem, was ich hier geschrieben und dir (über mich) in den letzten Wochen erzählt habe, hat es nicht. Unmittelbar ist es etwas, was ganz abseits liegt und nichts über irgend etwas aussagt: Eben das ist gerade das Phantastische.

Ich laufe also im Dunkeln den Ringvej hinunter, allmählich, während ich mich einlaufe, verschwindet alles, was in mir rotiert, die Rastlosigkeit, Majken, die miserable Geschichte mit Katrin, die ich den ganzen Tag wieder neu erlebt habe, alles wird von dem großen Hin- und Herstampfen des Körpers am Straßenrand verschluckt, in mir bleibt nur eine große, warme, gute Dunkelheit, so habe ich es hier die letzten Tage erlebt, als ich gelaufen bin, es gehört das richtige Tempo dazu, nicht zu langsam, so daß das Rotieren wiederkommt, nicht zu schnell, so daß die Arbeit des Körpers nicht die Organe und den Kopf belastet, sondern das richtige, gleichmäßige, zähe, mahlende Tempo, wo der Körper allmählich beginnt, sich selbst zu laufen, das habe ich schließlich in den letzten Tagen zu finden begonnen, und dann kommt eine Art körperlicher Geisteszustand (es klingt verrückt, aber anders kann ich es nicht nennen), wo das Bewußtsein plötzlich tot ist, weil es von einer inneren Dunkelheit ohne Bilder gefüllt und lebendig hellwach in seinem Einklang mit dem Körper ist, vorwärts und vorwärts: Ich bin weder unaufmerksam noch bewußtlos, sehe, was ich sehe, alles passiert vor meinen Pupillen und wird von meinem Körper zur Kenntnis genommen, aber auf eine merkwürdig nüchterne Art, das ist bloß der Rand der großen, stampfenden Dunkelheit meines Kopfes und meines Körpers, in der ich – in dem Sinn, in dem man »ich« sagen kann – ganz aufgegangen, verschwunden bin.

So laufe ich mich warm, besser als jemals zuvor, in höherem Maß als vorher reißt mich dieser Zustand mit, ich merke kaum die physische Anstrengung, als der Körper erst einmal die Führung übernommen hat, sondern vertiefe mich mehr und mehr ins Laufen. Während ich immer weiter den Ringvej hinauslaufe, fühle ich mich überhaupt nicht müde, es läuft in mir und durch mich, an der Kreuzung, wo ich immer kehrtzumachen pflege, habe ich weder Zeit noch Lust, es zu tun, biege statt dessen in eine andere Straße ein, in der vagen Erwartung, ein Stück weiter wieder einen Rückweg zu finden, und dann geht es vorwärts und die neue Straße entlang, die ich gar nicht kenne. Ein Stück weiter, wie weit, weiß ich nicht, fange ich an, Schwierigkeiten mit der Atmung zu bekommen, und spüre Ansätze zu Seitenstichen, setze das Tempo herab und falle einen Augenblick aus meinem Zustand heraus. Entdecke dann, daß ich mich verlaufen habe und nicht weiß, wo ich gelandet bin, die Stelle ist ganz verlassen, keine anderen Fußgänger in Sicht, nur Autoscheinwerfer, die in regelmäßigen Abständen an mir vorbeigleiten, die Fabriken und Wohnblocks sind weit zurück auf den Feldern, einen Augenblick droht die Panik, dann steigere ich mein Tempo wieder, finde das richtige Tempo, die Seitenstiche sind weg, als ich wieder Luft bekomme, der Zustand von vorher kehrt unbeschwert zurück, bin aufs neue völlig unbekümmert und absorbiert.

Gelange etwas weiter an eine Kreuzung, biege in eine neue Straße ab, die dem Ringvej ähnelt, wo ich angefangen habe: Und hier passiert es: Ich habe gerade den Kopf gehoben, um mich zu orientieren, und werde plötzlich aus meiner inneren Absorbiertheit gerissen. Während die Beine von selbst unter mir fortsetzen, ist es, als ob eine Menge Deiche in mir (und um mich herum, es gibt keinen Unterschied) auf einmal brächen. Bin kein laufendes System mehr mit bestimmten Grenzen, ja, das bin ich natürlich immer noch, weiß schon, was sich innerhalb meiner Haut befindet und was außerhalb ist, aber trotzdem sind diese Grenzen gleichgültig. Erlebe eine innere Überschwemmung oder daß ich alles um mich herum überschwemme, es läßt sich nicht so unterscheiden. Mich umgibt lichtgeschecktes Dunkel, und lichtgeschecktes Dunkel ist in mir, ich bin völlig eins mit dem Ganzen, während gleichzeitig alles verschieden bleibt, der Weg, der unter mir verschwindet, die Lichtkegel der Autos an mir vorbei in beide Richtungen, die Umrisse der zerstreut liegenden Häuser, Wohnblocks und Industrieviertel weiter weg, die Kette winziger Lichtpünktchen auf dem Mittelstreifen des breiten Ringvej hoch oben über mir, eine überwältigende Verschiedenartigkeit, von der ich ein Teil bin, lichtdurchsickertes, bewegliches Dunkel, nein, ich werde dir oder sonst jemandem nie erklären können, wie es ist, hier bricht die Sprache zusammen, jedenfalls die, über die ich verfüge, eine Offenbarung, ohne daß ich irgend etwas bekommen hätte. Es ist kein Wann und Wie, sondern ich, die Lichter, die Straße, ich oder bloß einfach es kommt die Straße entlanggelaufen als ein Teil von allem, dieses »bloß einfach«, das eigentlich verkleinern sollte, enthält gleichzeitig das Ganze, ich kann nur noch faseln, man kann nicht mehr dazu sagen, die Worte werden zu merkwürdig nichtssagenden Floskeln: Es ist nichts, ich bekomme nichts zu wissen, gleichzeitig ist das nichts, was ich zu wissen bekomme, nichts anderes als das bloße Dasein, das entblößte Dasein.

Das Erlebnis dauert vielleicht einige Minuten, vielleicht weniger oder mehr, und vielleicht habe ich in meiner Selbstvergessenheit das Tempo erhöht, plötzlich bekomme ich heftige Seitenstiche, die Beine knicken unter mir weg, muß abrupt irgendwo stoppen, alles kommt mir fremd vor, der Schweiß strömt an mir herab, und ich bin wieder dabei angelangt, wie der Körper und wie die Welt um mich herum ist und wo die Himmelsrichtungen sind, und es ist nicht die Spur anders als vorher, auch wenn es ein allesverändernder Zustand war. Mir geht es wie jemandem, der um die ganze Welt herum gelaufen ist und genau da steht, wo er angefangen hat, und weder er selbst noch die Umgebung können beobachten, daß er plötzlich diesen ganzen Weg hinter sich hat. Taumele erschöpft und frierend in einem Wirrwarr von kleinen Straßen herum, erkenne schließlich die Hochhäuser hier gegenüber wieder und kugele nach Hause, um mich aufs Bett fallen zu lassen, voll stiller Verzückung. Ich schlafe ein, und als ich einige Stunden später aufwache, gehe ich zu den anderen, und Majken ist wieder zu Hause, und alles ist wie gewöhnlich. Ohne Sprache sitze ich da und habe Lust, sie einfach alle zu umarmen, weil sie hier sind, wir jetzt zusammen hier sind. Aber ich tue es nicht, bekomme noch nicht einmal Gelegenheit, mit Majken zu sprechen, möchte es auch nicht, nicht gerade jetzt, wo das Zugegensein alles ist.

Ich weiß nicht, was das hier bedeuten soll, Alexander, oder ob du jemals verstehen wirst, was ich hier zu erklären versuche. Ich habe keine neue Einsicht bekommen, die mich oder die Welt oder die Gesellschaft um mich herum veränderte, eher Nichteinsicht, gemessen an dem, was Einsicht und Wissen zu bedeuten pflegen, und dieses Nichts rüttelt trotzdem an der Art, mit mir selbst und der Welt umzugehen, woher es auch immer kommt, und ich glaube nicht, es kommt von Gott oder der Weltordnung oder davon, daß mich ein Engel gestreift hätte, obwohl das letzte vielleicht als ein schönes Bild brauchbar ist. Vielleicht rührt es trotzdem auch von der ganzen Arbeit her, die ich mit meiner Schreiberei hier geleistet habe, und deren Wirkungen in mir, als einer anderen Art des Kurzschlusses als der des Amoklaufs. Ich weiß es nicht. Nicht darunter oder darüber, sondern mitten in dem Ganzen wird es sichtbar, daß ich hier mitten in all dem bin, was auch hier ist, daß ich hier bin, nicht vor dem, wie es ist oder wie ich bin, sondern also mittendrin und durch das Ganze und vor meiner Sterblichkeit. Nicht als etwas, worüber ich mich schwebend halten kann, sondern als etwas, was ich als Wachsamkeit bewahren kann, während ich mich mitten im Ganzen weiterbewege. Es klingt verwirrend und verwirrt, kann es gerade jetzt nicht näher beschreiben, habe sicher schon zuviel gesagt.

17. 10. 77

Heute morgen berichten die Zeitungen, daß die Flugzeugentführer jetzt mit ihrer Maschine in Somalia gelandet sind, Mogadischu heißt die Stadt, ihre erste Zeitfrist ist schon längst überschritten, und es braut sich ein schreckliches Blutbad zusammen, so oder so. Die Titelseiten zeigen Bilder des Flugzeuges, silberweiß und melancholisch im Wüstensand, sehe es die ganze Zeit wieder vor mir, wenn ich die Sportflugzeuge über dem Dach hier höre. Bin völlig außerstande, Stellung zu nehmen: Die Terroristen und die Mächte, denen sie gegenüberstehen, sind jeweils die Hälfte von ein und derselben Kneifzange, wenn es erst einmal soweit ist. Lasse mich gern als »kleinbürgerlichen Humanisten« schimpfen, wie von Ole hier beim Frühstück, aber auf Etiketten beiße ich nicht mehr an, ich lasse es ihn einfach bloß sagen, mag mich nicht auf eine der üblichen Auseinandersetzungen darüber, wer der Kleinbürgerlichste ist oder am meisten an der Humanismuskrankheit leidet, einlassen, glaube alles in allem nicht mehr an die Forderung nach einer bestimmten Parteinahme überall und zu jedem Zeitpunkt, an diesen ganzen dem Selbstschutz dienenden Versuch, mit seinem Kopf und mit seinem Engagement, wenn es sich nicht anders machen läßt, die Welt zu beherrschen. Ich habe heute anderes zu überstehen, das Erlebnis von vorgestern immer noch in mir, auch wenn ich nicht mehr zu sagen oder hinzuzufügen habe, und während ich gestern den ganzen Nachmittag über gezeichnet hatte, beschloß ich, noch ein paar Tage damit zu warten, mit

Majken zu sprechen, dies hier erst fertig zu machen: Ich bin bald durch.

Die ersten Monate zu Beginn dieses Jahres verlaufen glatt und optimistisch. Bin anfangs fleißig bei der Examensarbeit, sammle Material und lese theoretische Bücher, fühle die Selbstzufriedenheit aufkeimen, weil ich mich zusammennehme und etwas mache, alles noch vielversprechende Entdeckungen, der ungebundene Anfang. Das Ganze verflüchtigt sich für eine kurze Zeit nicht mehr, es sieht auch so aus, als ob es trotzdem mit Katrin besser ginge. Oder liegt das daran, daß es mit mir besser geht? Vielleicht haben sich für mich die Probleme noch verzerrter ausgenommen, da sie obendrein noch durch eine Selbstverachtung gefiltert waren, die ihr fehlte, auch wenn es für sie auf eine andere Art schlimm genug war? Als ich mich nach einigen Monaten Arbeit ans Schreiben der Examensarbeit machen will, fängt es allerdings schnell wieder an, sich aufzulösen, es gelingt mir nicht, die Sache organisiert in den Griff zu bekommen, Katrin geht zur Arbeit, du bist in der Kindertagesstätte, und ich sitze da in einer leeren, vormittagshellen Wohnung, mache Entwurf auf Entwurf, die nirgendwohin führen, und bin immer noch nicht weitergekommen, wenn die Zeit um ist und es dunkel wird, du abgeholt werden mußt und Katrin nach Hause kommt. Mein *Vorwärts* und mein Amager wollen nicht erstehen, die äußerlichen methodischen Probleme, mit denen ich das Ganze mir selbst gegenüber erkläre, sind nur die Oberfläche: Der Faden verliert sich die ganze Zeit auch im Wirrwarr persönlicher Motive, unmöglich, auf diese Art zurückzukehren, obwohl ich will. Ja, die Vergangenheit ist und bleibt ein Block in mir, aber nicht so solid und handgreiflich, wie ich glaubte, glauben wollte. Es gibt auch eine spätere Geschichte, die auch nicht einfach übersprungen werden kann, die Jahre als Linksintellektueller, sogar die Kämpfe mit Katrin, haben viel Niederschlag hinterlassen, bringen die ganze

Zeit das versunkene Amager dazu, sich in meinem Geiste aufzulösen, in einen andersartig zweideutigen Morast von Gutem und Schlechtem aufzulösen.

Finde keinen Weg hindurch oder hinaus, schlecht und recht hat die spätere Geschichte in mir den Blick auf die frühere verändert, als ich beginne nachzusehen, also komme ich in dieser Wohnung nicht weiter. Ohne es mir so richtig zu gestehen, wird es allmählich zu einer klaustrophobischen Gefangenschaft dazusitzen und zu versuchen, den Fußballklub meiner Kindheit dazu zu brauchen, mich selbst wieder blank zu putzen. Katrin gegenüber halte ich in diesen Monaten die Vorstellung aufrecht, daß es gleichmäßig vorangehe, etwas anderes kann ich irgendwie nicht, Mensch, ich bin bald fertig, mir fehlt bloß noch das eine und das andere, sage ich mir, während ich wieder immer weiter wegtreibe. Habe auch zwei Fliegen mit einer Klappe mit dieser Examensarbeit schlagen wollen, mich selbst finden und etwas werden wollen, aber ich werde geschlagen: Ich habe versucht, die Zukunft hinter mich zu bringen, nun löst sich die Vergangenheit vor mir auf. Beginne ansonsten in den ersten Monaten, als ich dich abhole, einen ganz anderen Zugang zu dir zu finden, wo ich dich jeden Tag in der Kinderkrippe abhole und wir einige Stunden zusammen verbringen, bevor Katrin nach Hause kommt. Diese tägliche Routine zusammen gibt mir irgendwie zum erstenmal Raum, mein eigenes Verhältnis zu dir zu entwickeln, wir liegen auf dem Fußboden und spielen oder gehen gemütlich zusammen einkaufen, und ich freue mich jeden Tag darauf, ermundert davon, daß ich offensichtlich auch deutlicher für dich geworden bin, nicht mehr bloß einer, der im Schatten von Katrin steht. Diese Stunden mit dir werden zu etwas, an das ich mich klammere, während alles steckenbleibt und ich das Gefühl bekomme, daß ich von einem Aufschub im Verhältnis zu einer schon überschrittenen Deadline lebe.
Während ich in der Wohnung steckenbleibe, beginnen

Franke und ich einander anzurufen oder uns zu treffen, um den anderen zu einem Gläschen schon vom Vormittag an zu überreden. Er und Rita wohnen nun in einer Wohnung auf dem Øresundsvej, auf der anderen Seite der Amagerbrogade, und er hat auch nichts zu tun. Von dem ganzen Geld, das er im Ausland verdient hat, ist offensichtlich kein Groschen mehr da. Er und Rita haben sicher erst mal aus dem vollen geschöpft, gekauft, was ihnen gefiel, und unmerklich das Geld im Alltag durch die Finger rieseln lassen, nicht daran gewöhnt, so viel Geld zwischen den Fingern zu haben, und mit Appetit auf alles, was man dafür bekommen konnte. Jedenfalls hat das Geld sich nicht angehäuft, außer daß sie in ein Sommerhaus auf Sjællands Odde investiert haben. Erst die letzten Jahre im Ausland beginnen sie ein bißchen an das Hinterher zu denken, und ein smarter Typ, der Sportbekleidung aus Japan importiert, bekommt Franke dazu, in das Geschäft zu investieren, so daß er später als Kompagnon zurückkehren kann, und benutzt seinen Namen als Reklame, aber schon bevor sie zurückkommen, hat der Kerl das Geschäft fast in den Dreck gewirtschaftet, Frankes Geld ist bloß dazu gebraucht worden, den undichten Kahn noch ein wenig über Wasser zu halten. Sie sind erst seit einem Jahr zurück, als die Klitsche dichtmachen muß und Franke und Rita aus der Villa ausziehen müssen, in die sie mit ihrer Tochter gezogen waren. Er muß seinen Verkaufsdirektortitel aufgeben und ahnt nicht, was er jetzt machen soll. Eine Zeitlang wird er Verkäufer in einer anderen Firma, die Fußbälle verkauft und auch seinen Namen gut brauchen kann, aber er ist keinen Deut daran interessiert, er hat irgendwie das Leben, von dem er geträumt und auf das er sich eingerichtet hatte, schon gelebt, hat bloß noch eine Masse ungelebtes Leben vor sich, ohne damit etwas anfangen zu können: Die Kunden passen ihm nicht, und der alte Tormann der Nationalmannschaft, der die Ballfirma besitzt, muß ihn nach einem halben Jahr stillschweigend rausschmeißen.

Das Sommerhaus ist ihm geblieben, davon fabuliert er in den letzten Monaten noch etwas rum: Wenn er etwas finde, wo er das Geld, das er dafür kriegen kann, anbringen könne, wolle er es verkaufen, versichert er. Und nach diesem Etwas ist er in den letzten Monaten offiziell auf der Jagd, während ich offiziell über meiner Examensarbeit sitze und wir in Wirklichkeit oft die Vormittage und die frühen Nachmittage zusammen in den Kneipen unseres Stadtteils verbringen. Ich weiß nicht, ob Franke seiner Situation ins Auge sieht, er wirkt nicht so, er faßt sie die ganze Zeit als Übergang auf, er muß bloß etwas finden, worin er sein Geld vom Sommerhaus anlegen kann, und dann braucht Rita nicht mehr arbeiten zu gehen. Auf das letztere legt er großen Nachdruck, es quält ihn, daß sie nicht bloß Hausfrau ist, ohne daß er deswegen unbedingt ein größerer Malchauvinist als ich wäre: Es ist bloß immer so in den Jahren gewesen, in denen sie verheiratet waren und im Ausland wohnten, und es soll einfach bloß wieder so werden. Auf viele Arten bewahrt er bis zuletzt nach außen hin den Anschein der Unverletzlichkeit und laut herausposaunten Überlegenheit. Normalerweise passe ich darauf auf, daß ich nicht allzuviel trinke, wenn wir zusammen sind, ich muß dich ja am Ende des Nachmittags abholen, aber eines Tages ist es uns also gelungen, unser ganzes Kleingeld zu vertrinken, und wir haben in einem Wirtshaus im Ølandshus auf der Amagerbrogade gesessen, haben wie üblich die Zeit damit totgeschlagen, uns gegenseitig warm zu schwätzen, und möchten uns gerne noch ein letztes Gläschen genehmigen. Franke geniert sich nicht zu versuchen, seinen Schal zu verkaufen: »Möchtest du nicht diesen Schal kaufen, ich lass' ihn dir für zwanzig Kronen«, sagt er zu einem Typ am Nebentisch. »Zwanzig Kronen für so was? Den kannst du dir in deinen Armleuchter stecken«, antwortet der Gast. Franke: »Das geht nicht, darin steckt schon ein Mantel für 250.«
Auf diese Art gleiten mir viele Tage des Spätwinters und des frühesten Frühjahres weg, in ein Loch. Bin ich nicht mit

Franke zusammen, sitze ich allein in der Wohnung, versuche erst, mit steigender Zerstreutheit trotzdem etwas an der Arbeit zu schreiben, allmählich mehr oder weniger bloß zum Schein, verbringe den Rest des Tages mit Zeitunglesen, Blättern in Büchern, Streifzügen durch die Grünanlagen auf Amager, drauf wartend, daß es Zeit wird, dich abzuholen, oder hole dich einige Male vor der Zeit, verstohlen und ohne daß Katrin es weiß, dann geht es besonders lustig her, wie bei zwei Schlingeln, die heimlich lustige Streiche machen. Katrin ist überhaupt von all dem ausgeschlossen, merkt es nur indirekt und unspürbar an der Art, wie die Spaltung in meinem Leben und mein verborgenes Gefühl des kompletten Mißlungenseins sicher nicht ohne Anteil daran sind, daß sich das Verhältnis zwischen uns nach den ersten Monaten relativer Ruhe noch weiter verschlechtert: Ich bin noch aufbrausender, verletzlicher, unausgeglichener, sie noch verbissener, verbitterter und abgekehrter. In Wirklichkeit ist es nur eine Frage der Zeit, wann wir uns trennen oder, besser gesagt, wann sie mich verläßt, das wissen wir beide, vielleicht wartet sie bloß darauf, daß ich mit der Examensarbeit fertig werde, mir ist angst und bange, sie und allmählich auch dich zu verlieren, vielleicht gerade dich. Ich kann nichts mehr daran ändern, ausgenommen die wenigen Tage, an denen Katrin und ich uns gegenseitig einbilden, daß wir uns ausgesprochen hätten und von vorne anfingen, werden die Mauern zwischen uns und auch in mir höher und höher.

Eines Tages Anfang April komme ich in Frankes Wohnung, um ihn abzuholen. Er ist nicht zu Hause, dafür ist unerwarteterweise Rita da. Franke ist seit dem gestrigen Morgen nicht nach Hause gekommen, erzählt sie in der Tür, immer noch im Morgenrock über dem Nachthemd, obwohl es schon gegen Mittag ist. Tanja, ihre Tocher, vier Jahre älter als du, hat Grippe und darf deswegen nicht in den Kindergarten, darum konnte Rita nicht zur Arbeit. Sie ist sauer auf Franke, hat

Lust, sich zu unterhalten, und bietet mir einen Kaffee an. Der Umfang von Frankes Trinkerei ist kein Geheimnis für sie, er sagt geradeheraus, wenn er saufen geht, vielleicht fällt es Rita leichter, das zu akzeptieren, als zum Beispiel Katrin: Wo sie herkommt, ist es nicht unüblich, daß sich Männer ab und zu mal vollaufen lassen. Rita weiß auch, daß Franke oft tagsüber mit mir in der Kneipe gesessen hat, aber wenn ich die ganze Zeit wieder nach Hause und dich abholen mußte, ist er oft hängengeblieben, und allmählich ist Rita trotzdem bitter geworden. Sie fühlt sich in einer Falle gefangen, glaube ich, hat gerade auf Franke gesetzt, weil er, dieser Mann des strahlenden Rampenlichts, ihr und ihrer Schönheit den rechten Glanz hat geben können, an das Zeitbedingte des Ganzen hat sie am Anfang keinen Gedanken verschwendet, und ihre Bitterkeit richtet sich nicht bloß dagegen, daß Franke sich angesäuselt herumtreibt, sondern, tiefer liegend, dagegen, daß er nicht mehr die Pflichten erfüllt, die er, wie sie findet, ihr gegenüber hat, als der Mann, den sie geheiratet hat. Nein, so sagt sie es nicht, nicht auf die Art, in der Sprache, sie ist überhaupt nicht berechnend, reagiert bloß unmittelbar so mit ihren Gefühlen. Unmittelbar sagt sie es bloß jetzt, als ob sie auf einem nichtswürdigen Waschlappen von Mann hängengeblieben wäre, ein bißchen wie Frankes Vater, der auch ständig von seinem Sohn verlangt, er solle sich zusammennehmen. Begreift Franke überhaupt, worum es in ihren Sticheleien geht, so bringt er es nicht unmittelbar zum Ausdruck, jedenfalls nicht mir gegenüber. Redet bloß überlegen von dem »Alten« und der »Glucke«, als ob ihre Sauerkeit ihm egal und er selbst der Mann, der so was schon in Ordnung bringt, wäre.

Während Rita in ihrem Morgenmantel dasitzt und mir gegenüber ihrem Ärger über Franke Luft macht, mir, dem Intellektuellen mit allen Worten, um mich dazu zu bekommen, ihr eigene Worte für ihre Bitterkeit zu geben, bekomme ich heftige Lust, mit ihr ins Bett zu gehen, nein, das ist nichts, was ich plötzlich bekäme, die Lust habe ich schon seit langem, von dem Augenblick an, als ich Franke und sie wiedergetroffen habe: Wo ich die Gelegenheit dazu hatte, habe ich sie, wo es sich machen ließ, verstohlen ein bißchen angefaßt, ohne daß sie offensichtlich etwas dagegen gehabt hätte, manchmal habe ich sogar mit ihr in Gedanken onaniert, aber als etwas, was sich hätte verwirklichen können, hat es sich nicht bei mir gemeldet, nicht bis zu diesem Augenblick, wo wir unerwartet allein sind, von dem schlafenden Kind nebenan abgesehen, und ich mache meine Worte für sie weich und entgegenkommend. Nicht, daß ich ihr dabei hülfe, auf Franke herumzuhacken, aber meine Antworten bekommen Spannung und Wärme und Sympathie, fache so die Stimmung an, in der sie mir Vertrauliches mitteilt, so daß unsere Stimmen schon anfangen, sich gegeneinanderzureiben, und allmählich die Gebärden der Augen und Körper mit sich ziehen und zum Schluß nur noch eine ganz dünne Schale übrig ist, die für die physische Berührung überschritten werden muß, diese äußerste Haut, wo man sich in anderen Situationen normalerweise auf beiden Seiten beherrscht, zur Besinnung kommt und es bei den Worten beläßt, ohne daß irgend etwas ausgesprochen geschweige denn physisch umgesetzt würde. Aber genau diese Besinnung habe ich in der letzten Zeit verloren, und plötzlich habe ich sie hier auch nicht mehr, bin plötzlich auf dem Sofa und habe Rita unter mir. Auch bei ihr hat an diesem Tag die Selbstkontrolle locker gesessen, auf jeden Fall hat sie mich ohne Worte empfangen, als ob sie auch hier gesessen und es sich gewünscht, darauf gewartet hätte, daß es geschähe: Es findet überhaupt kein Vorspiel statt, das Gespräch hat schon so viel Spannung aufgebaut, daß wir beide direkt aufs Ziel lossteuern, sie gleitet aus dem Morgenrock, ich schiebe das Nachthemd hoch über ihre Brüste und gleite fast in derselben Bewegung auf dem Sofa in sie, so geil wie selten zuvor, in einem Augenblick finden alle Pubertätsträume und Phantasien wieder zusammen, ich kann nichts kontrollieren: Fast im selben Augenblick, in dem ich in sie geglitten bin, geht mir mit einem kleinen »Blub« einer ab.

Hinterher, während ich schlapp und schnaufend über ihr liege, schiebt sie mich zur Seite, dreht sich dem Sofarücken zu, abweisend und frustriert. Ich habe noch genug Geilheit in mir, der bedrohliche Schatten im Hinterkopf von der Niederlage in der Pubertät gerade diesem Körper gegenüber durchlöchert sie komischerweise nicht, konzentriere diese Geilheit hingegen in einem brünstigen Willen, mich zu revanchieren: Jetzt soll sie es in drei Teufels Namen besorgt bekommen, diese Schickse, das ist so ungefähr das, was sich in mir denkt, und das macht mich erneut noch erregter. In einem plötzlichen Angriff werfe ich sie auf den Bauch und nehme sie ohne weiteres von hinten, während ich sie gut unter mir festhalte, und jetzt kann ich es lange treiben. Nach den ersten Augenblicken passiver Überrumpelung, noch von der Mißstimmung, vielleicht sogar von Widerwillen geprägt, macht Rita mit, ich stoße sie auf Teufel komm raus, und als sie kommt, ist es mir unmöglich, selbst zu kommen, mache weiter und weiter, der Höhepunkt will nicht eintreten, der Schwanz wie verheddert. Rita ist mich allmählich ganz schön satt, als das Kind nebenan anfängt zu weinen, sie kriecht fast unter mir weg, um zu ihrem Kind zu kommen. Ich ziehe mich eiligst wieder an, etwas später kommt sie herein mit dem Kind und einem Kissen auf dem Arm, ich grüße und gehe nach ein paar gleichgültigen an das Kind gerichteten Bermerkungen.

So trennen wir uns schroff nach dem erstenmal, ohne überhaupt hinterher miteinander gesprochen zu haben, es bleibt unvermittelt, etwas, was plötzlich über uns hereinbricht, weil wir beide in kurzen Augenblicken einander brauchen konnten, und trennen uns ohne Gedanken an ein Hinterher oder

Später. Was sich im nächsten Monat entwickelt, kann man kaum ein Verhältnis nennen, ich bin nicht ihr Geliebter, sie ist nicht meine Geliebte, aber sie erlöst eine abgespaltene rachsüchtige Geilheit in mir, und an zwei Abenden, wo ich weiß, daß Franke nicht zu Hause ist, finde ich eine Entschuldigung, um von zu Hause weg- und zu ihr zu gehen und mit ihr zu bumsen oder, besser gesagt, sie zu bumsen. Mit ihr wird der Schwanz jedesmal hart und fest, ich brauche ihn mit einer gefühllosen Handgreiflichkeit, die ich viele Jahre lang weder habe aufbieten können noch wollen, bloß habe ich beide Male statt dessen Probleme mit dem Samenerguß: Am ersten Abend dauert es eine Stunde, bevor das Teufelsorgan birst und mir Ruhe gibt, am zweiten Abend gelingt es nicht, trotz Pausen und Versuche, aber an beiden Abenden ist es ausschließlich auf das Sexuelle konzentriert. Da gibt es weder Verliebtheit noch Zärtlichkeit, komme mit meinem abstehenden Schwanz und springe auf sie, fast ehe ich zur Tür rein bin, hinterher sprechen wir nicht viel, wechseln meist hartgesottene Ironien und aus der Puste gekommene Sprüche aus, wie wir sie zu Hause auf dem Hinterhof brauchten, und ich gehe schnell wieder. Es ist ganz unwirklich, und wir kommen keinen Augenblick in näheren Kontakt miteinander, es handelt sich ja für mich gar nicht um sie. Ich bumse mit einem Bild, das sich einmal vor langer Zeit festgesetzt hat, sehe zwar, daß sie immer noch hübsch und attraktiv ist, wenn auch schon verblühend im Verhältnis zu dem Bild in mir, aus dem sie sich selbst vor Jahren herausbewegt hat, aber was sie jetzt ist, bedeutet nichts: Es ist das Bild, das ich in mir ganz in der Spitze meines Schwanzes habe, an das ich mich klammere, auch wenn es mir keine Erlösung bringt.

Weiß nicht bestimmt, was sie davon hat, sie kann mich in ihrem inneren Film gebrauchen, da sie mich einfach so kommen und sich auf diese unwirkliche, unzusammenhängende Art bumsen läßt, denke nicht einmal zu dem Zeitpunkt darüber nach, aber ich bin mir sicher, daß sie nicht im entferntesten in mich verliebt ist, nicht die geringste Andeutung in dieser Richtung kommt jemals von ihr, auch kein Versuch, darüber im Verhältnis zu Franke und zu ihrer Familie zu sprechen. Sie will mich offensichtlich auf diese Fasson haben, gibt während des Aktes Genuß zum Ausdruck bei der heftigen Art, mit der ich sie ficke und ficke (der einzig treffende Ausdruck). Nicht daß ich meine, daß sie notwendigerweise so gefickt werden müsse, um befriedigt zu werden, mitnichten. Ich glaube alles in allem nicht, daß ich sie auf diese Art besonders viel und gut befriedige, sowenig, wie ich ja selbst in Wirklichkeit befriedigt bin, aber ich glaube, daß sie mich auch zu was braucht. Ritas Situation ist nicht wie die Katrins oder deren Freundinnen, sie hat ihr ganzes Leben davon gezehrt, sexy zu sein, und fühlt sich also jetzt von dem Typ im Stich gelassen, dem sie zum Schluß den Sieg zuerkannt hatte. Der Genuß, den sie davon hat, sich von mir mit prustender Heftigkeit nehmen zu lassen, hängt vielleicht mehr damit zusammen, daß sie die Heftigkeit als Maß ihrer ständigen Attraktivität auffaßt. Die zeigt sich nicht darin, daß ich mich für ihren Genuß interessiere, gerade darin nicht, sondern daß ich sie wie ein richtiger Mann, ihren Erfahrungen mit Männern zufolge, bumse, und ich bin nicht der Mann, der diese Erfahrungen besser oder anders macht: Ich brauche es, gerade so ein Mann zu sein, den sie zu brauchen glaubt.

Franke und ich sind in diesen Wochen wieder FF, für uns selbst jedenfalls, »ff« sagen wir und heben das Glas in den Kneipen, in denen wir herumsitzen. Daß ich mit seiner Frau bumse, erlebe ich überhaupt nicht auf diese Art, habe nicht das geringste Schuldgefühl ihm gegenüber, dafür ist es allzu fern und unwirklich: Das eine hat überhaupt nichts mit dem anderen zu tun. Wenn es jemanden gibt, in den ich verliebt bin, dann ist er es vielleicht in Wirklichkeit, natürlich nicht unmittelbar erotisch, zu keinem Zeitpunkt bekomme ich

Lust, mit ihm zu bumsen, überhaupt nicht, der Gedanke kann mich immer noch ganz erschrocken machen, aber Sexualität ist ein Rattennest: Man wird erwachsen und glaubt sich allmählich im Besitz eines einigermaßen organisierten und normalen Sexuallebens, das sich dann als zerbrechliche Hülle um etwas erweist, was beim ersten Anstoß in alle Richtungen auseinanderstiebt, und ich habe ein merkwürdig inniges Verhältnis zu Franke in der letzten Zeit, näher kann ich einer Beschreibung nicht kommen, wenn Verliebtheit zuviel unmittelbare Erotik andeutet. Meiner eigenen intellektuellen Arbeit überdrüssig, in der ich mich festgefahren habe, brauche ich ihn, um mein späteres intellektuelles Leben zu verachten und alle Intellektuellen im ganzen gesehen, bewundere die Selbstsicherheit und Großschnauzigkeit, mit der er offenbar auch in seiner jetzigen Situation die Nase über Wasser hält. Ich beginne, wie er zu sprechen, bewege mich wie er, und ein bestimmtes kleines charakteristisches Lachen, bloß ein Gekratz im Hals mit ausgeschalteten Stimmbändern, diskret Hohn und Einverständnis ausdrückend, eigne ich mir an, brauche es bei mehr oder weniger passenden Gelegenheiten, damit Katrin zum Wahnsinn treibend: »Kannst du nicht mit dieser Lache von Franke aufhören«, sagt sie gereizt, wenn ich diskret damit eine ihrer politischen Darlegungen begleitet habe. Antworte mit einer noch höhnischeren kurzen Lache und mache mich dann daran, die intellektuellen Scheißtypen der Linken anzuschwärzen.

So vergeht das Frühjahr, bis zu dem Ende, dem wir uns vor fast einem Monat zu nähern begannen, Alexander. Jetzt sind wir angekommen, ich habe die letzten Tage ohne Panik schreiben können, es ist in mir und hier in dem Papierhaufen, also nicht weg, aber trotzdem überstanden: Selbst bin ich woanders jetzt, hier, nicht dort. Ohne Schutz zu brauchen, das Schlimmste ist geschehen. Will trotzdem schon heute abend versuchen, mit Majken zu sprechen, wenn sie zu

Hause ist. Ihr Blick und die wenigen Bemerkungen, die wir in den letzten Tagen über alles mögliche andere ausgewechselt haben, lassen mich glauben, daß sie auch noch an mir interessiert ist. Immer noch nicht sicher, was daraus werden kann. Muß diese Unsicherheit aushalten: Selbstverständlich kann man besser werden, wenn man nicht damit anfängt, sich besser zu machen, als man ist.

18. 10. 77

Das vorletzte Mal, daß ich Franke und Rita sehe, ist am Ersten Mai beim Länderkampf im Stadion, eine Woche später, eines Montags, ruft mich Rita vormittags an und fragt, ob ich nicht zu ihr kommen wolle: Franke ist wieder nicht nach Hause gekommen, ist schon seit Buß- und Bettag letzten Freitag verschwunden, und sie ist von der Arbeit zu Hause geblieben. Ich komme zu ihr, schon siedend vor Geilheit, will mich sofort über sie werfen, stumm und schnell wie die letzten Male, als ich entdecke, daß sie verweint ist und nicht besonders bei der Sache, vielleicht hat sie dieses Mal wirklich angerufen, um in erster Linie mit mir, mit irgend jemandem zu sprechen, aber ich bin so völlig um mein Bild von ihr als der großen Möse geschlossen, daß ich nur den Widerstand empfinde, der überwunden werden muß, und sie hat sich selbst schon allzuweit unter das Bild begeben, um sich so einfach zurückziehen und sagen zu können, daß sie lieber sprechen will, auf jeden Fall sieht sie keine andere Möglichkeit, als erst einmal ihre Möse zur Verfügung zu stellen, vielleicht mit der Absicht, daß wir dann hinterher miteinander reden können. Wir rollen auf den Teppich, ich liege über ihr, arbeite härter und härter, der obszöne Wortstrom in ihr Ohr wird immer heftiger, um sie zu der Brünstigkeit aufzugeilen, die sie im Gegensatz zu früher jetzt nicht zeigt. Liege lange so, bringe es zu nichts, keine Erleichterung, kein Entschweben, es ist bloß harte Arbeit, geradeheraus, ich bitte sie, sich auf alle viere herumzudrehen, und sie tut es mit passiver

Gleichgültigkeit, während ich von hinten auf den Knien weitermache, und dann passiert es, Franke steht plötzlich hinter uns im Zimmer.

Eigentlich ist es kein Schock, daß er plötzlich dasteht, unmittelbar reagieren wir anscheinend alle drei bloß etwas albern. Rita hat sich halb herumgedreht und sieht vom Fußboden aus zu ihm hinauf, selbst bin ich schon aufgestanden mit einem immer noch idiotisch abstehenden Schwanz, während er in der Tür schwankt und uns anglotzt, sichtlich nicht nüchtern. Wir lächeln uns alle drei albern an. Ich sehe die Korridortür immer noch hinter Franke offenstehen, und in dem Schweigen beginne ich instinktiv, mir wieder meine Sachen überzuzerren. Franke sagt immer noch nichts, oder ich höre nicht, was er sagt, wenn er etwas zu Rita sagt, und sie ist allmählich soweit wieder auf die Beine gekommen, daß sie sich in das Zimmer nebenan hat zurückziehen können. Auf jeden Fall glaube ich nicht, daß sie noch da ist, als Franke, noch bevor ich den Pullover anhabe, zu mir hinkommt und mir ans Hemd greift und sagt: »Hau ab!« Ich erinnere mich nicht, daß er mehr gesagt hätte, und ich lege unmittelbar nichts anderes in seine Worte, als daß er stocksauer ist, reiße mich von ihm los und haue, ohne an Rita zu denken, ab. Bis hierhin ist alles ganz banal: Ein Mann kommt nach Hause und überrascht seinen Freund mit seiner Frau. Die Fortsetzung ist in gewissem Sinne auch ganz banal, auf jeden Fall können die Boulevardblätter täglich etwas Entsprechendes berichten.

Das ist das letzte Mal, daß ich sie beide sehe. Was hinterher geschieht, weiß ich nur von eben diesen Boulevardblättern: Nachdem ich gegangen bin, holt Franke Tanja aus dem Kindergarten ab. Zu irgendeinem Zeitpunkt im Laufe des Tages erwürgt er erst sie und dann Rita oder umgekehrt. Hinterher zerstört er methodisch alles, was sich in der Wohnung befindet, Kissen und Betten werden auseinandergerissen, Möbel zersplittert, Fernsehen und Radio zertrümmert, das Waschbecken, sogar die Toilette kriegt er klein, so daß sie die Leichen von Rita und Tanja im Badezimmer, in das er sie geschleppt hat, in einer Schmutzlache finden. Erst danach ruft er am Ende des Nachmittags die Polizei an. Als sie ankommen, springt er vom Balkon runter und wird genau vor ihren Füßen zerschmettert. Das ist alles.

Verstehe es immer noch nicht, bin ohne Rüstzeug, um zu verstehen, was geschehen ist und wie es passieren konnte, habe nur die Beschreibungen, die am nächsten Tag die Boulevardblätter füllen (»Familiendrama: Prominenter Fußballer läuft Amok und tötet sich und seine Familie«), begleitet von Fotografien der völlig verwüsteten Wohnung, in der ich selbst noch am letzten Vormittag gewesen bin. Ich kann nicht ganz die Anlässe mit den Folgen in Beziehung setzen, auch nicht, obwohl ich hier seit Wochen sitze und mich darauf konzentriere. Es besteht immer noch eine unverständliche Kluft zwischen dem Netz von Ursachen und dann der Sache selbst, die die Zeitungen »Amok« nennen. Es hat nicht nur etwas damit zu tun, daß man außer sich ist und etwas Unüberlegtes tut, den Kopf verliert und dergleichen. Von dem Augenblick an, als Franke Tanja im Kindergarten abgeholt hat, scheint er systematisch und überlegt gehandelt zu haben, mit einer Art wahnsinniger Kaltblütigkeit, die ich mit ihm überhaupt nicht in Verbindung setzen kann und auch nicht mit Handlungen dieser Art. Es ist, als ob bei ihm irgendwo der Groschen gefallen wäre und er eine zwingende Entschlossenheit bekommen hätte, das und nichts anderes zu tun, aber was kann ich eigentlich darüber wissen. Nichts. Hier bleibt es stehen, ein plötzliches Rappeln, und hinterher bin ich der Idiot, der überlebt hat, um die Geschichte zu erzählen.

19. 10. 77

Hatte hier für heute haltmachen wollen, wieder völlig kahl im Kopf. Machte einen kleinen Lauf, kam aber nicht so richtig in Gang und kehrte rasch wieder zurück. Jetzt, wo das meiste schon dasteht, kann ich genausogut die Geschichte fertig machen: Ich komme an dem Tag, an dem Franke mich rausgeschmissen hat, nach Hause, natürlich ein bißchen aufgeregt, aber meine Gedanken reichen nicht weiter, als daß diese Freundschaft wohl jetzt im Eimer wäre und daß ich ein ganz schön dummer Scheißkerl und überhaupt ein riesiger Idiot gewesen bin, mich mit Rita einzulassen, jetzt ist endlich Schluß damit, jetzt muß ich mich endlich mit der Examensarbeit zusammennehmen. In dieser Richtung. Erst am nächsten Vormittag geschieht es, als ich, nachdem ich es eine Stunde versucht habe, trotzdem aufgebe, mich mit der Examensarbeit zusammenzunehmen, und statt dessen rausgehe und die Boulevardblätter hole, daß mich schon von den Schlagzeilen eine ohrenbetäubende Vorausahnung bei dem Fußballstar, der in den meisten von ihnen auftritt, durchfährt. Draußen auf der Straße hinterher traue ich mich kaum, auf die Zeitungen zu sehen, die Titelseiten haben schon alles erzählt, erst unterwegs öffne ich sie und sehe die entsetzlichen Bilder von der zerstörten Wohnung mich anstieren, so daß es bei mir ausrastet. Ich weiß nicht, was ich tue, bevor ich am Abend plötzlich wieder zu Hause bei Katrin bin, die dabei ist, dich ins Bett zu legen, und ich frage sie, ob sie wüßte, was mit Franke und Rita passiert wäre, und muß ganz schrecklich ausgesehen haben, denn sie hilft mir bloß ins Bett, wo ich mich krümme und hin- und herwerfe, bis ein Arzt kommt und mir eine Spritze gibt.

Als ich aufwache, ist es bloß mit meinem Körper, alles andere ist mit Frankes Amoklauf und meinem Anteil daran mitgerissen worden. Bleibe einfach im Bett liegen, der Arzt kommt und spricht von Nervenzusammenbruch und Depression, und Katrin glaubt bloß, das käme von dem Eindruck von

Frankes und Ritas Tod. Niemand außer mir weiß, was am Vormittag vor sich gegangen ist, und da ich es niemandem erzählen kann, weigere ich mich, irgendwas mit mir selbst zu tun zu haben. Katrins Fürsorge für mich, so mütterlich und bekümmert wie selten seit vielen Jahren, ihre ständigen Bemerkungen zu dir, daß der Papa krank sei und es ihm nicht gutgehe, so daß du Rücksicht auf ihn nehmen müßtest, alles das hätte mich unter anderen Umständen erfreut, es hat bloß die entgegengesetzte Wirkung und läßt mich mitunter vom Bett hochfahren in plötzlichen, für euch unverständlichen Wutanfällen, die mich hinterher noch tiefer unter die Bettdecke schicken. Nach einer Woche beginne ich, Katrin auf die Nerven zu gehen, obwohl sie ihr Bestes tut, um sich zu beherrschen, ich kann weder aushalten, dich oder sie vor Augen zu haben, und stehe eines Tages plötzlich auf und sage, daß mir jetzt nicht die Spur mehr fehle, aber daß ich mich scheiden lassen wolle, so schnell wie möglich. Sie ist sofort einverstanden, als ob sie nur darauf gewartet hätte, daß ich es sage, und zieht schon am nächsten Tag mit dir zusammen vorläufig zu ihren Eltern. Daß wir dann trotzdem nicht sofort danach geschieden werden, liegt nur daran, daß ich ins Krankenhaus komme. Mehr ist nicht zu berichten.

19. 10. 77

227

Ich, wir sind angekommen, Alexander. Während ich vor ein paar Tagen ganz zusammengekrümmt um mich selbst war, um weiterzukommen, flog eine westdeutsche Einheit nach Somalia, stürmte das gekaperte Flugzeug in Mogadischu, schoß die Flugpiraten ab und befreite die Geiseln. Kurz darauf waren die Gefangenen, die durch die Geiselnahme befreit werden sollten, in ihren Gefängnissen gestorben, Mord oder Selbstmord, und am Tag darauf hatten die Terroristen in Westdeutschland Schleyer getötet, wie die Verantwortlichen hätten voraussehen müssen. Dort endete der wilde Traum vom Flug ins Freie, völlig losgerissen vom täglichen Leben der Körper mit sich selbst und einander: Schon seit mehreren Tagen war es klar gewesen, daß es sowieso keinen Ort mehr gab, zu dem sie hätten fliegen können, wenn der Staat so menschlich behutsam mit Menschenleben gewesen wäre, daß er nachgegeben hätte, womit die Kidnapper, selbst entsprechend gleichgültig, kalkuliert hatten.

Angekommen, ja, aber nichts bleibt, rückwärtsgewandt, stehen, alle Fäden laufen weiter. Sitze immer noch hier, auf der anderen Seite, und bin zu nichts draußen gekommen, immer noch in diesen Spuren und Geschichten, nicht mehr ein für allemal entschieden, sondern offen für andere, später: Es bewegt sich durch meine Bilder immer weiter. Sitze also hier, gerade jetzt allein im Haus, aber den ganzen Vormittag hat Majken die Uni geschwänzt und ist erst vor einer Stunde zur

Zeitung gegangen, um eben noch etwas zu erledigen, bis dahin mochten wir nicht aufstehen, klemmten uns zusammen in ihrem Bett uns allzusehr aneinander und der Bettwärme freuend, sie lacht so viel, sogar beim Bumsen, kriegt mich dann auch zum Lachen. Abgesehen von dem ersten ausgeflippten Abend ist an meiner Sexualität mit Katrin buchstäblich nichts zu lachen gewesen oder, was das angeht, mit sonstjemand, habe selbstverständlich übermütig und ausgelassen vor- und hinterher sein können, aber während des Aktes selbst immer entschlossen, mit konzentriertem Ernst, außerstande, etwas anderes zu bieten: die Erektion empfindlich gegen Humor, fast physiologisch im Streit mit den Lachmuskeln. Aber gestern nacht lachten Majken und ich zusammen, auch nachdem ich in sie gekommen war, und es rührte mich nicht, nichts anderes als Begeisterung über sie und ihren Bauch, der so viel unter mir lachte, weil es so schön war, so daß ich auch laut mit ihr lachen mußte, hüpfendes Zwerchfell gegen hüpfendes Zwerchfell, ja, ich bin verliebt.

Habe mich schließlich am Dienstag ausgesprochen, nein, nicht sofort ausgesprochen, sondern das unentschiedene Schweigen der letzten Tage durchbrochen, kam am Abend in ihr Zimmer, sagte, daß es mir leid täte und daß ich bestimmt keine Lust hätte, auf diese Art Schluß zu machen. Sie sah von ihrem Buch hoch, in dem sie las, sie möge mich auch, sagte sie, aber es sei so mühsam mit mir, sie hätte sich in der Tat dazu durchgerungen, daß es nicht zu mehr werden solle. Wußte nicht, was ich sagen sollte, wie ich mich erklären solle, außer der nackten Erklärung, daß ich immer noch Lust hätte, wiederholte sie, ging zu ihr hin und streichelte über ihren Kopf, während sie, immer noch sitzend, damit antwortete, die Arme um mich zu legen. Es wurde nichts Unnötiges gesagt, aber trotzdem machte sie sich etwas danach frei, sie hätte, sagte sie, sehr viel zu tun und müßte das Buch am nächsten Tag gelesen haben, wir müßten also später weiterreden. Ob-

wohl oder gerade weil sie es so sachlich und nüchtern er-
klärte, mußte ich dastehen und mit einem augenblicklichen
Beleidigtsein kämpfen: Hatten wir nicht gerade Gefühle füreinander ausgetauscht, was hatte sie sich jetzt wieder hinzusetzen und weiterzulesen, sie hätte statt dessen mir sofort um
den Hals fallen und dableiben sollen, Mama! Fällt mir immer
noch schwer, mich daran zu gewöhnen, daß für andere alles
anders aussehen kann, komme einfach so hereingeschneit
und will sofort mit Pauken und Trompeten empfangen werden. Überwand den Drang, sofort alle Luken dichtzumachen,
schlug vor, wir könnten ja statt dessen an einem Abend ausgehen, aber am Abend danach konnte sie auch nicht, darum
war es erst gestern abend. Hinterher in meinem Zimmer, wieder das kleine nagende Beleidigtsein darüber, daß meine
Liebe nicht sofort stürmisch erwidert worden war, wo sie stehenden Fußes alles liegen- und fallengelassen hätte, um mit
mir schon am nächsten Abend auszugehen.

Als wir gestern abend bei zunehmender Dunkelheit durch
die Hochhäuser zur S-Bahn-Station gingen, kamen sie mir
erneut schön in ihrer stummen, eckigen Unberührtheit vor,
und wir fuhren in die Stadt, gingen essen und dann ins Kino
und teilten hinterher eine Flasche Wein in der gehobenen
Nähe, die zu der neuentdeckten Freude aneinander gehört.
Hatte mich zu Anfang des Tages rastlos herumgetrieben,
gleichzeitig erleichtert und leer, weil ich jetzt alles festgehalten hatte: Während ich mich daranmachte, draußen in dem
zusammengefallenen Stallgebäude aufzuräumen, nicht, weil
es nötig wäre, der ganze Kram hier wird ja sowieso bald ab-
gerissen, sondern weil ich nicht richtig wußte, was ich sonst
mit mir anfangen sollte, war es nicht ohne das Gefühl, ein
bißchen betrogen worden zu sein, hatte vielleicht vage einen
Punkt erwartet, in den ich zum Schluß spurlos hätte verschwinden können, aber das war ja schon geschehen, auf
eine andere Art unmerkbar und im Lauf der Zeit, so daß ich

überhaupt hierhinkommen konnte, mehr als zweiunddreißig Jahre nach dem Bauch meiner Mutter und vielleicht mehr als den halben Weg durchs Leben vor dem Tod. Ich bin hier schließlich als der, der ich bin, zwischen anderes ausgesetzt, was mich nicht sofort spiegelt, keine weiteren Mutterleiblöcher, in die ich mich zurückziehen oder deren Verlust ich beweinen könnte, von hier aus kann es in und um mich in Bewegung versetzt werden: Spiel mir zu, ich mache mit! Schaffte es am Ende auch noch, ein schönes Stück für Majkens neuen Gemüsegarten umzugraben, bevor sie gestern schließlich von der Zeitung nach Hause kam, und den ganzen Abend gelang es mir, ihr meine Verliebtheit zu geben, ohne Forderung nach augenblicklicher Bezahlung an der Kasse.

Als wir nach dem Kino Wein tranken und uns unterhielten, erzählte sie von einem Artikel von einer bekannten linken Schriftstellerin in der letzten Nummer der Zeitung, einer langen, wütenden Abrechnung mit der ganzen linken Bewegung und deren gesammelten Schwächen. Ohne besonders uneinig zu sein, mochte sie den Ton nicht: »Das mag ja schon richtig sein, es gibt massenhaft zu kritisieren, ganz bestimmt, aber sie schreibt, als ob wir ein einziger großer Haufen wären und sie selbst nicht dazugehöre, hier ist meine kleine Wenigkeit und dann alle die anderen in einer gesammelten Mannschaft. Sie hätte doch zumindest davon ausgehen können, daß wir alle mit unseren verschiedenen Insuffizienzen genau wie sie selbst unser Bestes tun.« Lächele ihr einverstanden über den Tisch zu, will sogar gerade mit einer Bemerkung antworten, daß es so wie bei einem Schulfräulein wäre, das der gesammelten Klasse eine Gardinenpredigt hält, da geht mir auf, daß ich mich selbst kräftig getroffen fühlen sollte. Majken hat recht, trotz aller Gebrechlichkeiten und Streitigkeiten gibt es keine andere linke Bewegung als die vorhandene: Es gibt keine anderen, mit denen man spielen könnte, und so muß es auch sein, man muß den anderen während des Spiels ordentlich eins reinwürgen können, aber sich an der Seitenlinie hinzusetzen, vornehm beleidigt, und sofort dem Rest der Mannschaft die ganze Schuld dafür zu geben, daß es nicht hinhaut, führt zu nichts anderem, als daß man sich selbst ganz absetzt.

Weiß immer noch nicht so ganz, was aus Majken und mir werden soll, glaube auch nicht, daß sie bestimmte Vorstellungen darüber hat. Schon ob es ein festes Verhältnis werden soll, steht immer noch offen. Lag, als wir gestern abend nach Hause gekommen waren und uns fertig geliebt hatten, neben ihr im Dunkeln und beschloß, so schnell wie möglich von hier wegzuziehen, sobald ich ein Zimmer in der Stadt für mich allein gefunden habe. Nicht noch eine Flucht, im Gegenteil, um mich festzuhalten: Muß meine Fähigkeit befestigen, mir selbst überlassen zu sein, wenn ich jemals die Möglichkeit haben will, mit Majken oder anderen zusammenzuleben, riskiere ansonsten, in die erste beste Umarmung, die sich mir anbietet, zurückzufallen. Als ich ihr erzählen wollte, woran ich gedacht hatte, war sie schon eingeschlafen, und heute morgen glaubte sie erst, daß es eine meiner lästigen unerklärlichen Reaktionen sei, aber ich konnte es ihr so erklären, daß sie es akzeptierte. Hinterher holte ich Frühstück für uns in der Küche bei den anderen, und sie blieb im Bett, lange nachdem sie in die Uni hätte gehen müssen. Obwohl alles in mir danach schreit dazubleiben, wo Majken ist, bin ich froh über meinen Entschluß, will bei meiner Gewecktheit bleiben, die so entschieden am Montag während des Dauerlaufs durchschlug, sie ist leicht wieder zu verlieren, spüre ich schon.

Überlegte, gleich nachdem sie schließlich in die Stadt gegangen war, ob ich das Bild von Franke runternehmen sollte, keine weiteren großartigen Flugträume, und erinnerte mich gleichzeitig an ein Bild neulich auf den Sportseiten: neun Fußballspieler, bestimmt nicht schwebend, in Reih und

Glied, Mauerdeckung, nach allem zu urteilen direkt vorm Strafraum, vom Teleobjektiv am entgegengesetzten Ende des Spielfelds genau in dem Augenblick belauert, in dem der unsichtbare Gegner an dem Ball angelangt ist und ihn abschießen wird. Verletzbarkeit, alles anders als engelgleich, eher rührend, mit allen neun Schulterpaaren hastig über sich wegdrehenden Gesichtern zusammengezogen, die Hände als empfindliche Panzer vor dem Schwanz gekreuzt. Nicht, weil das Risiko, dort getroffen zu werden, am größten wäre, sondern instinktiv, neun Männer in Reih und Glied: gerade so ein heimliches Gegenbild, das Katrin nie ganz hinter der souverän schwebenden Gestalt entdeckte.

Beschloß trotzdem, Franke an der Wand zu lassen und ihn mit in mein neues Zimmer zu nehmen, wenn ich ausziehe. Unmöglich, sich Bilder zu machen, ohne daß sie aus dieser Welt sind. Auch wenn es ein zweideutiger Engel ist, den man sich hält, bewahrt er gleichzeitig etwas, was ich bei mir haben muß: eine Art Heimweh, nicht nach der Vergangenheit, sondern nach einer anderen Zukunft, erst in der Spannung zwischen Schwere und Leichtigkeit ist es möglich, sich jetzt wirklich und aufgeweckt zu bewegen. Denke auch an meine alte Diskussion mit Katrin, als ich mit dem Bild kam: Wissen und Überblick sind immer noch ein Erfordernis, ja, aber nicht als Abschirmung gegen das Nahe und Verwirrende, sondern dagegen, ständiger Unwissenheit ausgesetzt zu sein, es ist zwar leicht, die Überzeugung aufrechtzuerhalten, daß der Überblick die Geschichte beherrschen kann, so lange, wie du das Ganze in einem umgekehrten Fernglas ganz von oben siehst, hier unten lassen sich die Geschichten nicht sofort in ein und dieselbe Geschichte verstauen, und dieser Morast ist die Unterlage jedes geordneten Überblicks, hier unten muß man dribbeln, sich mittenhinein wagen können. Morgen ist wieder Samstag, wärst du etwas größer, hätte ich dich am Sonntag mit zu dem letzten Heimspiel des *Vorwärts* in dieser Saison genommen. Wir können, wenn das Wetter entsprechend ist, vielleicht zusammen in Majkens Gemüsegarten etwas weitergraben. Beginne am Montag, Oehlkes Buch über die Klassenkämpfe in Italien zu übersetzen, werde schon noch einen guten Titel finden. Jetzt gehe ich raus und fülle die Waschmaschine: Seit ich hier bin, hat sich die Wäsche dreckig in einem Schrank gesammelt, und als ich alles aufgebraucht hatte, was meine Mutter gewaschen hatte, habe ich bloß mit dem am wenigsten Schmutzigen von ganz unten wieder von vorne angefangen.

21. 10. 77

Frank Eskildsen und Frands, Katrin und Rita und ihre Schicksale existieren nur in diesem Bericht, das gleiche gilt zum Beispiel für den Block auf Amager oder die Zeitung, an der Frands arbeitet. Aber es gibt Details, die dokumentarisch sind: Das »Konfirmationslied«, das zitiert wird, wurde in der Tat bei der Konfirmation eines jetzigen professionellen Fußballspielers gesungen, mit dem Knieschaden, mit dem Frank zurück nach Dänemark kehrt, ist in der Tat vor kurzem ein Fußballspieler zurückgekehrt, das Tor, das er in Wembley macht, ist tatsächlich dort gemacht worden, wenn auch nicht von ihm, der Streik, an dem seine Mutter bei Philips teilnimmt, hat tatsächlich stattgefunden und so weiter. Und die lokal- und sozialgeschichtlichen Einschläge sind so genau wie möglich im Verhältnis zu den bestehenden Quellen gemacht worden.

Der Autor

Lea Fleischmann

Nichts ist so, wie es uns scheint

Jüdische
Geschichten

Rasch und
Röhring

208 Seiten, gebunden mit Schutzumschlag

Bengt Söderbergh
Rondo für Teresa

Roman

Rasch und Röhring

390 Seiten, gebunden mit Schutzumschlag

Jenö Rejtö
Die phantastischen Abenteuer des Bis-zu-den-Ohren-Jimmy

Roman

Rasch und Röhring

260 Seiten, gebunden mit Schutzumschlag

Walter Laufenberg
Axel Andexer
oder
Der Geschmack von
Freiheit und so fort

Roman

Rasch und
Röhring

DIE AUSSTEIGEN
FÜR ALLE,
MÖCHTEN, ODER SCHON
EINMAL AUSGESTIEGEN SIND,
DIE EINEN KENNEN, DER AUSSTEIGEN
WILL, ODER DIE SO GUT
EINGESTIEGEN SIND,
DASS SIE SICH ÜBER
MÖCHTE GERN
AUSSTEIGER GERN
UND GUT
AMÜSIEREN
KÖNNEN.

250 Seiten, gebunden mit Schutzumschlag

DEA TRIER MØRCH
DIE MORGENGABE
ROMAN

RASCH UND RÖHRING

272 Seiten, gebunden mit Schutzumschlag